服务经济与管理 文库

服务品牌关系再续机制研究
顾客感知再续关系价值的视角

梁文玲◎著

知识产权出版社
全国百佳图书出版单位

图书在版编目（CIP）数据

服务品牌关系再续机制研究：顾客感知再续关系价值的视角 / 梁文玲著．—北京：知识产权出版社，2015.12

ISBN 978-7-5130-3947-5

I.①服… II.①梁… III.①品牌—企业管理—研究 IV.①F273.2

中国版本图书馆 CIP 数据核字（2015）第 304404 号

内容提要

顾客资源竞争加剧与开发维护成本提升的服务营销生态现实要求学术界关注品牌关系再续问题。本研究聚焦于品牌关系生命周期后端的顾客心理与行为特征，基于顾客感知价值的视角，以态度理论和社会交换理论为依据，运用规范的质性研究与定量研究方法，提出并开发了顾客感知再续品牌关系价值的概念，构建了感知再续关系价值—再续关系情感—再续关系意向的理论框架，并运用餐厅服务业大样本数据进行实证检验，揭示了顾客感知再续关系价值是其再续断裂的品牌关系的根本驱动因素，感知再续关系价值既直接作用也通过再续关系满意和信任间接作用于其品牌关系再续意向。本研究从理论上丰富了动态视角的品牌关系研究成果，也为服务商开展品牌关系再续管理提供了理论依据与策略支持。

责任编辑：李 瑾 杨晓红 责任出版：孙婷婷

服务品牌关系再续机制研究
顾客感知再续关系价值的视角

梁文玲 著

出版发行	知识产权出版社有限责任公司	网　　址	http://www.ipph.cn
社　　址	北京市海淀区马甸南村1号	天猫旗舰店	http://zscqcbs.tmall.com
责编电话	010-82000860转8392	责编邮箱	lijin.cn@163.com
发行电话	010-82000860转8101/8102	发行传真	010-82000893/82005070/82000270
印　　刷	北京中献拓方科技发展有限公司	经　　销	各大网上书店、新华书店及相关专业书店
开　　本	787mm×1092mm 1/16	印　　张	13.25
版　　次	2015年12月第1版	印　　次	2015年12月第1次印刷
字　　数	260千字	定　　价	42.00元

ISBN 978-7-5130-3947-5

出版权专有　侵权必究
如有印装质量问题，本社负责调换。

序

经济学与管理学均是以资源的经济效益和节约为研究宗旨，在分析研究和解决现实问题时，社会科学的专家学者们通常会选择它们作为理论工具，从而形成了经济学与管理学相互补充、相互借鉴、彼此融合的局面。在国家实施"转方式、调结构、促发展"发展战略和现代服务业快速发展的社会经济背景下，服务经济与管理研究领域迎来了前所未有的发展机遇。

《服务经济与管理文库》的研究成果主要沿着三个层面进行学术研究。

第一，服务经济研究以人力资本等基本生产要素形成的经济结构、增长方式和社会形态。在服务经济时代，人力资本成为经济增长的主要来源，服务经济的增长主要取决于人口数量和教育水平。现代服务经济的发达程度已经成为衡量区域现代化和竞争力的重要标志之一，它是经济发展极具潜力的新的增长点。服务经济作为一种新的经济形式，涵盖了服务业乃至对外服务贸易等广阔的市场经济业态。服务经济越来越得到国家与政府主管部门的高度重视，在国民经济构成中占有极其重要的地位，并且其比重逐渐加大。近些年来，面对国际金融危机、国外需求大幅减弱的外部经济环境，国家正在大力推进经济结构战略性调整，加快发展现代服务业。只有生产要素和人口聚集到相当规模，产生对生产性服务和消费性服务强大的市场需求，才足以支撑服务行业的不断专业化、促进服务经济的发展和服务经济结构的形成。因此，大力发展服务经济是我国产业结构调整升级的主要途径。

第二，服务管理研究如何在服务竞争环境中对企业进行管理并取得成功。它包括对服务利润链的分析、服务的交互过程与交互质量、服务质量管理中的信息技术、服务业产品营销与制造业产品营销的比较等。目前，国内外专家学者开始广泛关注服务管理的实践和理论研究。在服务竞争的时代，面临服务竞争的各类企业必须通过了解和管理顾客关系中的服务要素来获得持久的竞争优势，这就迫切需要探索适合于服务特性的新的理论和方法作为服务竞争的指导原则。国内外专家学者在服务利润链的解析、服务的交互过程与交互质量、服务质量管理中的信息技术、服务业产品营销与制造业产品营销的比较等研究方面均有所建树。服务管理涉及企业经营管理、生产作业、组织理论和人力资源管理、质量管理等学

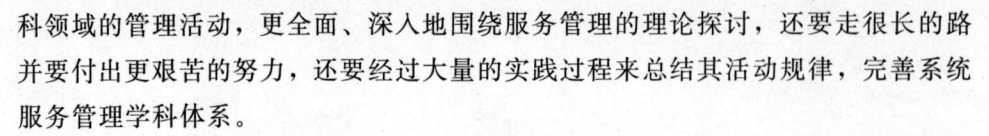

科领域的管理活动，更全面、深入地围绕服务管理的理论探讨，还要走很长的路并要付出更艰苦的努力，还要经过大量的实践过程来总结其活动规律，完善系统服务管理学科体系。

第三，服务经济与管理是学科交叉融合的结果，体现了经济发展与理论创新的高度融合。众所周知，经济学是管理学主要的理论基础之一，它为管理学提供研究和分析方法；管理学对于经济学的实际应用起着巨大作用。经济学理论通过管理实践转化为生产力，并为经济学向其他学科领域的拓展起到桥梁作用。基于经济学和管理学内在的互补性和研究领域的相互渗透，经济学与管理学学科融合的趋势越来越明显，由此推动了两个学科的创新与发展。在大力调整经济结构，促进产业结构优化升级，现代服务业快速发展的社会经济发展格局下，服务经济与服务管理的学科融合走在了经济学与管理学学科融合的前列，推动了该领域的理论创新和应用。

在上述背景下，山东大学（威海）商学院研究团队结合学科建设、人才队伍建设等在经济与管理两大领域的优势，着力推动服务经济与管理学科的发展和融合。服务经济与管理领域的研究和学科发展潜力巨大，易于形成创新成果，满足服务社会经济发展需要。近些年来，服务经济与管理学科建设取得了长足的进步和良好的发展成效，尤其表现在劳动经济与人力资源管理、投资理财与风险资产定价、旅游与服务管理等研究领域。因此，通过搭建高层次科研平台，可进一步提升在服务经济与管理领域的研究实力与水平。我们期望通过推出《服务经济与管理文库》，实现与学界同行的切磋和交流，由此推动服务经济与管理领域学术研究的飞跃。

文库编委会
2014 年 3 月

目 录

序 1
第1章 绪论 1
  1.1 研究背景 1
    1.1.1 理论背景 1
    1.1.2 实践背景 4
  1.2 问题的提出 5
  1.3 研究价值 7
    1.3.1 理论价值 7
    1.3.2 实践价值 8
  1.4 核心概念界定 9
    1.4.1 品牌关系断裂与再续 9
    1.4.2 感知再续品牌关系价值 9
    1.4.3 再续品牌关系情感 10
    1.4.4 品牌关系再续意向 11
  1.5 研究内容与技术路线 11
    1.5.1 研究内容 11
    1.5.2 技术路线 13
  1.6 研究方法 14
    1.6.1 规范研究 14
    1.6.2 实证研究 14
  1.7 研究的创新点 15
  1.8 本章小结 17
第2章 文献综述 18
  2.1 服务补救与补救绩效的相关研究 18
    2.1.1 服务补救的概念 18
    2.1.2 服务补救的理论基础 20
    2.1.3 服务补救评价 22

2.1.4　服务补救绩效 ·· 23
　　2.1.5　服务补救与补救绩效的研究不足与展望 ················· 29
2.2　顾客关系与关系利益的相关研究 ································ 30
　　2.2.1　顾客关系的内涵 ·· 30
　　2.2.2　顾客关系质量的概念与测量 ······························ 31
　　2.2.3　关系利益的概念与构成 ···································· 34
　　2.2.4　关系利益的结果变量 ······································ 37
　　2.2.5　顾客关系与关系利益的研究不足与展望 ················· 40
2.3　品牌关系与关系再续的相关研究 ································ 41
　　2.3.1　品牌关系的内涵与驱动因素 ······························ 41
　　2.3.2　品牌关系质量及其测量 ···································· 42
　　2.3.3　品牌关系断裂与再续的内涵 ······························ 46
　　2.3.4　品牌关系再续的前因变量 ································· 52
　　2.3.5　品牌关系再续机制与策略 ································· 53
　　2.3.6　品牌关系与关系再续的研究不足与展望 ················· 55
2.4　本章小结 ·· 55

第3章　感知再续关系价值的探索性研究 ························· 56
3.1　感知再续关系价值分析的理论视角 ····························· 56
　　3.1.1　社会心理学的人际关系原则 ······························ 56
　　3.1.2　感知价值驱动的品牌关系建立与维持 ··················· 57
3.2　品牌关系再续特征分析 ·· 60
　　3.2.1　品牌关系再续主体及其特征 ······························ 61
　　3.2.2　品牌关系再续规则及其特征 ······························ 61
　　3.2.3　品牌关系再续流程及其特征 ······························ 62
3.3　感知再续关系价值的概念开发与构成维度 ···················· 62
　　3.3.1　感知再续关系价值的概念开发思路 ······················ 62
　　3.3.2　感知再续关系价值的构成维度 ··························· 64
3.4　本章小结 ·· 73

第4章　感知再续关系价值对服务品牌关系再续意向的影响机制 ··· 74
4.1　服务品牌关系再续机制研究框架构建的理论依据 ············ 74
　　4.1.1　态度理论 ·· 74

  4.1.2　人际关系心理学理论 ································· 75
  4.1.3　合理行为理论 ····································· 76
  4.1.4　技术接受模型 ····································· 77
 4.2　品牌关系再续机制的理论逻辑 ····························· 78
 4.3　感知再续关系价值影响服务品牌关系再续意向的相关假设 ······· 81
  4.3.1　初始品牌关系质量对感知再续关系价值的影响 ··········· 81
  4.3.2　感知再续关系价值对再续关系意向的影响 ··············· 83
  4.3.3　感知再续关系价值对再续关系情感的影响 ··············· 86
  4.3.4　再续关系情感对再续关系意向的影响 ··················· 91
  4.3.5　再续关系情感的中介效应 ··························· 94
 4.4　感知再续关系价值对再续关系意向影响机制的理论模型 ········· 98
 4.5　本章小结 ··· 99

第5章　问卷设计与数据收集 ·································· 100
 5.1　样本行业的选取 ······································· 100
 5.2　变量定义与测量 ······································· 101
  5.2.1　初始品牌关系质量的操作性定义与测量 ················ 101
  5.2.2　感知补救公平价值的操作性定义与测量 ················ 102
  5.2.3　感知再续关系利益的操作性定义与测量 ················ 104
  5.2.4　再续关系情感的操作性定义与测量 ···················· 106
  5.2.5　再续关系意向的操作性定义与测量 ···················· 107
 5.3　调研方法 ··· 108
 5.4　小样本预调研 ··· 109
  5.4.1　预调研样本选择与数据收集 ·························· 109
  5.4.2　预调研的样本描述 ································· 109
  5.4.3　项目分析 ··· 111
  5.4.4　问卷确认 ··· 117
 5.5　正式调研 ··· 117
  5.5.1　样本选择 ··· 117
  5.5.2　数据收集 ··· 117
 5.6　本章小结 ··· 118

第6章 数据分析与讨论 ································· 119
6.1 正式调研的描述性统计分析 ························ 119
6.1.1 样本的描述性统计分析 ······················ 119
6.1.2 数据准备 ·································· 121
6.2 信度检验 ······································ 121
6.2.1 信度检验方法 ······························ 121
6.2.2 初始品牌关系质量的信度检验 ················ 121
6.2.3 感知补救公平价值的信度检验 ················ 122
6.2.4 感知再续关系利益的信度检验 ················ 123
6.2.5 再续关系满意的信度检验 ···················· 123
6.2.6 再续关系信任的信度检验 ···················· 124
6.2.7 再续关系意向的信度检验 ···················· 124
6.3 测量模型检验 ·································· 125
6.3.1 测量模型检验方法 ·························· 125
6.3.2 初始品牌关系质量的测量模型检验 ············ 127
6.3.3 感知补救公平价值的测量模型检验 ············ 129
6.3.4 感知再续关系利益的测量模型检验 ············ 132
6.3.5 再续关系满意的测量模型检验 ················ 136
6.3.6 再续关系信任的测量模型检验 ················ 138
6.3.7 再续关系意向的测量模型检验 ················ 140
6.3.8 总体测量模型检验 ·························· 142
6.4 结构模型检验 ·································· 143
6.4.1 建立模型 ·································· 144
6.4.2 修正模型 ·································· 147
6.4.3 解读模型 ·································· 149
6.5 实证结果讨论 ·································· 153
6.5.1 感知再续关系价值的结构 ···················· 154
6.5.2 初始品牌关系质量对感知再续关系价值的影响 ·· 154
6.5.3 感知再续关系价值对再续关系意向的影响 ······ 154
6.5.4 感知再续关系价值对再续关系情感的影响 ······ 156

6.5.5	再续关系情感对再续关系意向的影响	158
6.5.6	再续关系情感的中介效应	158
6.6	本章小结	159
第7章	**结论与展望**	**160**
7.1	研究结论	160
7.2	管理启示	162
7.3	研究不足	164
7.4	研究展望	165
附录1	**总体测量模型检验输出结果**	**167**
附录2	**结构模型检验输出结果**	**168**
附录3	**服务失败与补救期望调查问卷**	**169**
附录4	**服务失败与补救期望焦点访谈提纲**	**171**
附录5	**正式调查问卷**	**172**
参考文献		**178**
后记		**198**

第1章 绪 论

1.1 研究背景

1.1.1 理论背景

1. 关系营销理论的领域拓展

从理论起源来看,关系营销是品牌关系重要的理论基础,以关系营销导向取代交易营销导向是近二十年来最具代表性的营销理论突破与营销实践探索。关系营销是指企业从长期利益出发,通过互利交换与各类利益相关者建立、保持并加强关系,以实现企业目标的营销思想及活动。这一概念内涵表明,与传统的交易营销不同,关系营销导向强调企业应该与其利益相关者建立互惠互利、相互信赖、相互忠诚、共同成长、长期稳定的合作关系。顾客是企业最重要的外部利益相关者,也是关系营销理论诞生时企业"关系"的唯一指向。Gronroos(1989)认为关系营销就是建立、维持和加强与顾客的关系,通过互利交换和兑现承诺来达成、满足双方的目标;Berry(1995)针对企业保持老顾客比开发新顾客的营销效率更高的现实,提出关系营销的实质是保持和改善现有顾客。可以看出,与顾客建立互利、互信、持久的关系是企业践行关系营销观念的基本要求,这也是狭义关系营销的概念范畴。

二十年来,关系营销导向在营销学领域的应用主要集中于顾客关系与品牌关系两个范畴。顾客关系描述的是企业与顾客之间建立的经济的、情感的与时间的心理和行为联系(陈雪阳、刘新建,2008);品牌关系则是描述顾客与某一品牌间的互动关系状态。显然,品牌关系研究的范畴与对象更为具体。尽管顾客关系研究涉及顾客获取、维持以及挽回等领域,但与品牌关系相比,顾客关系缺乏系统的理论体系,其价值更多地体现于管理实践层面,如顾客关系管理(CRM)。

品牌关系可以视作关系营销理论应用于品牌研究领域的新成果,依据在于两种理论有着高度的理论同源性与构念一致性。一方面,从理论基础看,关系营销是建立在社会交换理论、社会网络理论、社会契约理论、利益相关者理论等社学分支理论与系统论基础之上,而上述理论同时也是品牌关系理论的重要理论基础(侯立松,2010);另一方面,从概念内涵看,学术界普遍认为关系营销导向是一个多维建构,包括联结、沟通、价值观共享、理解、互惠和信任(Yau等,2000;Sin等,2005),而品牌关系也是一个多维变量,品牌关系维度包括社会价值表达、信任、相互依赖、真有与应有之情、承诺、自我联结(何佳讯,2006)。可以看出,关系营销与品牌关系的内涵有着高度的相关性,由此可以认为,品牌关系是关系营销导向在品牌管理领域新的研究范畴。随着关系营销的深入,品牌关系自然受到更多关注。

2. 品牌关系研究已成学术前沿

品牌关系作为关系营销理论在品牌研究领域的应用成果,也是近年来品牌管理领域的学术前沿问题,"是品牌科学研究的一个重点内容"(何佳讯等,2010)。从 1992 年 Blackston 最早提出品牌关系的概念至今,学术界围绕品牌关系内涵、关系主体、关系质量、关系形成、关系生命周期、关系绩效等问题的研究逐步展开,明晰了核心概念内涵,初步形成了品牌关系研究的基本理论架构。

现有文献主要从关系主体、关系规则和关系流程三个内容来关注品牌关系问题(黄静,2007),这三个内容代表了静态和动态两个视角的研究。

从静态看,品牌关系研究的主要内容包括:①品牌关系概念内涵与特性研究;②品牌关系主体与关系范畴界定,即顾客与品牌之间的狭义与广义品牌关系;③品牌关系质量研究,即对特定品牌关系强度与持久性水平的测量,主要体现在关系质量维度与各维度间的关系上,研究结论集中于满意、信任、承诺等关系质量的通用变量上,其中,Blackston(1992)品牌关系质量双因素决定论,即成功的品牌关系都具有两要素:顾客对品牌的信任和满意,这一结论成为品牌关系质量的经典维度;④品牌关系驱动因素研究,探索品牌关系形成过程中受哪些因素的影响,得到了诸如品牌个性、品牌体验、自我认同、消费情境等结论;⑤品牌关系绩效研究,即从企业视角研究品牌关系可以带来哪些利益,结果均显示,品牌关系既直接作用于品牌延伸和品牌忠诚,也常在品牌策略与顾客行为的关系中发挥中介效应。

从动态看,品牌关系研究主要集中于关系的演化过程,研究者将其视为一种特殊的人际关系,借鉴关系营销的动态模型,从演化的视角研究品牌关系的发展过程。Aaker 和 Fournier(2001)提出的六阶段品牌关系动态模型是代表性成果,他们以注意、了解、共生、相伴、断裂、再续六个阶段完整地刻画了品牌关系生命周期的全貌。黄静（2008）指出，品牌关系的发展经历了起始、成长、维持、下降、断裂、再续的动态循环过程。由于时间是衡量广义关系质量的重要维度，因而从动态视角研究品牌关系符合关系基本特性的要求。

3. 品牌关系生命周期渐受关注

建立、维持并强化与顾客的长期稳定关系是品牌关系管理的根本目标，也是一个企业获取持续竞争优势的保障。这一目标正是从动态发展的视角对品牌关系管理提出的要求，从这一点看，静态视角的品牌关系研究是动态品牌关系研究的基础，应服务于动态发展的品牌关系研究。

起始、成长、维持、下降、断裂、再续是顾客与一个品牌之间品牌关系的完整生命周期过程。在该过程中，起始与成长是企业与新顾客建立关系的阶段，维持与下降是企业与老顾客维持关系的阶段，断裂与再续是企业挽回流失顾客的阶段，三个阶段共同构成品牌关系的发展闭环。前两个阶段是品牌关系的良性发展阶段，是企业关注的重点，也是现有理论研究的重点，品牌关系静态视角的研究主要是对良性关系状态的研究。相对于良性品牌关系，学术界对品牌关系断裂与再续的关注极少，从完整的生命周期角度来看需要加强。

4. 品牌关系再续研究几为空白

尽管留住顾客、维持顾客对品牌的忠诚是品牌关系管理的目标，但在管理实践中，这一目标的落实却备受挑战。按照社会交换理论的基本价值命题，一种行为后果对一个人的价值越大，行为对个体的奖赏就越高，个体重复同样行为的可能性越大（金盛华，2011）。这就意味着，顾客与品牌间关系的维系应该以该关系能够带来的价值为前提。Thibaut和Kelley（1959）的社会交换理论也认为，关系产出是关系维持和强化的基础，而顾客对关系产出价值的判断既受内部比较水平的影响，也受外部替代水平的影响。内部比较水平是顾客基于以往关系价值与类似关系价值做出的判断，外部替代水平则取决于顾客可获得的最佳替代关系价值。也就是说，顾客自身需求、供应商服务失误、存在竞争替代都会让顾客进行动态关系价值评价，从而使既定的关系状态被打破，造成品牌关系断裂。在存在理想替代品牌的情况下，顾客即使对原有品牌满意也可能终止与原有品牌的关系而转向替代品牌（Sheth和Parvatiyar，1995）。这些成果表明，顾客与品牌间建立的关系并非固定不变，品牌关系十分脆弱，关系断裂现象是普遍的。

令人欣慰的是，学术界的研究成果与企业界的管理实践都发现，顾客与品牌间的关系断裂并不代表企业会永远失去这个既有顾客（Jap和Ganesan，2002），

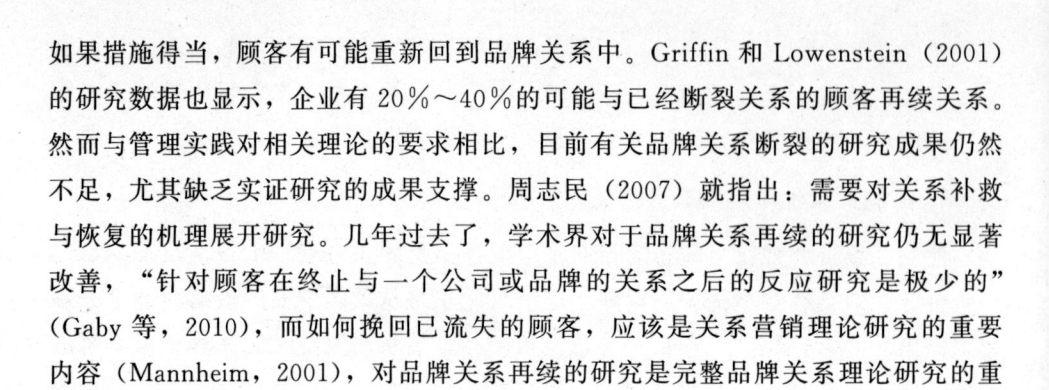

如果措施得当，顾客有可能重新回到品牌关系中。Griffin 和 Lowenstein（2001）的研究数据也显示，企业有 20%～40% 的可能与已经断裂关系的顾客再续关系。然而与管理实践对相关理论的要求相比，目前有关品牌关系断裂的研究成果仍然不足，尤其缺乏实证研究的成果支撑。周志民（2007）就指出：需要对关系补救与恢复的机理展开研究。几年过去了，学术界对于品牌关系再续的研究仍无显著改善，"针对顾客在终止与一个公司或品牌的关系之后的反应研究是极少的"（Gaby 等，2010），而如何挽回已流失的顾客，应该是关系营销理论研究的重要内容（Mannheim，2001），对品牌关系再续的研究是完整品牌关系理论研究的重要构成内容。

1.1.2 实践背景

1. 关系营销已成主导性营销理念

二十多年来，随着关系营销思想的渗透，企业的营销管理理念在慢慢发生改变，营销管理工作的重点从着眼于单次交易成功转向对顾客生命周期的看重；从过分倚重销售量、市场份额等数量性指标，转向关注顾客关系质量的营销绩效指标；从热衷追求获得新顾客，转向获得新顾客、保持老顾客、挽回流失顾客并重的轨道。顾客关系成为企业资产的重要来源和构成要素，源自顾客关系的利润是企业持续成长的源泉，而其前提则是企业与顾客关系的有效维持。

2. 顾客资源竞争日趋激烈

按照资源基础观的理论，企业的竞争优势来源于各种有形和无形资源。在此观念引领下，顾客资源的竞争成为企业竞争的焦点，企业普遍意识到，通过各种有效手段维持老顾客、获取新顾客是企业经营活动的根本。然而，每一个企业都会面对另一类特殊的顾客群，即品牌关系断裂、顾客生命周期结束的顾客。由于买方市场条件下顾客选择性增强，顾客关系生命周期普遍存在日益缩短的趋势，品牌关系经常发生断裂，顾客极易出现短暂或持久性流失。在市场机会较多的情况下，企业将目标锁定于持续性老顾客与全新顾客，而在市场竞争激烈的情况下，每一个顾客都成为企业竞相争取的资源，那些曾经与企业建立并保持品牌关系的顾客，如果补救措施得当是可以再续关系的。

企业的顾客资源库不是固定不变的，老顾客的退出和新顾客的加入一直是动态演化的。从品牌关系生命周期的视角看，总有一些新顾客与企业建立关系，同时也伴随部分老顾客与企业关系断裂，这是一个交替进行的动态过程。在竞争日益激烈的情况下，有限的顾客资源成为争夺的焦点，新顾客的获得成本越来越高，因而，在获得和保留顾客的同时，关注那些因为企业原因退出顾客关系生命周期的顾客是一个值得引起更多重视的问题。本书正是基于顾客资源管理的有效性，将研究聚焦于品牌关系发生断裂的这一类特殊的企业顾客。

3. 有效品牌关系再续管理的示范效应

维持长期稳定的顾客——品牌关系是一个企业保持持久竞争力的关键，而品牌关系的动态波动却大大增加了关系的管理难度，为此，深入剖析顾客再续关系的心理机制，探究关系再续的驱动因素及其作用路径，对企业的品牌关系管理具有重要的现实意义。分析可见，再续断裂的品牌关系是企业品牌关系管理的重要组成部分，目前无论是学术界还是管理层，这一问题都还在探索过程中。

对企业而言，在一个竞争日益激烈、顾客资源潜力不足的市场中，获得新顾客、保持老顾客、挽回流失顾客应该是并重的策略。正如 Griffin 和 Lowenstein （2001）所言：＂强大的顾客获取、保留和顾客挽回计划的组合才能够帮助你的公司应对竞争性的攻击。＂现有企业的管理实践表明，挽回流失顾客的绩效远大于开发新顾客的绩效。Reichheld（1996）发现，吸引一个新顾客通常要比保持一个老顾客付出5倍还多的成本。Griffin 和 Lowenstein（2001）的研究显示，假定一个企业将产品再次成功销售给过去顾客的可能性为60％～70％，那么销售给流失顾客的可能性可以达到20％～40％，而销售给新顾客的成功率只有5％～20％。Tokman 等（2007）也认为，挽回流失的顾客能够给企业带来较高的经济回报。为此，越来越多的企业在营销实践中日益重视流失顾客的管理。可以说，主动挽回流失顾客、与关系断裂的顾客再续关系不仅是近年来品牌关系研究领域新的关注点，也是许多企业顾客关系管理实践中的积极探索。

当前商业世界的经营实践显示，相当多的企业通过自己的补救努力挽回了因为自身失误而流失的顾客，这意味着，顾客与品牌之间断裂的关系在特定条件下是可以再续的。问题是，在何种条件下可以实现断裂的品牌关系的再续（影响因素）？再续关系是如何发生的（作用机制）？这正是目前理论上尚未得到充分揭示的问题，也是本研究的核心问题。

1.2　问题的提出

由上述品牌关系再续研究的理论与实践背景可见，随着关系营销理论在品牌关系领域的影响拓展，对品牌关系的理论探索日益深入，基于关系动态性的品牌关系生命周期演化的研究成为一个重要领域，完整关系周期的演化阶段已被揭示，针对品牌关系建立与维持的良性品牌关系管理的研究已取得丰富成果，但针对关系断裂与再续的研究却明显不足，这正是本研究选题的动因。虽然学术界已明确品牌关系完整生命周期包括关系断裂与关系再续阶段，对品牌关系再续的价值也有充分的认知，但如何有效进行品牌关系再续的管理仍未得到有说服力的解释。究其原因，是理论上还没有揭示顾客再续断裂的品牌关系这一决策行为的心理与行为机制，受制于这一机制解释不够到位，关于再续策略的探讨仍显得说服力不足。品牌关系再续机制是品牌关系研究的核心问题（黄静，2007），本研究将针对这一核心展开以下主题研究。

1. 哪些因素作用于顾客再续断裂的品牌关系——品牌关系再续驱动因素研究

通过研究找到影响品牌关系再续的因素是深入分析再续关系机制的首要任务。黄静（2007）以品牌关系断裂为时间节点，将品牌关系分为初始品牌关系与再续品牌关系两个阶段，认为这两阶段虽然品牌关系主体相同，但关系规则已发生改变，她将影响品牌关系再续的因素分为历史因素和现实因素，其中，历史因素包括初始品牌关系质量、品牌关系断裂的原因；现实因素则是借鉴品牌关系建立的影响因素，包括品牌因素、顾客与品牌的互动、企业因素、顾客因素、竞争对手因素等。上述观点还存在需要深入探究之处。

第一，对再续关系主体特征的把握不够全面。再续关系阶段的主体要素在表面上看与初次关系相同，包括顾客、企业、产品或服务，但实质上两者间还是存在较大差别。尤其是顾客，他们在再续阶段的态度与行为均与初次建立关系不同。因为初始关系中顾客与品牌之间处于一种良性关系状态，而再续关系时顾客的价值诉求已发生变化。从需求特性看，初次建立关系时，顾客表现为对特定产品或服务属性的需求，再续关系时，对特定产品的需求则明显提升；从购买经验看，初次建立关系时顾客尚无与品牌企业打交道的经验，再续关系时这一经验已经拥有；从购买行为类型看，初次建立关系属于初次购买，再续关系时则是重新购买。上述种种情形都表明，再续品牌关系时的关系主体已不完全等同于初次关系中的主体。而从品牌、企业这两个关系主体看，再续关系时也发生了变化，应该是优化了的品牌和改进了的企业行为。

第二，对再续关系影响因素的总结不够深入。现实中多数品牌关系断裂是由于品牌或企业方犯错引发。从静态来看，如果说关系建立之初，顾客与品牌间的关系质量为"零"的话，那么再续关系之初顾客品牌关系质量就为"负"，这样的关系质量基础显然是关系再建立的最大挑战。从动态看，初次关系建立时，双方在认知、情感上从无到有，正面情感慢慢加深，而再续关系首先要做的事情是从负面情感中走出来，从不满意、不信任到再满意、再信任。上述再续品牌关系与初始品牌关系的关系特性差别表明，影响顾客再续品牌关系的因素应具有特殊性，应该从顾客再续品牌关系的心理特征与特定价值诉求入手探求影响再续关系的因素，为进一步分析这些因素的作用机制奠定基础。

2. 这些因素是如何发挥作用的——品牌关系再续影响因素对再续行为意向的作用机理研究

找到了驱动顾客再续品牌关系的各种因素之后，更重要的工作是分析这些因素对顾客再续关系意愿是否发挥作用、发挥何种作用、发挥作用的程度如何，特别是发挥作用的路径怎样。上述问题的探索分析过程就是品牌关系再续机制研究过程。对该问题的解答是品牌关系再续研究的核心问题，但恰是目前研究中最为薄弱之处，研究不足主要集中于三点：一是现有的零散研究没有明确的理论依据，进而缺少有说服力的理论框架统领研究思路；二是由于存在理论短板，现有研究对再续关系机制的揭示还不够完整；三是尽管有些文献涉及机制思考，但实证研究成果还十分缺乏，使这一核心问题的研究还处于探索阶段，这也是本研究要完成的中心工作。

本研究拟以价值驱动行为的社会交换原则为依据，以社会心理学态度理论以及在此基础上建立的合理行为理论和技术接受模型为理论框架，构建顾客感知再续品牌关系价值直接作用或通过再续关系情感间接作用于再续关系意向的机制模型，以考察顾客感知的再续关系价值对再续关系意向的作用机制。具体内容涉及感知再续关系价值对再续关系意向的直接和间接作用比较、再续关系情感的中介效应检验等问题。明晰了顾客再续品牌关系的内在机理，方可提出有针对性的再续关系管理策略。

1.3 研究价值

1.3.1 理论价值

1. 丰富了动态视角的品牌关系生命周期理论成果

自 Blackston（1992）提出品牌关系概念以来，学术界主要围绕关系主体、关系规则、关系流程三个问题展开品牌关系的理论研究。在这三个内容中，对关系流程的关注在时间上是最晚的，Aaker 和 Forunier（2001）基于人际关系和买卖关系发展阶段提出了品牌关系生命周期的六阶段论，开启了对品牌关系断裂与再续的研究序幕，此时距品牌关系概念的提出已过去了十年，而距今也仅有十余年时间。从已获得的品牌关系研究成果看，旨在研究关系动态特征的关系流程成果明显少于对关系主体和关系规则的研究成果，而在关系流程研究中，研究者则主要关注了关系建立与关系维持这两个良性品牌关系阶段，对关系断裂与再续的关注明显不足，本研究的开展可以丰富动态视角的品牌关系理论研究。

2. 构建了品牌关系再续研究的理论框架

由于对品牌关系断裂与再续问题的关注时间很短，相应学术成果十分缺乏。在现有品牌关系再续的有限成果中，犯错品牌的服务补救策略对顾客再续关系意向的作用机制不够清晰完整。根据一般态度理论以及合理行为理论，理性的价值认知直接驱动行为意向并非完整的顾客心理活动轨迹，更何况品牌关系再续不同于良性品牌关系下的行为决策，遭遇服务失败损失的顾客会产生明显的负向情感并引发关系断裂，再续关系中若不能修复情感裂痕是很难通过理性价值认知直接促动再续行为的。基于这一分析，本研究拟建立顾客感知再续关系价值通过作用于再续关系情感驱动再续关系意向的间接作用模型，以揭示顾客再续品牌关系的完整心理机制。

1.3.2 实践价值

1. 为服务商有效开展品牌关系再续管理提供理论依据

尽管国内外有关品牌关系管理与顾客挽回管理的少数成果已经显示，企业针对断裂品牌关系或已经流失的顾客开展有效的品牌关系管理工作，可以挽回流失的顾客，即再续品牌关系（唐小飞，2007；徐伟青，2008；黄静，2009，2011），但相关研究数量极少，理论支持不足，对管理实践仍缺少应有的影响力。加之服务产品同质化程度高，顾客转换成本越来越低，导致顾客品牌忠诚度降低，顾客保留既定品牌关系的机会成本上升，即使没有发生服务失误与不满意，顾客基于多样化需求与机会主义特性也常在品牌间转换。这一现实情况造成服务企业品牌关系再续管理的绩效并不理想，因之对品牌关系再续管理既缺乏信心也缺少热情，品牌关系管理工作的重点大多放在新顾客品牌关系的建立与老顾客品牌关系的维持上，对关系断裂顾客的再续管理投入很少。本研究以明确理论为依据，通过构建合理的品牌关系再续模型，从顾客感知的再续关系价值入手，分析再续决策的心理过程，得到的结果应该具有一定说服力，帮助服务商明晰再续行为是可以实现的。

2. 为服务商提高品牌关系管理绩效提供策略支持

当前，服务企业竞争日益加剧，越来越多的企业意识到，服务产品、价格、促销等营销手段的直接较量带来的是阶段性的市场绩效，而真正决定企业战略性市场位势的是对顾客资源占有的数量与质量，品牌关系强度与关系持久性正是顾客资源质量的重要判定指标。在新顾客关系构建成本、老顾客关系维持成本不断提升的情况下，如何挽回因品牌关系断裂而流失的顾客应该成为企业关注的重要问题。本研究在明确了顾客再续品牌关系心理机制的前提下，可以为企业有针对性地开展关系再续管理工作提供可操作的策略思路。

1.4 核心概念界定

1.4.1 品牌关系断裂与再续

品牌关系是顾客对品牌的态度和行为与品牌对顾客的态度和行为之间的互动。从动态的视角看，顾客与品牌之间的关系与人际关系相同，要经历一个从无到有、从陌生到熟悉、从一般到亲密的渐进过程，即品牌关系生命周期。完整的品牌关系生命周期由起始、成长、维持、下降、断裂和再续六个阶段构成。

学术界对品牌关系断裂与品牌关系再续的界定并未达成一致意见。本书将品牌关系断裂定义为由于服务商服务失败导致顾客中止与品牌之间关系的意向与行为。在管理实践中，表现为服务商发生服务失败，顾客决定不再与该品牌保持交易关系的态度和行为。将品牌关系再续定义为顾客基于服务商有效服务补救而与断裂关系的服务品牌重新建立关系的意向和行为。

1.4.2 感知再续品牌关系价值

Zeithaml（1988）对顾客感知价值的界定是学术界达成共识的定义，即顾客所能感知到的利益与其在获取产品或服务时所付出的成本进行权衡后对产品或服务效用的总体评价。顾客感知再续关系价值是通过再续断裂的品牌关系这一活动感知的价值,可以借鉴上述顾客感知价值的定义来理解。本书将感知再续品牌关系价值定义为:顾客从再续品牌关系的交换活动中感知到的利益与付出的成本权衡后对再续关系的总体评价,本书将其简称为感知再续关系价值,该价值是驱动顾客决定是否与断裂关系的品牌再续关系的根本力量。与一般顾客价值是顾客对产品或服务效用的评价不同,该价值是顾客对再续品牌关系这一交换活动效用的总体评价。需要说明的是,这里"感知"的含义是指顾客的主观判断,而不是客观的价值判断。后文的感知服务补救公平价值、感知再续品牌关系利益也是指顾客的主观判断,因为不同顾客对相同的服务补救与关系利益的评价是不同的,因而主观价值与客观价值不一定相同。

本书通过文献研究与质性研究得到感知再续关系价值由感知服务补救公平价值与感知再续品牌关系利益构成。感知服务补救公平价值是顾客所能感知到的服务补救利益与其遭遇服务失败时所付出的成本的比较。其测量变量包括感知服务补救分配公平价值、感知服务补救程序公平价值、感知服务补救互动公平价值。借鉴Gwinner等(1998)的关系利益定义,本书将感知再续品牌关系利益定义为顾客再续与企业的品牌关系后能够从长期合作中获得的核心利益之外的其他利益,其测量变量包括感知再续品牌关系经济利益、感知再续品牌关系情感利益、感知再续品牌关系信心利益、感知再续品牌关系定制利益。为方便行文,后文中上述核心概念将简化为感知补救公平价值和感知再续关系利益,各具体构成维度分别简称为感知补救分配公平、感知补救程序公平、感知补救交互公平和感知再续经济利益、感知再续情感利益、感知再续信心利益、感知再续定制利益。

1.4.3 再续品牌关系情感

情感是人对客观事物是否满足自己的需要而产生的态度体验。在交换活动中,情感对交换关系的结构、形式和结果都至关重要。社会交换理论认为,处于相互依从和权利平等关系的交换双方,更容易产生如兴趣、满意等积极情感,进一步促使承诺行为得到加强。正是由于企业服务失败导致平等的交换关系被打破,顾客才产生不满、抱怨、失望、愤怒等消极情感,进一步引发顾客采取断裂品牌关系的行为。在此背景下,顾客再续品牌关系的基本心理与行为逻辑应该是通过企业有效地再续关系行为为顾客创造满意的感知再续关系价值,以刺激顾客产生积极情感并导向再续关系的行为意向。为此,本书将再续关系情感定义为:顾客在感知再续品牌关系价值的基础上,对再续品牌关系行为是否满足自己需要而产生的态度体验，采用再续关系满意、再续关系信任进行测量。

1.4.4 品牌关系再续意向

学术界对于使用行为意向预测顾客行为已达成高度共识，本书也使用品牌关系再续意向作为顾客再续品牌关系的结果变量。借鉴重复购买意向，本书将品牌关系再续意向定义为：顾客基于感知再续关系价值所具有的与服务商再续断裂的品牌关系的愿望或倾向，使用包含再购意愿和正向口碑问项的再续品牌关系意向单一变量加以测量。

1.5 研究内容与技术路线

1.5.1 研究内容

本研究基于顾客感知再续关系价值的视角，以顾客感知再续关系价值认知—再续关系情感—再续关系意向为分析逻辑，构建了顾客感知再续关系价值对再续关系意向影响的理论框架，创新性地提出了感知再续关系价值的概念，并通过质性研究探索了其结构维度，以餐厅顾客为样本获取数据，实证研究了感知再续关系价值对顾客再续品牌关系意向的作用机制，丰富了品牌关系再续的研究成果。全书共分七章。

第1章：绪论。在阐述本研究实践背景与理论背景的基础上，提出从感知再续关系价值的视角探索品牌关系再续机制问题，揭示了本研究的理论价值与实践意义，进一步对本书的核心概念进行了界定，概括了全部7章的研究内容，理清了研究的技术路线，介绍了所使用的研究方法，最后对研究的创新点进行了总结，为研究工作的展开打下基础。

第2章：文献综述。本章系统梳理了与研究问题密切相关的理论成果。主要包括三个领域，首先是服务补救与补救绩效的相关研究，涉及服务补救的内涵与理论基础、服务补救的构成维度、服务补救绩效；其次，对顾客关系的内涵与本质、关系质量及其测量、关系利益的内涵与维度、关系利益的作用结果进行了系统回顾；最后，对品牌关系内涵与关系主体、品牌关系质量、品牌关系生命周期、品牌关系再续的界定与影响因素等研究成果进行了梳理和分析。文献回顾不仅使本研究有了明确的理论基础，更是发现研究不足、聚焦研究范围、明确本次研究使命的重要步骤。

第 3 章：感知再续关系价值的探索性研究。本章的任务是提出本研究的核心变量——顾客感知再续关系价值，并对其构成因素进行探索研究。运用关键事件技术法和焦点小组访谈法对常见的多种服务行业因服务失败导致品牌关系断裂顾客的再续关系期望进行研究，得到感知再续关系价值的构成维度，即感知补救公平价值与感知再续关系利益，前者具体由感知补救分配公平、感知补救程序公平、感知补救互动公平组成，后者则包括感知再续经济利益、感知再续情感利益、感知再续信心利益和感知再续定制利益。核心变量的明确是进一步开展作用机制研究的基础。

第 4 章：感知再续关系价值对服务品牌关系再续意向的影响机制。本章首先明确了感知再续关系价值影响再续关系意愿的理论依据，包括一般态度理论、人际关系理论、合理行为理论和技术接受模型。在上述理论基础上，本书沿着再续关系价值认知—再续关系情感—再续关系意向的理论逻辑，详细分析了感知再续关系价值对顾客再续关系意向的直接与间接作用机制，分析了再续关系满意与再续关系信任的中介效应。根据对相关文献的研读，对初始品牌关系质量、感知补救公平价值、感知再续关系利益、再续关系满意、再续关系信任、再续关系意向各变量之间的关系提出系统的研究假设，最后构建了感知再续关系价值通过再续关系情感作用于再续关系意向的概念模型。

第 5 章：问卷设计与数据收集。本章根据现有文献及研究思路，确定了概念模型所有变量的操作性测量指标，应用情景模拟法形成初始问卷，通过小样本预调研以及信度、效度检验，对问卷题项进行了修正以确定最终问卷。进一步明确选择餐厅服务业作为正式调研的样本行业，在全国 8 个省（直辖市）超过 30 个城市进行调研，收集一手数据，为实证研究提供支持。

第 6 章：数据分析与讨论。本章对获得的 856 份有效问卷，使用 SPSS、AMOS 等软件进行数据分析，以验证所提出的相关假设。具体涉及描述性统计分析、探索性因子分析、验证性因子分析、结构方程模型分析等分析过程，最后对数据分析结果进行了讨论。

第 7 章：结论与展望。本章根据实证研究结果对本书的研究结论进行了整理和总结，针对研究结论为服务商提供了可供借鉴的品牌关系再续管理的若干启示。进一步提出了本次研究存在的不足与未来研究的可能方向。

1.5.2 技术路线（见图1-1）

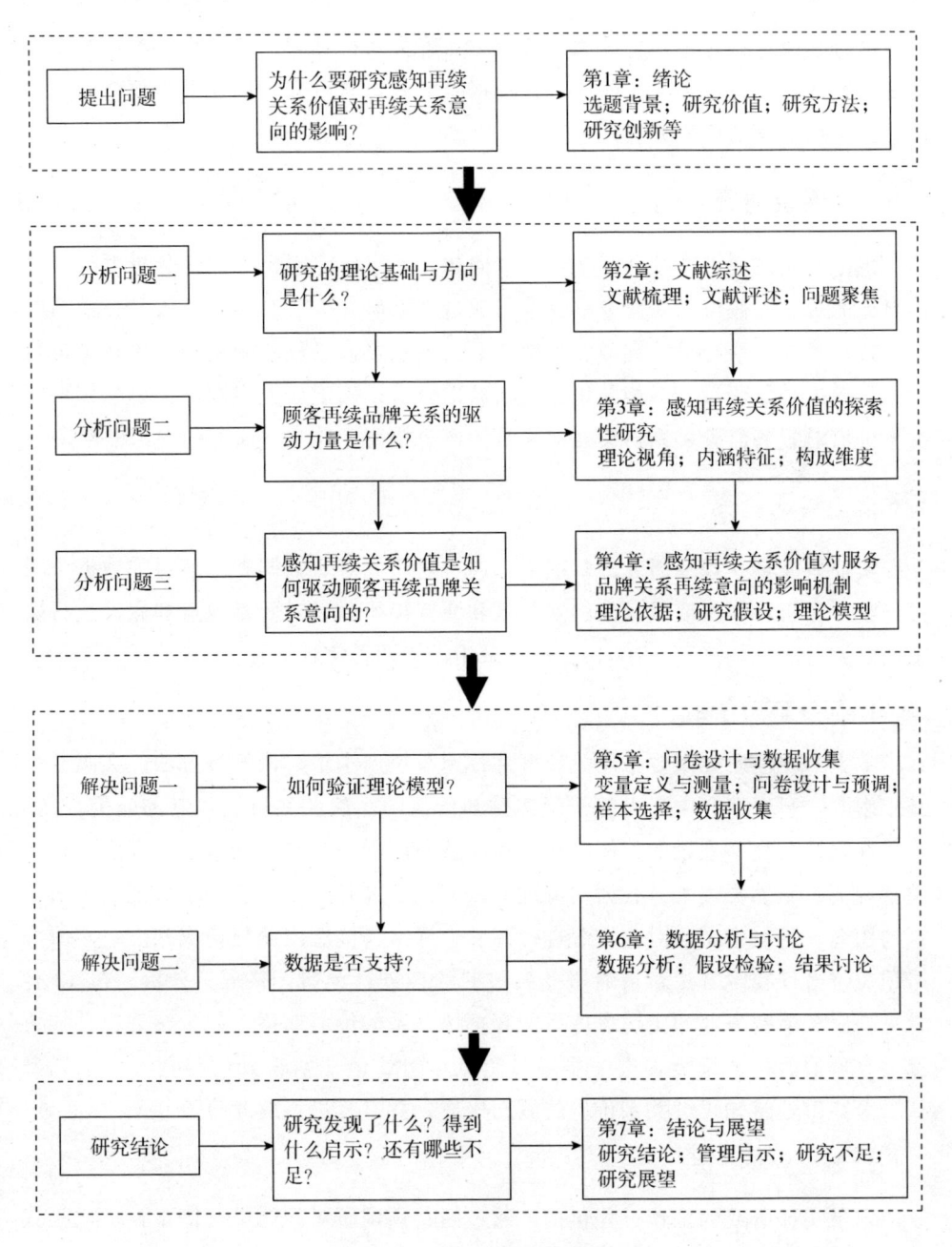

| 提出问题 | 为什么要研究感知再续关系价值对再续关系意向的影响？ | 第1章：绪论
选题背景；研究价值；研究方法；研究创新等 |

分析问题一	研究的理论基础与方向是什么？	第2章：文献综述 文献梳理；文献评述；问题聚焦
分析问题二	顾客再续品牌关系的驱动力量是什么？	第3章：感知再续关系价值的探索性研究 理论视角；内涵特征；构成维度
分析问题三	感知再续关系价值是如何驱动顾客再续品牌关系意向的？	第4章：感知再续关系价值对服务品牌关系再续意向的影响机制 理论依据；研究假设；理论模型

| 解决问题一 | 如何验证理论模型？ | 第5章：问卷设计与数据收集
变量定义与测量；问卷设计与预调；样本选择；数据收集 |
| 解决问题二 | 数据是否支持？ | 第6章：数据分析与讨论
数据分析；假设检验；结果讨论 |

| 研究结论 | 研究发现了什么？得到什么启示？还有哪些不足？ | 第7章：结论与展望
研究结论；管理启示；研究不足；研究展望 |

图1-1 本研究的技术路线

1.6 研究方法

本研究探讨顾客感知再续关系价值对品牌关系再续意向的影响，涉及市场营销学、管理心理学等相关学科内容。根据研究内容与研究目标，采用规范研究与实证研究相结合的研究方法。

1.6.1 规范研究

规范研究是通过文献阅读聚焦研究问题，界定研究对象，构建分析框架，提出自己的观点和假设的研究方法。本书通过文献研究方法对国内外服务补救与补救绩效、顾客关系与关系利益、品牌关系与关系再续等核心变量的相关理论进行检索，通过文献研读，对相关研究现状做出分析，确定研究主题，提出感知再续关系价值对服务品牌关系再续意向影响的概念模型，确定本研究的理论框架。

1.6.2 实证研究

实证研究是在规范研究的基础上，通过对研究对象的调查所获得的数据资料进行统计分析，得出变量间的相互关系和演变规律，以对所提观点和假设进行验证的研究方法（马庆国，2004）。本书采用以下两种实证研究方法：

1. 质性研究方法

本书的质性研究主要采用关键事件技术与焦点小组访谈两种方法。文献分析结果表明，现有研究中尚无基于顾客感知价值的品牌关系再续机制的研究成果。本研究以社会交换理论的价值驱动行为的核心原则为指导，提出了顾客感知再续关系价值是驱动再续关系行为的关键变量。由于顾客感知再续关系价值为本书首创的构念，研究中需要对此构念进行开发，探索其概念内涵与构成维度。本研究采用关键事件技术方法对遭遇服务失败的顾客进行调研，整理、分析超过12种常见的服务消费失败的关键事件后顾客再续关系的价值期望，初步整理出感知再续关系价值的构成维度，进一步通过焦点小组访谈法对得到的结构维度加以确认，最终得到感知再续关系价值的概念构成，并对其进行效度检验。

2. 数理分析方法

定量实证研究的工作过程包括：通过问卷预调研对问卷进行修正，形成正式问卷；考虑到不同服务业态间的技术经济特征差异，本研究选择餐厅服务业为样本行业，在8省市范围内进行大样本调研，收集相关变量数据，利用SPSS、

AMOS软件对收集的数据进行描述性统计分析、探索性因子分析、验证性因子分析、结构方程模型分析，用以验证规范研究中所提的相关假设，实现研究目标。

1.7 研究的创新点

本研究聚焦于服务品牌关系生命周期的断裂与再续阶段，以社会心理学的态度理论和社会交换理论为指导，分析服务顾客再续断裂的品牌关系的心理与行为机制。为实现研究目标，本研究开发了顾客感知再续关系价值的新概念，构建并验证了顾客感知再续关系价值对品牌关系再续行为意向的作用机制，为服务商提供了再续品牌关系的有效策略。主要创新点如下：

第一，聚焦于品牌关系生命周期后端的顾客心理与行为特征，丰富了动态视角的品牌关系研究的理论成果。

品牌关系理论提出至今20余年时间，围绕概念内涵、本质特征、关系形态、关系驱动、关系效能以及关系生命周期展开了理论与实证研究，其中，品牌关系生命周期的研究属于动态视角的研究。在现有的品牌关系生命周期研究中，从理论到实践两个层面上，对于生命周期不同阶段的关注有失公平，研究者对于关系建立、关系维持这两个良性关系阶段的兴趣和重视要远大于对关系断裂与关系再续这两个不良关系阶段的兴趣和重视，品牌关系再续的研究成果十分稀少。事实上，在服务竞争日益激烈、顾客开发成本不断上升的市场环境下，如何再续与断裂关系的顾客的品牌关系，挽回流失的顾客，延长每一现实顾客的关系生命周期长度，提高顾客关系全生命周期对品牌的贡献度，是服务商品牌管理和顾客关系管理新的着眼点，深入剖析该阶段的顾客价值诉求与心理行为机制，不仅有利于对品牌关系全生命周期的深刻把握，也丰富了动态视角的品牌关系研究成果。

第二，构建了明确的服务品牌关系再续研究的理论框架，弥补了相关研究中理论支撑薄弱的不足。

现有关于品牌关系再续研究的有限成果主要采用服务补救手段或服务补救策略直接驱动再续关系意向的模型。该思路存在两个问题：一是仅从服务商自身策略出发，没有考虑顾客的价值诉求；二是缺少一个明确的理论基础支撑的系统研究框架。相对而言，对后一个问题的修正更为重要。本研究认为，理性的价值认知直接驱动行为意向并非完整的顾客心理活动轨迹，更何况品牌关系再续不同于良性品牌关系下的行为决策，遭遇服务失败损失的顾客因感知利失产生明显的负向情感并引发关系断裂，再续关系中若不能修复情感裂痕是很难通过理性价值认知直接促动再续行为的。顾客再续断裂的品牌关系既然是一种消费行为，本质上仍遵循态度理论的一般逻辑。基于此，本研究以态度理论体系为依据，构建了服务品牌关系再续研究的整体理论架构，即顾客再续关系行为意向受制于顾客再续关系价值认知与再续关系情感倾向，再续关系价值认知既直接驱动顾客的再续关系行为意向，也通过作用于再续关系满意与再续关系信任这两个关系情感变量间接作用于再续关系行为意向。该理论框架可以为品牌关系再续的相关研究奠定基础，也可以为服务商品牌关系管理实践提供指导。

第三，开发了顾客感知再续品牌关系价值的概念，探索了其结构维度与测量指标。

基于态度理论构建的品牌关系再续理论模型，其切入点即为品牌关系断裂顾客对再续品牌关系价值的认知，这不仅是理论模型不可替代的变量，也是社会交换理论关于价值驱动个体社会行为原则的具体体现。顾客是否做出再续品牌关系的决定，根本上取决于再续关系的行为决策能否为其带来理想的现实价值与潜在价值。为此，本研究以顾客再续品牌关系价值为驱动因素，以此推动顾客生成再续品牌关系的积极情感并进一步驱动其再续关系行为意向。本研究将顾客对再续关系的现实与潜在价值称为感知再续品牌关系价值，运用关键事件技术与焦点小组访谈技术等质性研究方法，以12种常见服务业的品牌关系断裂与再续行为为对象，通过规范的概念开发步骤，得到了顾客感知再续品牌关系价值的构成维度，包括感知补救公平价值与感知再续关系利益。前者着眼于再续品牌关系行为带来的现实价值，后者则关注再续关系所带来的潜在价值。顾客感知再续品牌关系价值是本研究首创的概念，该概念的开发为本研究理论模型的验证奠定了可操作的变量基础。

第四，揭示了顾客感知再续关系价值对其再续关系行为意向的双重作用路径。

以价值驱动行为为核心逻辑，本研究提出了一个基于感知补救公平价值、感知再续关系利益、再续关系满意、再续关系信任与再续关系行为意向的完整的服务品牌关系再续的心理机制模型。通过文献研究提出变量关系假设，以餐厅服务业顾客为对象获取大样本数据，运用结构方程模型进行实证检验。结果证实，感知补救公平价值与感知再续关系利益既直接作用也通过再续关系满意与再续关系信任间接作用于顾客的再续品牌关系意向，满意和信任这两个关系质量的重要维度在感知再续关系价值与再续关系意向间发挥重要的中介作用。

第五，拓展了品牌关系再续研究的产业视域。

现有品牌关系断裂与再续研究成果多数以实体产品为对象，研究前提多为产品危机事件导致的品牌关系断裂。一方面，与实体产品相比，服务产品具有不可感知性、不可分离性、品质差异性、不可储存性、缺乏所有权等显著特征，这些特征常导致服务失败无法避免，服务领域的关系断裂与再续管理面对更大挑战。另一方面，随着服务经济社会向纵深发展，消费者对服务产品的需求呈现出结构多样化、需求个性化、品质提升化等诸多特点。两个方面的因素交互作用，造成服务消费者选择空间空前增大、服务竞争不断加剧、服务顾客保留难度越来越高的服务营销现实生态，迫切需要对服务领域的品牌关系再续问题进行深入探讨。本研究拓展了品牌关系再续研究的产业视域，丰富了服务品牌关系再续研究的理论成果。

1.8　本章小结

　　本章的使命是提出问题，即为什么要研究感知再续品牌关系价值对再续品牌关系意向的影响？本章从研究背景、问题提出、研究意义、研究内容、研究方法、技术路线与可能的创新等方面对上述提问进行了初步回答。买方市场条件下，由于消费者选择性增强，顾客资源竞争更加激烈，企业品牌关系管理的触角不得不延伸至关系断裂顾客的关系再续上。而有效的品牌关系再续策略的前提是正确把握哪些因素驱动着顾客再续品牌关系的行为以及这些因素是如何发挥作用的这一基础问题。本研究以态度理论和社会交换理论为指导，拟构建感知再续关系价值—再续关系情感—再续关系意向的理论框架，并运用餐厅服务业顾客的问卷调查数据进行实证检验，以揭示顾客感知再续关系价值通过作用于顾客再续关系情感驱动其再续关系意向的作用机制，尝试为服务企业开展有效的品牌关系再续管理提供理论依据和实践指导。

第 2 章 文献综述

本书的使命是研究服务品牌关系再续的影响因素与作用机制,研究前提是因服务商服务失败导致品牌关系断裂。无论从价值驱动行为的基本理论出发,还是从服务管理与关系营销的实践要求出发,有效的服务补救都是挽回顾客并维持品牌关系的必要策略,因为只有让顾客感知到补救价值与维持关系的利益,才能促动顾客再续品牌关系的行为选择。为此,服务补救与补救绩效、顾客关系与关系利益、品牌关系与关系再续的相关学术成果应该是本书研究的理论基础,本章将按这一逻辑思路展开文献综述。

2.1 服务补救与补救绩效的相关研究

2.1.1 服务补救的概念

服务补救源自管理实践中的服务失败现象。由于服务产品的不可感知性、产消同步性、品质差异性特征,决定了服务失败难以避免。Bitner 和 Booms(1990)等将服务失败定义为:在服务传递过程的任一接触点,如果顾客需求没有得到满足或低于其预期,顾客就认为出现了服务失败。服务失败将导致顾客产生不公平感、负面情绪和抱怨行为,服务补救行为正是针对这些顾客价值损失展开的。Smith(1998)根据服务失败类型与失败严重性将服务失败划分为严重结果性失败、不严重结果性失败、不严重过程性失败、严重过程性失败四种类型。由于本书研究品牌关系断裂后的关系再续行为,因而将导致品牌关系断裂的原因明确界定为服务商发生严重服务失败,不再区分具体的服务失败类型。

对于服务失败及其补偿的关注始于 20 世纪 70 年代西方国家由产品消费向服务消费的转型时期,服务企业针对顾客抱怨做出的道歉、赔偿等是早期的服务补救行为。此后,相关研究陆续展开,研究范畴也从对具体服务失败的补偿延伸至与补偿行为相关的前因与后果的研究。Etzel 和 Silveman(1981)在分析如何获得顾客的高维持率时率先使用了"补救"一词,得到了广泛认同。Gronroos(1988)将服务失败发生后服务提供者所采取的反应和行动称为"对顾客抱怨的处理",其目的在于使顾客从不满意转变成满意的状态。Hart 等人(1990)认为，服务失败发生后，企业仅靠"对顾客抱怨的处理"还不足以赢得顾客满意，顾客需要的是"服务补救"。

服务补救概念提出后，引发众多学者的兴趣，对这一概念的认识随时间推移逐步深化。分析服务补救概念发展演变的过程可以看出，国内外学者对服务补救概念的界定主要围绕服务补救的对象、时机、手段以及补救目的几个方面展开。

第一，从服务补救的对象看，可以将补救划分为狭义的服务补救概念和广义的服务补救概念。狭义的概念是现有概念的主流，主要是企业针对特定的服务失败给顾客造成的损失，或针对顾客因服务失败而产生的不满和抱怨而实施的补偿性行为，如 Bell 和 Zemke（1990）、Johnston 和 Hewa（1997）、Gronroos（2002）、韦福祥（2002）、陈忠卫等（2005）、彭军锋（2006）、王永贵（2007）等的定义。广义的服务补救并非仅着眼于服务失败后的被动应变行为，还包括企业积极主动地建立起一套预防服务失败的管理系统，既矫正已经发生的服务过失，也对可能的服务过失予以干预，这套管理体系是企业整体管理系统的一部分，如 Schweikart（1993）、Bitner 和 Zeithaml（1997）、Tax 和 Brown（1998）、陈忠卫等（2005）的定义。

第二，从服务补救实施的时机看，现有服务补救概念可以区分为预应性补救、即时性补救以及未强调补救时机三类。广义的服务补救概念除了包含即时反应性补救，更主要强调了补救的事前特征，而多数狭义服务补救则强调针对服务失败做出当即的补偿反应。

第三，从服务补救的手段看，服务补救活动包括赔偿、道歉、折扣、退换等（Olsen 和 Johnson，2003），经济补偿、符号补偿（彭军锋，2006），心理上、感情上、物质上的弥补（王永贵，2007）等。

第四，从服务补救的目的看，企业实施服务补救旨在减少服务失败对顾客感知服务质量的负面影响（韦福祥，2002；Maxham 和 Netemeyer，2002），重建顾客满意和忠诚（Bell 和 Zemke，1990；Bitner 和 Zeithaml，1997；王永贵，2007），维持长远的顾客关系，避免顾客流失（Schweikart，1993；陈忠卫等，2005）。

尽管不同研究者对服务补救的界定在表述上各有侧重，但归纳起来，有效的服务补救都应包含以下几个要点：一是补救是针对服务失败给顾客造成的损害而实施的措施；二是补救是企业的一种主动性努力；三是补救的最终目的是维持顾客关系。

本书要探究的是因服务商发生服务失败造成顾客品牌关系断裂后如何再续关

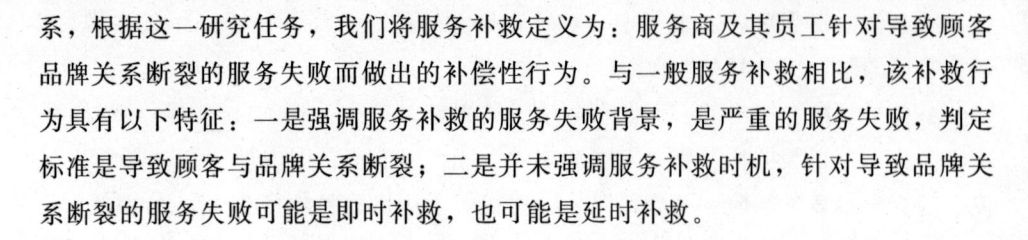

系，根据这一研究任务，我们将服务补救定义为：服务商及其员工针对导致顾客品牌关系断裂的服务失败而做出的补偿性行为。与一般服务补救相比，该补救行为具有以下特征：一是强调服务补救的服务失败背景，是严重的服务失败，判定标准是导致顾客与品牌关系断裂；二是并未强调服务补救时机，针对导致品牌关系断裂的服务失败可能是即时补救，也可能是延时补救。

2.1.2 服务补救的理论基础

有关服务补救的理论基础虽未达成共识，但学术界较为一致的认识是感知公平理论与期望不一致理论。

1. 感知公平理论

感知公平理论最早由美国行为科学家Adams（1965）基于社会交换理论、认知失调理论和社会比较理论提出。他在研究员工对工资报酬的公平性感知时发现，个体在判断是否得到公平待遇时，通常习惯于把自己的付出和所得与自己以往的经历或他人的经历进行比较。美国学者Deutsch（1975）首次将公平理论运用到营销领域，提出交换是否公平是顾客满意与否的前提，当顾客与他人相比后的感知公平水平低时，就会产生不满意。自此，在顾客满意的研究中，公平理论得到广泛应用，并得到顾客感知公平影响顾客满意、顾客口碑、重购意向与重购行为的普遍结论。

Clemmer（1988）是最早将公平理论应用于服务商与顾客间交互行为研究的学者。他认为社会交换的公平理论同样适用于服务商与顾客间的交换行为，公平理论正式被引入服务领域的研究。Seiders和Berry（1998）认为，感知服务公平是顾客对服务商所提供服务公平与否的认知。一旦顾客认为他得到的服务与其公平标准不相符时，他们就会产生不公平感。服务营销领域引入公平理论的初衷虽然是用以解释正常服务交换活动中的顾客感知问题，但其后该理论为研究者分析顾客的补救后态度与行为提供了理论依据。

公平理论问世之后，围绕其构成内容有过较多讨论，并陆续出现一维、二维、三维、四维的诸多结论。Adams（1965）的公平研究聚焦于分配公平，后来随着研究的深入，维度构成得到不断扩展。Thibaut和Walker（1975）提出了分配公平与程序公平两个维度。为反映服务的互动特征，Bies和Moag（1986）在分配公平、程序公平基础上新增了互动公平。三维度的感知公平结构被后来的研究者不断证实（Sparks，1988；Smith，1998；Tax等，1998；Masterson和

Lewis，2000；Maxham，2002），也成为感知公平研究的经典维度。尽管后来有学者提出增加信息公平维度（Geenberg，1993；Colquitt，2001），但三因子的构成仍然是学术界公认的感知公平结构。

分配公平又称为结果公平。学术界将其定义为：在社会交换中，一方对另一方为解决冲突而做出的有形补救的公平性感知。分配公平理论提出后，被广泛用于解释各类主体间社会交换行为的公平性。在服务营销情境下，面对服务商因服务失败而实施的补救行为，顾客存在一个补救期望，一旦他实际得到的有形补救与期望不相符，就会产生不公平的感觉。研究表明，通过补偿、修正、全面更换等措施进行补救，使顾客找回平等的感觉，是实现分配公平的有效策略。

随着研究的深入，学术界开始注意到"过程控制"和"结果控制"的区别。Thibaut 和 Walker（1975）就强调人们在达到感知公平方面对过程的控制。进一步，对组织内员工公平感知的研究成果揭示了程序公平是一种与分配公平完全不同的维度，是被员工感受到的新的公平维度。Geenberg（1990）指出，程序公平主要关注实现最终结果的过程是否公平，用以衡量成果分配过程的客观公正程度，因而也被称为过程公平。在服务营销情境下，服务商服务失败给顾客带来的常常不仅是经济上的损失，还有心理或情感上的伤害，因而在补救过程中，既有对最终补救结果的期望，也有对服务补救过程及时性、敏捷性和便利性的诉求。研究表明，有明确的服务补救制度、快速响应顾客诉求、提高服务的可接近性都是实现程序公平的有效举措。

随着对交换过程中流程公平性感知的研究，交换过程中的人际互动成为关注的新焦点。Bies 和 Moag（1986）正式提出互动公平的概念，聚焦于交换过程中所涉及的人际交互问题。Bies（2001）、Cropanzano 等（2002）的研究证实，互动公平侧重反映交换过程中的人际交互状况，与程序公平体现的是不同性质的社会交换关系，因而可以作为感知公平的一个单独维度予以考察。互动公平又被称为交互公平，在服务营销情境下，服务补救的互动公平主要指顾客在服务补救过程中所感知到的服务态度与服务质量的公平性。研究证实，服务商在服务补救过程中态度真诚、尊重顾客、信守承诺、真正站在顾客的角度思考问题，都是实现互动公平的有效手段。

服务营销领域的大量文献证明了服务感知公平的三维构成。从良性的服务消费关系来看，Martinez-Tur 等（2006）以 568 名酒店和餐厅顾客为样本的实证研究得出，顾客感知公平由分配公平、程序公平和互动公平构成，其中分配公平对顾客满意的影响最为显著。伊亚敏（2009）以 11 类服务业为研究对象，也提出在服务消费环境下公平感知主要包括分配公平、程序公平和互动公平三维度。相对于良性服务关系,服务营销领域对感知公平的研究主要集中于服务失败情境下顾客对服务补救的公平性感知及其延伸效果(补救满意、顾客忠诚、重购意向等)的评价。Tax等(1998)研究发现,感知公平的三个维度共解释了补救后满意85%的变异量。Lin等(2011)针对顾客对在线零售商服务补救响应的研究亦显示,顾客感知的三个维度的服务补救公平感知以及它们之间的交互作用都会显著影响顾客的补救后满意。Harris等(2013)的研究证实,尽管具体的表现形式不同,但在线顾客与传统的离线顾客相同,也使用三个维度的补救公平感知来判断服务商的服务补救质量。

2. 期望不一致理论

期望不一致理论也称绩效差异理论,是由Oliver(1980)提出的。该理论认为顾客在购买前都会对购买对象有一个价值期望,消费的过程实际上也是对该购买对象是否满足其价值期望的感知判断过程,正是这种价值感知与价值期望的一致性方向与程度决定了顾客对购买对象满意与否的情感态度。

期望不一致理论应用于顾客对正常服务的感知评价,在解释一般购买行为中的顾客满意的形成机制时得到学界的一致认同,其后也广泛应用于对服务失败后的服务补救绩效的评价中。依据该理论,遭遇服务失败的顾客,因其价值受到损失,从交换公平理论出发,必然产生服务补救期望。这种期望是顾客根据自己或他人经验对其所受价值损失进行衡量,并形成补偿预期,这种期望是具体的,既包括货币、商品、时间等经济性补偿,也包括情感投入、尊重等符号性补偿(Hart等,1990;彭军锋,2006)。顾客对服务补救的质量感知与其补救期望之间的差距决定了顾客的补救后满意水平。

2.1.3 服务补救评价

服务失败总是会在一定程度上引发顾客内心的不公平感觉,要减少服务失败对顾客感知服务质量的负面影响,重建顾客满意和顾客忠诚,维持长远的顾客关系,其前提就是通过有效的服务补救,重建顾客的公平感知。这就意味着,可以使用服务补救公平与否作为服务补救有效性的评价标准。

将公平理论首次应用于服务补救的是美国学者Deutsch,他认为如果顾客从服务补救中获得的价值感知低于其价值期望,顾客就会产生抱怨并对交换行为的公平性进行评价。Blodgett等(1993)分析了感知公平理论对服务补救评价的解释机理：在服务消费过程中，一旦顾客发现自己与他人付出相同但回报不及他人时，就会产生不公平感进而引发抱怨情绪。此时，如果服务商能够采取恰当的服务补救措施弥补顾客的感知损失，使顾客重新找到公平感觉，则会改变顾客的不公平感知和负向情绪，并进一步生成对服务商有利的后续行为倾向。可见，感知公平可以用以对服务补救进行评价。

事实上，20世纪90年代以来，感知公平是服务补救研究领域出现频率最高的术语。有大量研究成果证实了感知公平对服务补救绩效的评价效应，也就是说，如果顾客对服务补救的公平感知正向影响服务补救绩效，就印证了感知公平对服务补救绩效的评价效应。Blodgett等（1993）研究指出，感知公平能够帮助顾客有效评价服务商的服务补救努力，并预测顾客的持续关系倾向。Van den Bos（1997）等认为顾客对企业的服务补救进行评价时，较多地考虑补救过程和人际交互过程是否公平。Tax（1998）认为服务商只有在服务补救过程中通过自身努力让顾客对补救结果、补救程序、补救互动感到公平，才是有效的服务补救。

按照前述感知公平的三个维度，基于感知公平的服务补救评价指标体系仍由感知补救分配公平、感知补救程序公平、感知补救互动公平三个指标构成。感知补救分配公平是指顾客对服务商所做出的有形补偿的公平程度感知，包括对赔偿、折扣、优惠券、免费更换等具体实施的评价。感知补救程序公平是指顾客对服务商在补救过程中的制度安排、工作程序及补救标准等的公平程度感知，包括对服务补救的政策、响应性、灵活性、效率等的评价。感知补救互动公平是指顾客对服务商在服务补救的人际互动中表现出的对待顾客的态度、方式的公平程度感知，包括对服务补救人员对顾客的服务主动性、尊重、礼貌、诚实、关心等的评价。

2.1.4 服务补救绩效

服务企业竞争的加剧迫使企业越来越关注服务失败后的服务补救绩效。过去二十年，围绕服务补救能够达成的绩效目标，特别是这些绩效目标的实现路径，学术界进行了大量的探讨，并取得丰富的成果。

1. 服务补救与补救满意

在有关服务补救的研究中，服务补救与顾客满意的关系研究一直是理论界的热点。顾客满意是顾客对一个产品可感知的效果与期望值相比较后所形成的愉悦或失望的感觉状态，实现顾客满意是服务商最重要的管理目标。现有研究成果中，顾客满意被划分为不同类型。比如，从顾客满意的客体对象出发，可以将满意区分为针对特定交换行为的满意以及对某一企业的整体满意；而从交换关系的时间演变出发，顾客满意则被划分为不同关系阶段的满意，如 Boshoff（1997）将顾客满意划分为最初的满意、确认不满意后的满意、服务补救后的满意。这里的补救后满意是指顾客对企业服务补救的感知效果与其对补救的期望值比较后的感觉状态，有学者将其称为"补救后满意"（杜建刚、范秀成，2007；陈可、涂荣庭，2008），也有学者将其称为"二次满意"（黄文彦、蓝海林，2005）。

整理现有文献，研究者主要从期望不一致理论、感知公平理论或两者联合的理论出发探究服务补救的顾客满意形成机制。

(1) 基于期望不一致理论的服务补救的顾客满意机制。

基于期望不一致理论的服务补救与顾客满意的关系的主要观点是：顾客补救后满意是由顾客对服务质量的期望和企业实际的服务补救绩效之间的差距决定的。当补救期望小于顾客实际的补救感知，顾客就感到满意；如果顾客实际的补救感知小于补救期望，不满意就会发生。McCollough 和 Berry（2003）基于期望不一致理论提出服务补救的满意模型。认为只有当服务补救达到了顾客的预期，才能与补救满意正相关。服务补救期望高的顾客，其补救后的满意度往往较低。于坤章等（2009）对餐饮业的研究揭示，服务补救期望、补救质量及两者的不一致都显著影响顾客满意。马双等（2011）研究了电子商务环境下的服务补救对顾客满意的驱动机制，结果发现，期望不一致在补救速度、道歉和有形补偿等补救策略与顾客满意之间发挥部分中介效应。钟天丽（2011）的研究也表明，顾客的补救期望对补救后满意度具有显著影响，补救期望与满意度呈现负相关关系。

(2) 基于感知公平理论的服务补救的顾客满意机制。

这类观点认为顾客对服务补救是否满意取决于顾客从企业的服务补救中感知的公平程度，包括总体公平感知与各构成维度的公平感知。Maxham 和 Netemeyer（2003）、Schoefer 和 Ennew（2005）、Martinez-Tur 等（2006）的研究都发现，感知公平三个维度都正向影响顾客的补救满意，其中，分配公平感知对补救满意影响最为显著。郭贤达等（2006）以通信业为样本的研究显示，互动公平和分配公平对补救后满意有显著的影响。郑秋莹和范秀成（2007）针对网上零售商的研究得到结论，感知公平三维度影响顾客的补救后满意，其中，互动公平比分配公平和程序公平对满意度的影响稍大。赵占波等（2009）以电信行业顾客为研究对象得出，不同类型的顾客看重的感知公平维度不尽相同：大客户最看重互动公平，普通顾客对分配公平更在意。

总结国内外学者基于感知公平理论对顾客满意的研究发现，尽管研究的样本行业不同，得到的结论也不尽一致，有一点却是一致的，即感知公平对顾客补救后满意具有正向影响，并且分配公平在其中发挥着最为重要的作用。

(3) 基于期望不一致与感知公平双重理论视角的研究成果。

于坤章、罗静（2009）以餐饮行业为研究对象，从服务传递失误的过程探讨服务补救与顾客满意之间的关系。结果发现，感知公平和期望不一致理论很好地解释了顾客满意度，互动公平及程序公平对补救质量有显著的影响作用，说明当顾客经历服务失败之后，不仅会按公平理论来评价自己的得与失，还会根据先前的期望与实际的感知来评价服务补救行为。杨丽华（2010）从感知公平和期望不一致双重视角探讨了银行业服务补救的顾客满意形成机制，认为感知公平的三个维度和补救期望对服务补救感知质量具有显著影响，通过期望不一致影响补救后满意。宋宗军（2010）基于现有成果提出了顾客补救满意模型，首先通过服务补救的期望不一致形成感知公平维度，再通过感知公平理论解释感知公平维度对顾客补救满意的影响。针对餐饮业的大样本研究结果显示，69％的顾客补救后满意方差可以通过该模型得到解释，进一步得到分配公平对补救满意的影响远大于程序公平的结论。

2. 服务补救与补救悖论

McCollough 和 Bharadwaj（1992）在研究服务补救时发现，与没有经历过服务失败的顾客相比，那些遭遇过服务失败又得到服务补救的顾客，他们的满意度和重购率更高。基于这一现实，研究者提出服务补救悖论的概念，用以描述服务失败后服务商采取的补救措施为顾客带来的满意度超过失败前的满意度的现象。由于补救悖论是否成立直接影响着服务营销者营销理念与营销策略的选择，因而引发学术界的关注，并针对服务补救悖论是否成立、在什么情况下成立等问题开展了相关研究，并取得结论相异的许多成果（见表 2-1）。

表 2-1 支持服务补救悖论的部分研究成果

研究者	样本行业	补救绩效	补救悖论成立的条件
Bolton 和 Drew（1992）	电信	补救后满意	极好的补救
Boshoff（1997）	航空业	感知质量、感知价值	高管采用返还现金、免费机票等补救措施

续表

研究者	样本行业	补救绩效	补救悖论成立的条件
Ann Hocutt（1997）	餐饮业	补救后满意	服务失败归因于顾客自身
Smith 和 Bolton（1998）	宾馆、餐厅	补救后累积满意、重购意愿	非常满意的补救
McCollough 等（2000）	酒店业	具体交易的补救满意	服务失败给顾客带来的伤害较小；服务商采取了圆满的补救措施
Maxham 和 Netemeyer（2002）	银行业	纵向数据验证的补救后满意	顾客经历过服务失败和服务补救
Magnini 等（2007）	多行业	补救后满意	顾客感知服务失败不严重；顾客没有失败经历；失败原因是不经常发生的；失败超出企业的掌控

资料来源：作者根据曹忠鹏等（2012）整理。

研究中也有许多学者的成果对服务补救悖论发起了挑战，如 Zeithaml（1996）针对计算机、零售、保险业的大样本研究，Andreassen（2001）的跨行业服务研究，Michel 和 Meuter（2008）针对超过万名的没有服务失败经历且对服务满意的银行业顾客的研究等都否定服务悖论的存在。

曹忠鹏等（2012）对服务补救悖论的上述矛盾成果出现的原因进行了分析，认为研究者对服务补救的内涵界定、研究框架、研究方法三方面的不统一，导致了研究结论的差异。从概念内涵看，服务补救悖论中顾客满意有累积满意和具体交易满意的不同，有些研究使用重购意愿、口碑传播、推荐意愿等心理变量，有的使用公司形象、信任等更宽泛的指标，结果变量测量指标的差异会影响到结论。从研究框架看，研究者使用的条件变量以及对条件变量的界定不一致也影响到结论，如对服务失败的归因、失败程度等补救绩效重要的情景变量界定不同，结论就难免有差异。即使面对相同归因、相同程度的服务失败，服务补救时机、补救方式、补救主体不同都可能得到不同的补救绩效。此外，从研究方法看，行业选择、样本对象、数据获取方法、样本规模等差异都可能导致研究结论的不一致。

大部分反对服务补救悖论的学者并不是全盘否定"顾客二次满意会超过一次

满意"这一结论，而是认为其出现是有前提条件的，即并不是所有服务补救都会出现服务补救悖论，而是在某些条件下才会出现这一现象。张圣亮和周海滨（2009）就指出，服务失败程度、补救时机、补救措施等因素直接影响着补救悖论是否成立及实现的程度。常亚平（2012）关于服务补救悖论的实证研究提出，补救悖论不是在所有补救中都会出现的，而是受服务失误的严重性、失误频率、失误可控性、补救水平和关系强度的影响。

3. 服务补救与补救信任

服务补救的根本目的是留住因服务失败而产生不满、抱怨或流失的顾客，而顾客维持一段关系的基本前提是信任感。Parasuraman 等（1991）的研究显示，服务失败必然导致顾客不满，进而失去对企业的信任感。这就意味着，服务商要达成关系保持的目标，就必须通过服务补救重建顾客信任。那么，服务补救能否重建顾客信任呢？整理相关研究成果发现，服务补救与补救信任间关系的研究成果远少于服务补救对补救满意影响的成果。此外，现有成果中，信任在服务补救的研究中既有代表补救绩效的结果变量，也有为补救绩效发挥中介作用的中介变量，同时，也有研究将信任作为情景因素考虑的调节变量。

信任作为结果变量的研究成果主要有：Hart 等（1990）认为，服务补救通过减少或修复服务失败给顾客造成的损失，对顾客服务质量评价和后续行为产生积极影响，进一步改善企业同顾客的关系，增强顾客对企业的信任和忠诚。Tax 等（1998）构建了服务补救与顾客满意以及信任、承诺之间关系模型，实证结果表明对服务补救的满意直接影响顾客的信任和承诺。Tax 和 Brown（2000）的研究也证明，顾客对抱怨处理的满意度显著影响顾客信任和承诺。郑秋莹、范秀成（2007）研究发现，在网上零售业的服务补救过程中，补偿、快速回应、道歉三个补救措施对顾客满意、信任和再购买意图有显著影响。

作为中介与调节变量的信任与服务补救成果有：丛庆等（2007）对银行业的实证研究结果表明，顾客补救后满意必须通过顾客信任和关系承诺的中介作用才能对顾客持续关系意向产生影响。张圣亮（2010）采用情景模拟方法，以餐饮业为样本测评了顾客关系对服务失误背景下的顾客感知损失、情绪和补救期望的影响，结果发现具有信任关系能够一定程度上缓解顾客对服务失误所造成的感知损失、负面情绪和精神补救期望。

4. 服务补救与补救忠诚

服务补救的目的是重获顾客满意，而研究表明，满意的最高程度表现为顾客对该服务在态度与行为上的忠诚。对于服务补救与顾客忠诚的关系，国内外学者做了大量的探索，也取得了较丰富的成果。

顾客忠诚包含态度忠诚与行为忠诚，是顾客与企业情感关系进一步延伸的表现，常使用重复购买意愿、正向口碑等行为倾向指标予以测量，有些研究也使用直接的重购行为测量，因而，现有研究中，服务补救对顾客忠诚的影响一般通过补救满意这一情感变量的中介效应实现。如 Etzel 和 Silverman（1981）指出，服务补救后的二次满意，会比未遭遇服务失败后带来更强的顾客忠诚度。Kotler（1993）也指出，与从来没有抱怨或不满的顾客相比，那些抱怨得到满意解决的顾客往往对公司更加忠诚。Chebat（2005）以感知公平为中介，揭示了服务补救对顾客满意和顾客忠诚的影响作用。研究发现，感知补救公平的三个维度既直接作用于顾客忠诚，又通过顾客满意间接作用于顾客忠诚（见图2-1）。

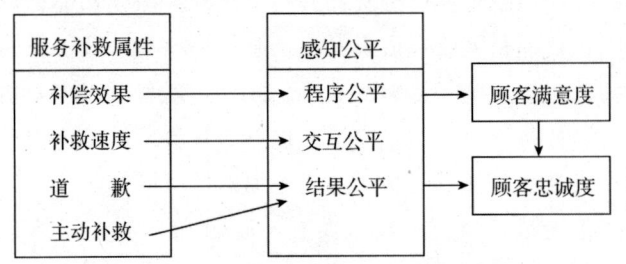

图 2-1　Chebat 的基于感知公平的服务补救绩效模型

资料来源：Chebat（2005）。

赵占波等（2009）以电信服务业顾客为样本，研究服务补救质量对顾客忠诚的影响。结果表明，无论在公众客户、商业客户、大客户还是总体样本中，以分配公平、程序公平、互动公平衡量的服务补救质量都对顾客感知价值、顾客满意、顾客信任产生显著正向影响，并通过这三个指标对顾客忠诚产生间接影响。常亚平等（2009）以具有网购经验的学生和公司职员为样本，研究电子商务环境下企业解释、沟通、反馈、赔偿、制度五种服务补救策略对顾客忠诚的作用机制。发现电子商务情境下，服务补救完全通过顾客满意影响顾客忠诚，其中，赔偿的作用最为显著，其次为制度、反馈。秦进、陈琦（2012）研究表明，在网络销售环境中，服务补救通过感知公平的三个维度影响顾客二次满意，进而对顾客忠诚产生显著影响。

5. 服务补救与重购意愿

Sinha 和 Desarbo（1998）认为，购买意愿是指顾客购买某一特定产品或服务的主观概率，据此理解，重购意愿指的是顾客基于购买经历做出的在未来时间再次购买产品或服务的主观可能性。由于行为意愿对行为的预测作用，研究顾客重购意愿是服务管理的重要任务。现有研究中，对于重购意愿的主要研究背景是良性品牌关系，即顾客与企业保持正常关系的前提下再次光顾的可能性，该行为意向受顾客满意度（Oliver，1980；Spreng 和 Mackoy，1996；Bruhn 和 Grund，2000；Mattlia 和 Mount，2003；史有春、刘春林，2005）、感知服务质量（Woodside 等，1989）、品牌自身特性（Murgulets 等，2001）等因素直接或间接影响。

服务管理实践中的现象说明，顾客的重购意向与重购行为不仅发生在顾客与品牌间的良性关系状态下，在品牌关系出现危机的情景下，有效的服务补救可以影响顾客产生积极情感，进一步产生正向口碑传播、重购意向或重购行为（Gilly，1987；Blogett，1993；Brown 等，1996；Swanson 和 Kelley，2001；Harris 等，2006）。基于中国市场环境的研究也得出了相似的结论，宋亦平等（2005）认为，服务失误归因对服务补救后顾客满意度、再购买意向和正面口碑传播意向都具有显著的影响。彭军锋（2006）的研究显示，服务补救过程中顾客的感知公平对以重购意向与正向口碑衡量的补救后的行为具有显著影响。张圣亮等分别以饭店、航空、宾馆、快递等不同服务业为对象，采用情景模拟法获取数据，对服务补救与补救后顾客情绪和行为意向开展了系列研究。相关结论显示，服务补救程度差异（象征性补救、等值补救和超值补救）、服务补救时机（即时补救、延时补救与事后延时补救）、服务补救主动性（主动补救、被动补救）、服务补救内容（物质补救、精神补救）、服务补救公平感知对顾客情绪、口碑传播和重购意向具有显著影响。服务补救时机越早，顾客重购意向越高（张圣亮，2010）；主动补救对顾客正面情绪、口碑传播和重购意向的影响显著高于被动补救（张圣亮，2011）；相比于物质补救，精神补救能使顾客产生更高的积极情绪、口碑传播和重购意向（张圣亮，2013）；感知公平的服务补救能够给顾客带来更高的正面情绪、正向口碑和重购意向（张圣亮，2010）。

2.1.5 服务补救与补救绩效的研究不足与展望

由上述成果梳理情况可以看出，尽管国内外学者针对服务补救开展了相关研究并取得丰富的成果，但仍存在需要深化和拓展的研究领域。

首先，目前对于服务补救内涵虽然在管理活动的性质上较为明确，但在具体研究中使用的概念内涵仍存在不够明确也不一致的问题，如服务补救的具体形式、补救程度、补救时机选择等，甚至补救的服务失败性质（如服务失败类型、程度、归因等）都可能有较大差别，影响到最终的研究结论。为此，研究中需要对相关要素进行更为细致的刻画，以更具体和准确的条件变量保证研究结论的科学性。

其次，目前关于服务补救绩效的研究虽然成果较多，但结论却有较大差异甚至存在矛盾。如服务补救悖论和双重偏差问题的现象观察和理论解释还有待深入，研究中的理论框架、变量界定、关系刻画、研究方法等还需要更为科学的把握。此外，对于服务补救的多重绩效间关系的检验也比较薄弱，需要开展更多行业背景、跨文化背景的研究以检验和丰富相关结论。

最后，最为重要的是，目前关于服务补救的相关研究几乎都有一个潜在背景，那就是顾客与品牌间的关系虽然受到服务失败的影响但仍处于关系存续期，以此为前提研究补救及后续行为。然而，在管理实践中，如果将企业服务失败程度作为服务补救管理的前提，就会面对严重服务失败而导致顾客与品牌断裂关系的局面。那么，品牌关系断裂状态下企业的服务补救管理是否需要以及如何展开？这就需要从理论上进行解释，涉及品牌关系断裂后的服务补救如何界定？顾客对服务补救的感知与良性关系下有什么不同？服务补救绩效如何？尤其是品牌关系断裂后的服务补救绩效的生成机制如何？这些问题都需要在理论上找到答案，从而帮助企业更有效地开展品牌关系再续的管理工作。

2.2 顾客关系与关系利益的相关研究

2.2.1 顾客关系的内涵

关系是人与人、人与组织或组织之间通过直接交往形成的相互联系。一种关系一经形成，就会对后续的交往形成定向影响。基于关系的内涵，顾客关系就是企业与其所服务的顾客之间通过交换关系形成的相互联系。这种相互联系一经形成，也会对以后的交往产生作用。应该说，自有交换活动开始就应该有顾客关系的存在，但直到市场竞争加剧促使企业意识到高质量顾客关系是企业持续竞争优势的来源时，顾客关系才逐步为企业所重视，企业营销也才进入了以顾客关系为核心的关系营销时代。

由于研究视角与研究目的的不同，目前学术界对顾客关系的内涵与外延尚未达成一致。从关系作为一种联系状态的基本理解出发，目前关于顾客关系的主要观点如表 2-2 所示。

表 2-2 顾客关系的研究视角与概念界定

研究者	视角	内涵
Berry（1983）	经济联系	企业与顾客间的经济联系
Gronroos（1990）	动机与行为	企业与顾客间相互联系的动机和行为
Morgan 和 Hunt（1994）	经济与情感联结	企业与顾客间在经济上或情感上建立的广泛联系
Reichheld（1996）	态度与行为	顾客对企业的认知、态度及由此驱动的行为
陈雪阳，刘建新（2008）	经济、情感与时间三维度的联结	企业与顾客之间建立的经济性、情感性和时间性的心理与行为联系

资料来源：作者整理。

上述顾客关系的定义可以分为两类。Gronroos（1990）与 Reichheld（1996）的顾客关系定义侧重于从流程的角度，也即行为及其驱动力的角度出发，揭示顾客关系的来源与形成机制；而其他定义则侧重于从静态的视角刻画顾客关系的要素与本质，这一类定义虽然尚未一致，但在以下几点上还是达成了基本的共识：一是顾客关系的主体是企业与顾客；二是顾客关系是两个关系主体间的某种联系；三是企业与顾客之间的这种联系主要体现在经济、情感联系上。

对顾客关系的重视是关系营销理念引入营销管理实践的重要成果。关系营销创始人 Berry（1983）就将关系营销定义为"吸引、维持和强化顾客关系的活动"。Gronroos（1990）也将顾客关系作为关系营销的关键词，认为"营销就是建立、保持和加强与顾客以及其他利益相关者的关系，从而使各方面的利益得到满足"。尽管企业的关系营销领域涉及多个利益相关者，但企业与顾客间的关系处于关系营销的核心位置。与传统的交易营销相比，关系营销具有显著的双向沟通、互利双赢特征。针对顾客这一最重要的利益相关者，关系营销始终以建立、维持、强化顾客关系为目标，寻求与顾客的持久关系，而不是单次交易。因而，关系营销理念是顾客关系研究的理论基础。

2.2.2 顾客关系质量的概念与测量

顾客关系概念一经提出即为企业所重视，并逐步成为企业持续竞争优势获取不可或缺的战略性资源。既然是一种战略资产，就涉及资产质量的衡量问题。在学界，对于顾客关系质量的衡量也是研究者很感兴趣的问题，并已取得丰富的研究成果，关系质量、关系倾向、关系强度等术语先后被引入关系营销范畴，用以刻画顾客关系品质。其中，关系质量是被普遍认同的测量指标，并已成为关系营销领域最重要的概念之一。

1. 顾客关系质量的内涵

Crosby等（1990）最早提出了顾客关系质量的概念。他们认为关系质量是顾客在以往消费满意的基础上，对服务人员未来行为的诚实与信任的依赖程度，是顾客对关系强度与深度的一个总体评价。此后，关于顾客关系质量本质的成果陆续出现，总结起来，研究者对顾客关系质量的界定主要有两个视角，即认知视角的关系质量与情感视角的关系质量。前者认为关系质量是顾客对双方联系状态以及这一状态满足其需要与期望的一种感知、知觉、认知和评价，后者则侧重于从双方互动产生的情感联系定义关系质量（见表2-3）。

表2-3　顾客关系质量的研究视角与概念界定

视角	研究者	关系质量界定
认知与评价视角	Crosby等（1990）	顾客对双方关系强度与深度的一个总体评价
	Smith（1998）	是对买卖关系的总体强度的评估
	Liljander和Roos（2002）	顾客在关系中所感知到的服务与某些内在或外在质量标准进行比较后的认知评价
	Gronroos（2002）	顾客与服务商基于长期的互动关系而形成的动态质量感知
	Woo和Ennew（2004）	双方对关系强度、需要与欲望的满足程度以及交易关系的深度与氛围的总体评价
	Palmatier等（2006）	对一种关系中双方关系强度的整体评估，是一个多维结构
	刘人怀，姚作为（2005）	顾客或企业根据一定的标准，对于关系满足各自需求程度的共同认知评价

续表

视角	研究者	关系质量界定
情感视角	Anderson（1987）	双方互动过程中顾客相信可以依赖销售人员以降低知觉风险并获取长期利益从而产生的情感状态
	Lagace 等（1991）	购买者对销售员的信任以及对关系的满意程度
	Hennig-Thurau 和 Klee（1997）	是顾客对营销者及其产品或服务的信任和承诺，反映了顾客的关系型需求被满足的程度

资料来源：作者整理。

通过以上定义可以看出，研究者对顾客关系质量的定义并不统一，关系质量既被认为是建立在认知基础上的评价，也被认为是一种满意程度。本书将上述两个视角加以整合，认为顾客关系就是顾客基于一定标准对双方关系满足其需要程度的总体评价以及由此产生的情感状态。

2. 顾客关系质量的维度与测量

营销学文献对于关系质量的衡量维度还没有一致的看法。但大多数学者都认同关系质量是一个多维度概念。Crosby 等（1990）最早提出了信任和满意这两个关系质量的维度，其后的研究者通过大量的研究对此进行了丰富和补充。梳理研究者的维度构成可以发现，信任、满意、承诺是被使用最多的关系质量的维度，也是当前广为认可的核心维度。

（1）关系信任。在任何关系中，信任都是保持关系强度、长度的先决条件。社会心理学、组织理论、社会关系理论都认为信任是关系维护与长期价值传递成功的第一要素（Vázquez-Casielles 等，2010）。Blau（1964）基于社会交换理论提出了信任由能力信任、正直信任和善意信任三维度构成的观点。Morgan 和 Hunt（1994）把信任定义为对交换伙伴的可靠性和正直性的信心的感知程度。Garbarino 和 Johnson（1999）认为信任是顾客对企业所提供服务的品质与可靠度的信心。这些定义尽管表述不同，但都包含以下要点：信任是个体对关系方的信心以及建立在信心上的依赖程度；这种信心指向多个方向：能力、诚意、品质、可靠性、正直性等，即信任是一个多维概念。

（2）关系满意。在营销学领域中，顾客满意是比关系满意出现更早、使用更多的术语。顾客满意是顾客对实际消费体验与先前预期所感知差异的一个总体判断过程，这一评价主要表现为顾客愉悦或失望的情感状态。郑颖（2009）梳理了顾客满意的文献，认为顾客满意有两种类型，即特定交易满意与总体满意。前者是顾客在某个特定的购买体验后所做出的评价，后者则是指顾客对过去一段时间的购买和消费体验的累积感受和总体评价。本书认为，总体满意可以理解为顾客对与特定品牌之间关系的评价，即关系满意。现有文献中的关系满意一般是单维度概念。

（3）关系承诺。在社会交换活动中，人们往往致力于寻找实现最大利益的多种方案。一旦找到一个最佳方案，关系彼此就会产生承诺，从而停止其他方案寻找。这种承诺从本质上是人们为维持关系而在心理上依赖这种关系的倾向性（Agnew 等，1988），在商业关系中则体现为顾客对企业感到归属感的心理依附和忠诚程度（Garbarin 和 Johnson，1999）。但学术界更倾向于多维承诺概念，如情感性承诺和持续性承诺（Meyer 和 Allen，1991；Bansal 等，2004；Fullerton，2005）。承诺是维持良好长期关系的重要表征，当顾客对企业表现出承诺意愿时，通常也表示企业和顾客之间具有良好关系。总之，无论承诺如何被具体表述，都代表了关系主体对关系的重视及延续关系的愿望。

2.2.3 关系利益的概念与构成

按照关系营销理论，企业的长期经济回报得益于企业与顾客的长期关系质量。从顾客的角度看，顾客与企业发展长期关系，除了可以获得与产品或服务相关的核心利益外，还可以兼得人际、心理以及经济上的好处，即来自"关系"的利益，这种利益往往是顾客做出购买决策或关系决策的重要依据。

1. 关系利益的概念

关系营销学中，对于来自顾客与企业之间"关系"的这一特定资产带来的价值有两个分析视角、两种表述方法。

从分析视角看，交换关系的两个主体即企业和顾客均可从双方关系中获取利益，也即顾客视角的关系利益、企业视角的关系利益。Wilson 和 Jantrania（1995）最早从企业商业关系的角度对关系利益进行研究，并将其界定为关系双方合作关系的结果，该结果旨在提高关系双方的竞争实力。同时指出关系利益由经济利益、行为利益、战略利益构成。从本研究内容出发，本书选择顾客视角的关系利益。

从表述方法看，一种表述方法是"关系价值"（relational value），如 Anderson 等（1993）、Gronross（1997）、张广玲等（2007）、赵卫宏（2010）。张广玲等

(2007)认为关系价值是顾客感知并随着关系的发展而产生的关系收益与关系成本之间的权衡。赵卫宏（2010）针对网络关系提出，网络顾客关系价值就是顾客在与网络零售商维持长期交易关系的过程中权衡自己所得与所失后感知的净价值。而另一种使用更为广泛的对顾客从与企业关系中获得的价值的表述方法为"关系利益"（relational benefit），这是目前学术界通行的表述方法。本书认为，为区别顾客从产品或服务的核心价值获得的好处，使用关系利益描述顾客在核心价值之外的好处可以更好地区别两种不同来源的价值所得。

国内外学者对关系利益提出了多种概念。Berry（1995）认为，关系利益来自于顾客与企业间的长期关系，具体包括风险降低带来的信任利益、顾客社会需求满足带来的社会利益。Gwinner等（1998）指出，关系利益就是顾客在与企业保持长期合作关系的过程中所获得的核心利益之外的其他利益。Henning Thurau等（2000）认为：关系利益是顾客从与服务提供商的长久关系中获取的利益。Marzo等（2004）指出，关系利益分为功能利益和社会利益，功能利益指顾客从关系中获得的便利性、购买建议等利益，社会利益是指顾客从与企业的关系中获得的交往满足。

上述概念尽管在表述上有所不同，但基本反映了以下几个概念要点：一是关系利益来源于顾客与企业间的长期合作关系；二是关系利益是顾客在产品或服务核心利益之外的利益，主要是功能价值之外的利益；三是关系利益是个多维的概念。这三个要点也是关系利益区别于其他顾客价值的根本特征。需要说明的是，尽管没有明确强调，与核心顾客价值相同，关系利益也应该是顾客维持与企业长期关系的利得与利失的比较。

研究者揭示了关系利益的来源，即为什么顾客愿意维持与企业的关系？Bitner（1995）认为，首先，顾客如果与服务提供商建立长期的合作关系，就会降低顾客的压力感，因为关系变得可以预见，基本的问题得以解决，特殊的需要能被满足，顾客甚至可以预见未来会发生什么，尤其是法律、医疗、教育等复杂服务，以及美发、健身、减肥等顾客高度卷入的服务，以及需要大量资金投入的服务，如银行、保险、建筑等，因为提高了关系发展的可预见性，降低了未来风险预期，有时即使知道竞争对手可能提供相同或更好的服务，也会选择留在现在的关系中；其次，顾客从长期关系中得到的另一个好处就是减少改变，尤其是对双方关系最初长期投入后，服务商已经了解顾客的偏好，甚至能够提供定制化的服务，此时转换服务商就意味着需要进行全新的投入，需要大量的时间成本和心理成本，而维持关系则可以简化决策程序，节省决策时间，因而顾客往往愿意支

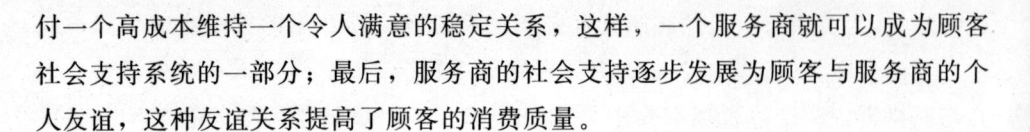

付一个高成本维持一个令人满意的稳定关系，这样，一个服务商就可以成为顾客社会支持系统的一部分；最后，服务商的社会支持逐步发展为顾客与服务商的个人友谊，这种友谊关系提高了顾客的消费质量。

2. 关系利益的构成

由于对关系利益的概念理解有所差别，研究者在其构成上的认识也不尽相同。目前的研究成果中，关于关系利益的构成研究主要基于传统商务环境和网络商务环境两个不同的研究背景。

(1) 基于传统商务环境的关系利益构成。最有代表性的研究成果是 Gwinner 等（1998）关于关系利益的研究成果。他们将关系利益定义为顾客由于他们在与某一企业的关系中获得的超越核心服务绩效的利益。该研究主要围绕什么是关系利益、顾客为什么要与一个企业保持关系、对顾客而言哪一种关系利益最为重要、关系利益与服务类型之间有怎样的关系等问题展开。为得到上述答案，他们开展了两个阶段的研究。第一阶段，研究者对 21 名与服务商有持续业务联系的顾客进行深度访谈，获得了定性判断，此阶段得到四种关系利益：社会利益（与服务商人际关系、人际互动带来的好处）、心理利益（从关系中感到了舒适与安全）、经济利益（价格、折扣、时间）、定制化利益（满足特定需求）。第二阶段，通过对 300 名服务顾客的横截面调查，验证并发展第一阶段的结论，并进一步分析不同关系利益的重要程度，以及分析关系利益与服务行业的关系。这一阶段的最终结论是：关系利益由信心利益（因风险感、焦虑感降低而获得的好处）、社会利益（被服务人员认识、与服务人员熟悉并发展友谊）、特惠利益（价格优惠、个性化服务）构成，这三种利益出现在各类服务中。其中，信心利益对关系利益贡献最大，因为实证研究显示，服务关系能提供的最关键的利益就是减少焦虑感、减少风险、知道会发生什么。这一利益在所有类型的服务中（他们将服务以接触程度、定制化程度两个指标划分为四种类型）都表现得最为明显。该研究成果发表后，后续研究基本以此维度划分为基础展开。

(2) 基于互联网商务环境的关系利益构成。随着网络营销和电子商务的快速发展，如何维持与顾客的长期关系也成为网络商家必须思考的问题。由于网络商务活动的特殊性，近年来针对网络环境下的关系利益的研究成果表现出与传统商务环境下的些许差异。Yen 和 Gwinner（2003）的研究发现，由于缺少人际互动，互联网环境下的零售服务只有信心利益和特惠利益两个维度。崔艳武等（2006）将网络零售中的关系利益划分为信心利益、社会利益、特殊待遇利益和荣誉利益。宋晓兵、董大海（2009）采用了与 Gwinner 相同的方法确定 B2C 环境下顾客关系利益的构成。通过对 32 个具有 B2C 购物经历的顾客深度访谈的定性研究，得到信心利益、经济利益和定制利益三个维度。其中，信心利益是指顾客对自己与网络商店的关系带来的降低忧虑的心理感觉；经济利益是指这种关系给顾客带来的经济上的实惠；定制利益是这种关系给顾客带来的专属服务和利益。表 2-4 整理了关系利益维度的代表性观点。

表 2-4 关系利益维度的代表性观点

研究者	关系利益维度
Wilson 和 Jantrania（1995）	经济收益、战略收益、行为收益
Berry（1995）	信任利益、社交利益
Gwinner 等（1998）	信心利益、社会利益、特惠利益
Patterson 和 Smith（2001）	信心利益、社会利益、特惠利益
Marzo 等（2004）	功能利益、社会利益
Yen 和 Gwinner（2003）	信心利益、特惠利益（B2C 环境）
崔艳武（2006）	信心利益、社会利益、特殊待遇利益、荣誉利益（B2C 环境）
宋晓兵，董大海（2009）	信心利益、经济利益、定制利益（B2C 环境）
赵延昇，徐韬（2009）	经济收益、社会收益、心理收益
赵卫宏（2010）	网络环境：受尊重价值、信心利益价值、特殊待遇价值、个性化服务价值、社交利益价值、时间精力节省价值
Dimitriadis（2010）	信任利益、特惠利益、社会利益、便利利益
陈漫，张新国（2012）	信心利益、娱乐利益、特殊待遇利益、荣誉利益
Lee 等（2014）	心理利益、社会利益、特惠利益

资料来源：作者整理。

2.2.4 关系利益的结果变量

现有研究中，针对关系利益的相关研究主要是将关系利益作为前因变量，探索其对营销结果变量的影响作用。研究者主要将顾客满意、顾客忠诚、关系保留、顾客购后行为或它们的组合作为关系利益的结果变量展开研究。

1. 关系利益与顾客满意

多位研究者的研究证实,信心利益、社会利益、特惠利益三种关系利益与顾客满意相关(Gwinner 等,1998;Hennig-Thurau 等,2002;Yen 和 Gwinner,2003;Vázquez-Carrasco 和 Foxall,2006;Molina 等,2007)。傅小婧、骆守俭(2009)以餐饮业为研究样本,研究了顾客视角下的关系利益对顾客满意与承诺的影响。结论显示,信任利益对顾客满意和顾客承诺都有显著的正向影响,特惠利益对承诺有正向影响。赵卫宏(2010)对网络环境下顾客关系价值的实证研究显示,顾客信心利益价值、特殊待遇价值、个性化服务价值、时间精力节省价值对关系满意有积极影响,并通过关系满意影响顾客再购买意图和口传意图。

2. 关系利益与顾客忠诚

Henning-Thurau 等(2002)基于 Gwinner 等(1998)的研究提出了关系利益、关系质量和顾客行为的整合模型(见图2-2)。研究得到以下结论:关系利益中的信心利益和社交利益直接影响顾客忠诚,同时,三种关系利益还通过满意和承诺这两个中介变量间接影响顾客忠诚和正向口碑。

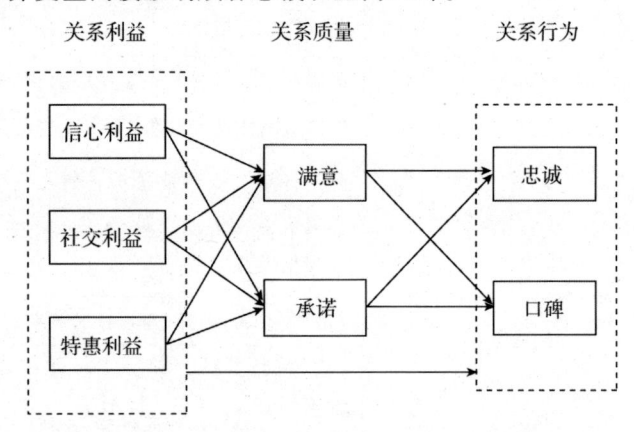

图 2-2 关系利益、关系质量和顾客行为的整合模型
资料来源:Henning-Thurau 等(2002)。

Vázquez-Carrasco 和 Foxall(2006)以800名西班牙发型消费者为样本,调查研究顾客个人特性与关系利益期望、满意度及主动或被动的顾客忠诚之间的关系。结果显示,关系利益感知引导更高的顾客满意与被动忠诚。Gil-saura 等(2009)通过对四种类型的零售客户的调查与研究,检验顾客感知的关系利益对顾客对零售商的忠诚度的影响。结果显示，信心利益和特殊待遇利益对顾客忠诚有重要影响，其中，信心利益是通过顾客满意这个中介对顾客忠诚发挥作用的。Chen 和 Hu（2010）以澳大利亚的咖啡出口商为研究对象，通过对 949 名受访者的调查，开发并验证了关系利益对顾客感知价值与顾客忠诚关系的影响机制模型（见图 2-3）。研究结果表明，关系利益对顾客感知价值和顾客忠诚都有直接影响，并通过感知价值对顾客忠诚产生间接影响。

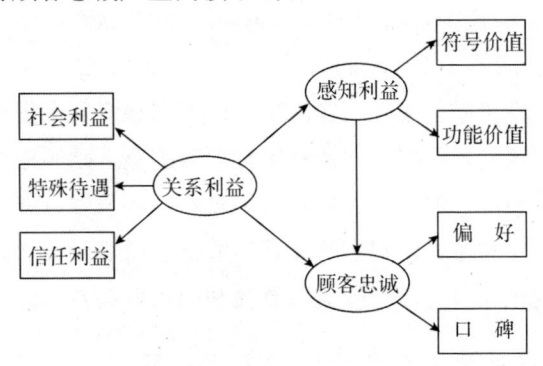

图 2-3 关系利益、感知价值与顾客忠诚的概念框架
资料来源：Chen 和 Hu（2010）。

3. 关系利益与顾客长期关系导向

衡量顾客长期关系导向的变量包括：顾客保留、关系保留、关系承诺、长期关系导向等，已有一些成果检验了关系利益对上述长期关系导向的作用。张广玲、武华丽（2007）以美容美发和通信两个顾客卷入程度不同的行业为样本，探索关系价值、关系质量与顾客保留的关系，得到以下结论：信心收益、社会收益、潜在关系成本对顾客保留有直接影响，其中，信心收益对关系质量、顾客保留影响最大。赵延昇、徐韬（2009）构建了以关系收益为前因、承诺和信任为媒介、顾客保持为结果的结构方程模型，针对消费者市场的实证数据分析结果表明，经济收益显著影响承诺，社会收益显著影响信任，心理收益则对承诺和信任都有显著影响。Weng 等（2010）以台湾三家区域医院为对象，研究顾客关系利益对关系承诺的影响。结果显示，信心利益是医院顾客最看重的关系利益维度，顾客感知的信心利益、社会利益、特惠利益对顾客关系承诺有积极的正向影响。杨志勇、王永贵（2013）以中国银行业顾客为样本的研究证明，信心利益和特惠利益对顾客长期关系导向有显著影响。Lee 等（2014）构建了顾客满意度中介企业关系利益努力与顾客自发行为间的理论模型，通过对 522 名在酒店用餐顾客的调研数据加以检验。结果表明，顾客关系利益影响顾客的自愿行为，顾客满意在两者间起到中介作用。

4. 关系利益与购后行为

多位学者的研究证实，关系利益的实现是顾客与企业关系连续与稳定的基础，并能提高顾客满意度，驱动顾客购后行为，包括正面口碑、关系持续意愿与顾客忠诚（Morgana 和 Hunt，1994；Reynolds 和 Beatty，1999；Hennig-Thurau 等，2002；Palmatier 等，2006；Molina 等，2007）。希腊学者Dimitriadis（2010）通过三个焦点小组对希腊零售银行顾客的访谈以探究和识别零售银行顾客感知的关系利益，并进一步探究这些感知利益对银行顾客满意、顾客购后行为（口碑、持续关系意愿、交叉购买）的影响。研究结果显示，零售银行顾客感知的关系利益中，基于能力的信任利益和便利利益显著影响银行顾客满意，并通过顾客满意进一步作用于顾客的正向口碑、持续关系意向和交叉购买意向。

2.2.5 顾客关系与关系利益的研究不足与展望

由文献整理可以看出，国内外关于顾客关系与关系利益的研究已取得一定成果，在关系利益的概念、维度划分与测量、关系利益绩效方面为后续研究做出了一些铺垫，但仍然存在一些值得拓展和深化的内容。

第一，关于关系利益的结构划分尚未统一。无论是在传统商务环境下还是在互联网商务环境下，关系利益的构成维度存在较大差异。一方面是由于研究的样本行业不同，有些研究使用单一行业样本数据，有些研究使用多行业样本，所得结论显示出关系利益具有行业依赖特征；另一方面，研究的商务背景也可能成为影响结论的情境因素，传统商务环境与互联网商务环境下的关系利益结构还是有明显的不同。这要求后续研究在概念结构上仍需进行科学探索，并为进一步的变量关系研究打下基础。

第二，关于关系利益绩效的研究。由于研究者在关系利益结构、研究方法、研究样本行业甚至研究地域等方面存在差异，导致关系利益与以顾客满意、顾客忠诚、顾客关系、购后行为等变量衡量的营销绩效的作用结果的研究结论存在较大差异，有些结论甚至是矛盾的。因此，需要对关系利益的效应进行深化研究，丰富相关结论。

第三，也是最为关键的问题，现有关系利益及其绩效的研究全部是基于良性顾客关系或品牌关系状态的研究，对于品牌关系断裂之后再续关系条件下关系利益的界定、构成及测量，尤其是品牌关系再续的关系利益绩效目前尚无人研究，这正是本研究的重要任务。

2.3 品牌关系与关系再续的相关研究

品牌关系是将关系营销理论嵌入品牌背景而形成的最新品牌理论研究领域（周志民，2007）。最初的关系营销主要指顾客与制造商或服务商的关系（Jackson，1985），20世纪90年代以来，关系营销理念被应用到品牌和产品的范畴，从而形成了品牌关系这一新的研究领域。

2.3.1 品牌关系的内涵与驱动因素

1. 品牌关系的内涵

对品牌关系内涵的认识离不开对关系主体的界定。由于关系参与方的差异，使得对品牌关系的内涵认识不同。学术界普遍认为，品牌关系概念最早由Blackston（1992）根据人际关系的原理提出，认为品牌关系是顾客对品牌的态度和行为与品牌对顾客的态度和行为之间的互动。这表明品牌关系是一个双向互动的概念，其中，品牌对顾客的态度和行为是基于顾客的主观判断获得的。1995年Blackston进一步将品牌关系界定为"主观品牌与客观品牌的互动"，客观品牌主要表现为品牌形象，主观品牌主要表现为品牌态度，品牌关系就是品牌客观面与主观面相互作用的结果。一般认为，Blackston的品牌关系是指狭义的品牌关系。

由于品牌关系概念边界的模糊，后续研究者基于顾客的品牌关系主体进行了不同程度的扩展。Muniz Jr和O'Guinn（2001）在前人研究的基础上，基于对使用相同品牌的顾客间关系的重视，在传统的顾客与品牌间的关系中加入其他顾客变量，提出了品牌社群的三角模型，侧重于研究基于某个品牌的顾客之间的关系。而McAlexande等（2002）进一步扩展了品牌社群的关系主体，将品牌、品牌商、其他顾客、产品四要素整合于一个以核心顾客为中心的品牌社群之中，扩大了品牌关系的外延。从研究目的出发，本研究对象仅限于狭义的品牌关系。

2. 品牌关系的驱动因素

品牌关系驱动因素要回答的是顾客与品牌之间的互动关系受哪些因素影响的问题。由于品牌关系是对顾客与品牌间互动关系的描述，因而品牌关系必然受到顾客、品牌或两者的共同影响。

（1）顾客因素。①顾客自我认同。研究表明，顾客与品牌的关系来源于他们对企业形象的认同,这种认同帮助他们进行自我界定(Bhattacharya 和 Sen,2003)。顾客使用品牌是为了证实自我,而渴望成为群体成员则是为了提升自我(Escalas 和 Bettman,2003)。②顾客自身因素。谢毅、彭泗清(2005)研究认为,顾客特征(包括专一性、对品牌的需求程度、挑剔性)以及认知水平(包括学习能力和记忆能力)都会影响品牌关系。

(2) 品牌因素。①品牌个性。Aaker 等(2004)提出了顾客—品牌关系强度的概念,用以描述品牌关系的持久性和有效性,并认为不同品牌个性对品牌关系强度的影响是有差异的。②品牌体验。Chang 和 Chieng(2006)的研究发现,个体体验和共享体验会影响品牌联想、品牌个性、品牌态度、品牌形象,进而影响品牌关系。

(3) 综合影响。Thorbjornsen(2002)认为,顾客对品牌的信任度、满意度、投资规模、承诺度会对品牌关系产生影响。竞争品牌质量、竞争对手的强弱等因素对品牌关系也会产生影响。周志民等(2009)在品牌关系分类的基础上研究了品牌关系驱动因素。他们将品牌关系划分为既有工具关系、既有情感关系、交往工具关系和交往情感关系4种类型,开发了4份量表,以年轻人为样本,提炼每一种品牌关系的驱动因素。结果表明,既有工具品牌关系由群体压力、条件限制、节约限制等因素驱动;既有情感品牌关系由公司声誉、地理认同、权威认可和口碑信任驱动;交往工具品牌关系由成本价格、品牌品质和尝试新品驱动;交往情感品牌关系由品牌内涵、员工服务、营销推广、外观设计、产品价值和品牌要素驱动。谢毅、彭泗清(2008)通过开放式问卷调查的方法,较为全面地获取了影响顾客品牌关系的因素,包括品牌因素(品牌形象、品牌文化内涵、品牌满足需求的程度、品牌价值、品牌定位、品牌清晰度、品牌美誉度、品牌知名度、品牌灵活度),企业因素(产品和服务、品牌传播与推广、价格、分销),顾客因素(顾客特征——专一性、品牌需求程度、挑剔性;顾客认知水平——学习能力、记忆力);此外,竞争因素和背景因素也发挥一定作用。

2.3.2 品牌关系质量及其测量

1. 品牌关系质量的内涵

何佳讯(2006)认为,顾客视角的品牌资产的衡量有两个研究视角,即基于认知心理学的认知视角和基于社会心理学的关系视角。关系视角的品牌资产试图揭示基于关系建立与维护的长期顾客价值,而其核心概念就是品牌关系质量。品牌关系质量用以直接描述品牌与顾客关系的状态，包括关系强度和时间长度。关系强度强调的是关系的紧密性、排他性、信任度，关系长度则体现在承诺和忠诚上。

品牌关系质量是关系质量的理念在品牌领域的应用。从现有品牌关系质量（BRQ）的文献来看，比较完善的品牌关系质量内涵是由Fournier（1994，1998）提出的。Fournier（1994）将品牌关系质量定义为"品牌与顾客之间关系的力量与深度"，指出该内涵能够较好地体现顾客与品牌间的关系本质，可以用来衡量品牌关系的强度、稳定性和持续性。Fournier（1998）又将品牌关系质量作为品牌资产来源测量，并把它定义为"作为一种基于顾客的品牌资产测量，它反映顾客与品牌之间持续联结的强度和发展能力"。这两种定义的内涵是一致的，都是描述了品牌与顾客关系的状态，包括关系强度和时间长度。

2. 品牌关系质量维度

社会心理学中衡量关系质量的主要变量是满意、信任和承诺，其中，信任是核心变量。品牌关系质量维度与一般关系质量应该高度相似。Blackston（1995）通过研究顾客与企业品牌的关系发现，成功地受到肯定的品牌关系都具有两项元素：顾客对品牌的信任和满意。Fournier（1998，2000）从通过深度访谈获得的大量品牌故事中提炼出品牌关系质量的六个维度：爱与激情、自我联结、相互依赖、个人承诺、亲密感情、品牌的伙伴品质，并通过实证研究验证了上述六个维度的稳定性。姚作为、刘人怀（2005）基于中外研究成果，提出了体现中国文化个性的品牌关系质量维度：信任、承诺、自我联结、伙伴品质和相互吸引。何佳讯（2006）开发了中国文化背景下的品牌关系质量量表，认为中国品牌关系质量维度包括：社会价值表达、信任、相互依赖、真有与应有之情、承诺、自我概念联结。从现有文献看，中外学者在品牌关系质量维度上并不统一，但基本都包括满意、信任和承诺三个维度。

3. 品牌关系满意

（1）品牌关系满意的内涵。借鉴顾客满意的定义，可以将品牌关系满意定义为顾客对与某一品牌之间关系的预期效果的期望与感知效果比较后形成的感觉状态。品牌关系满意取决于顾客对关系的期望以及被顾客感知到的关系表现之间的差距。品牌关系满意应该是顾客满意的必要组成部分。

（2）品牌关系满意的前因变量。既然满意取决于顾客对品牌的期望与实际效果感知水平的比较，因而影响满意的因素也需从这两个方面寻找。从影响顾客期望的角度看，品牌质量、品牌形象、以往消费经验、竞争品牌的影响、企业的促销与承诺和顾客特性等都会影响顾客对品牌的消费预期。从影响消费感知的因素看，产品或服务的品质功能、顾客期望、顾客态度等都影响顾客实际消费感知。

(3) 品牌关系满意的结果变量。Anderson 和 Sullivan（1993）的研究证明，满意正向影响重购意愿，重购意愿则驱动了重购行为。杨志勇、王永贵（2013）指出，满意是交换过程中的核心要素，进一步来说，它是预测顾客行为、影响顾客重复购买的基本要素。交易中顾客期望越是被得到满足，顾客重复购买的可能性越大。因此，为了获得忠诚的顾客，满意是一个基本的必不可少的中介要素。

4. 品牌关系信任

(1) 品牌信任的内涵与维度。信任是社会学、心理学、经济学等多学科涉及的概念，尤其是社会心理学中关于人际关系的分析更是离不开人际信任这一核心变量。Bhattacharya 等（1998）将信任定义为个体对能够获得的积极结果的一种期望。信任的基本特征是存在于不确定和风险情境下；存在于相互依存的环境中；意味着期望得到某种积极的结果。其中，不确定和风险性是决定条件（袁登华等，2007）。在具体的服务情境中，由于服务的品质差异与无形特征，顾客很难对服务质量做出评价，这无疑增加了他们的感知风险。为此，顾客倾向于寻求值得信任的服务商（Vázquez-Casielles，2010）。

品牌关系就是依照人际关系建立的，学界对品牌关系的研究主要采用人际关系隐喻的方法，将品牌人格化来研究顾客与品牌之间的关系。也就是说，品牌信任是存在于风险关系中的。Lau 和 Chin（2003）认为品牌信任是顾客期望品牌能带来积极结果，在面临风险情况下，顾客信赖该品牌的意愿。Delgado-Ballester 等（2003）把品牌信任定义为：在顾客面临风险的情境下对品牌可靠性和品牌行为意向的信心期望。该定义表明，品牌信任由品牌可靠性和品牌意向性两部分组成，可靠性代表品牌的技术特征，顾客相信品牌能够实现其价值承诺；意向性反映了顾客认为品牌愿意为他们的利益负责。袁登华等（2007）认为品牌信任就是在风险情境下，顾客基于对品牌品质、行为意向及其履行承诺的能力的正面预期而产生的认可该品牌的意愿。并进一步对品牌信任的结果维度进行了实证检验，指出品牌信任由顾客对品牌的品质信任、善意信任和能力信任三个维度构成。其中，品质信任是指顾客对品牌现有质量的信任，善意信任是指顾客对品牌将维护顾客利益的行为意向的信任，能力信任是指顾客对品牌履行承诺的能力的信任。金玉芳、董大海（2010）认为品牌信任包括品牌的诚实善良、能力表现和总体性信任。诚实善良指某一品牌会考虑顾客的利益，不欺骗顾客；能力表现是指某品牌能够始终如一地表现得比其他品牌更好；总体性信任是指不涉及具体行为的一般性信任评价。

（2）品牌关系信任的前因变量。Lau 和 Hanlee（1999）的研究结论是：品牌特征、公司特征、品牌与顾客互动特征是影响顾客品牌信任的因素。Chaudhuri 和 Hoibrook（2001）的研究表明，品牌情感与品牌信任互为作用，当顾客对某一品牌产生积极的情感时，就会引发其产生品牌信任，而品牌信任又反过来加深顾客对品牌的情感。Li 等（2008）认为，当顾客对品牌某一方面的表现能力和友善动机表现出信心时，就会形成品牌信任，而且对品牌某一方面的信任会影响到其对品牌的整体信任感。金玉芳、董大海（2006）以化妆品行业为例，提出了顾客品牌信任建立的三种机制，即经验机制、计算机制和转移机制，通过实证得出经验机制与计算机制对品牌信任建立起作用，影响品牌信任的因素包括顾客满意、感知质量、感知风险和经济价值。袁登华（2008）认为，现有文献关于品牌信任的影响因素的研究，主要从两个视角展开，一是以判断选择风险和感知质量为焦点的认知视角，二是以品牌与顾客关系为核心的情感视角，但这两个视角都不能全面地解释品牌信任的驱动基础。从心理学的角度来分析，只有态度才能融合认知和情感，因为态度是认知、情感、意向的综合体。也就是说，品牌态度应该是品牌信任的前置因素。

5. 品牌关系质量的影响因素

（1）顾客感知价值。刘敬严（2008）研究了顾客感知的品牌价值对以满意、信任、承诺衡量的品牌关系质量的影响。结果显示，品牌的功能价值显著影响信任和承诺，社会价值显著影响承诺，情感价值对顾客满意、信任和承诺均有显著影响。谢毅、彭泗清（2008）的研究结果也显示，保证高水平的产品质量和稳定性有利于加强顾客与品牌间的关系；企业向顾客提供超值或增值服务，有利于加强品牌关系。而品牌关系质量作为衡量品牌关系强度、稳定性和持续性的最具影响的概念，自然也会受到产品质量、服务质量的影响。

（2）品牌声誉。已有研究证实，品牌声誉会影响顾客的品牌信任、品牌忠诚（Aaker，1991；Geok，1999），由于信任、忠诚是品牌关系质量的关键维度，因而品牌声誉能影响品牌关系质量。Tsai（2005）认为，品牌声誉受品牌知名度和品牌形象共同驱动，良好的品牌形象能够提高顾客对品牌的评价，提高品牌的声誉；反过来，高的品牌声誉又能正向强化品牌形象，而顾客对品牌形象的认同是品牌关系形成的前因变量（Bhattacharya 和 Sen，2003）。因而，良好的品牌声誉能够促进或加强品牌关系质量。

6. 品牌关系质量的结果变量

（1）品牌忠诚。Thorbjornsen 等（2002）验证了品牌关系质量和品牌忠诚显著正相关。Algesheimer 等（2005）揭示了品牌关系质量对品牌社群行为的影响机理，发现品牌关系质量通过作用于顾客品牌社群的身份认同进而影响其品牌忠诚。霍映宝、韩之俊（2004）研究了品牌信任对以重购意愿、推荐意愿、交叉购买意愿、价格容忍度衡量的品牌忠诚的影响，发现品牌信任对上述变量都有积极影响。此外，Henning-Thurau 等（2002）、Gwinner 和 Gremler（2002）都认同顾客购后行为是高质量品牌关系的后果。

（2）重购意向与重购行为。现有研究对于品牌关系质量三个维度及其整体对顾客重购意向或重购行为的正向影响结果比较丰富。Cronin 和 Taylor（1993）、Jones 和 Sasser（1995）、史有春等（2005）都证明品牌关系满意正向影响顾客的重购意向和行为。Fournier（1994）的研究则表明，高水平的品牌关系质量具有很好的维护和强化双方关系的效果，能够促动顾客做出重复购买、抵制竞品等有利于本企业的决策。

2.3.3 品牌关系断裂与再续的内涵

1. 品牌关系生命周期

品牌关系具有动态性特征，更适合对长期、动态的品牌关系进行研究（谢毅、彭泗清，2008）。从动态的视角看，顾客与品牌之间的关系与人际关系相同，要经历一个从无到有、从陌生到熟悉的演化过程，即品牌关系生命周期。Aaker 和 Fournier（2001）借用人际关系形成过程，提出了品牌关系动态发展的六阶段模型，包括注意、了解、共生、相伴、分裂与复合。该模型明确了顾客与品牌间关系的动态演化过程，指出关系会由于种种原因而破裂，通过企业的努力也可得到复合。黄静（2008）在上述研究基础上，归纳整理出品牌关系经历了起始、成长、维持、下降、断裂和再续六个阶段。起始阶段是从顾客意识到品牌的存在开始，到品牌进入顾客选择名单的心理过程；成长阶段是顾客尝试品牌、形成品牌感知的过程；维持阶段是品牌关系逐渐成熟并保持稳定状态的过程；下降阶段是关系双方亲密程度和依赖程度降低，互动关系减少，关系水平逆转的阶段；断裂阶段是双方关系消亡的阶段；再续阶段是品牌与那些关系断裂的顾客重新建立关系的过程。

2. 品牌关系断裂的内涵

按照品牌关系生命周期理论，顾客与品牌间的关系因为某些原因会出现断裂，但学术界至今对品牌关系断裂没有统一观点。Fajer 和 Schouten（1995）是较早对品牌关系断裂进行研究的学者，他们把品牌关系断裂看成一个动态过程，该过程依次由中断、衰减、脱离、断裂构成。具体发生过程如下：顾客与品牌之间因有意或者无意的因素引起关系变淡进而中断关系；顾客对品牌的满意度和忠诚度都降到了一个较低的水平，即衰减；接着顾客可能开始寻找替代品牌，并与替代品牌建立起关系，与原来的品牌发生了脱离；最后顾客放弃了该品牌，不再购买其产品，即出现品牌关系的断裂。Michalski（2004）指出，所谓品牌关系断裂就是"由顾客决定终止与现有商业关系的过程"。他认为这种关系断裂可以分为完全断裂和部分断裂两种。品牌关系的完全断裂指顾客做出结束关系的决定，顾客停止使用该品牌并且情感无意回头。品牌关系部分断裂则是指顾客在某种程度上仍然使用该品牌的产品，但情感上已经没有归属感或者是顾客更加偏好其他品牌而停止使用该品牌，也可以称之为品牌转换，这种断裂相对更容易修复。Strandvik 和 Holmlund（2008）从心理契约的角度研究了品牌关系的断裂，他们认为断裂是由认知、情感和行为等一些因素共同构成的发展过程。断裂因态度影响或行为的变化而产生，而当某种关系只发生态度上的变化但是没有行为上的变化时，这种品牌关系实际上已经存在了一种潜在的断裂。可以看出，品牌关系完全断裂是指顾客在情感和行为两个层面上的关系断裂。

国内的研究中，黄静等（2010）在顾客损失类型对品牌关系断裂意愿的影响研究中，认为品牌关系断裂意愿就是当顾客面对产品功能性失误后，中止或停止与产品品牌关系的行为倾向。徐小龙、苏勇（2012）认为品牌关系断裂指顾客与品牌之间的行为和情感互动终止。这一定义一方面指出品牌关系断裂取决于两个行为主体（顾客和品牌方），而不是顾客单方面的行为；另一方面，该定义强调品牌关系断裂体现于情感与行为两个层面，与 Mchalski 的研究是一致的。徐小龙（2013）进一步研究了产品伤害危机下的顾客品牌关系的断裂过程，认为随着产品伤害危机发生、扩大进而加剧，顾客与品牌之间的关系经历一个从衰减、恶化、脱离到终止的演化过程，在该过程中的不同阶段中，顾客的情感反应和行为反应表现出差异化的特征（见表2-5）。可以看出，品牌关系终止即关系断裂，在此阶段，顾客心理特征表现为愤怒、憎恨，失调感增强，在行为上则表现为停止购买原有品牌，转向新的品牌，甚至可能采取报复性行为。

表 2-5 品牌关系断裂过程中的顾客反应

断裂过程	情绪反应	行为反应
衰减	冷淡、焦虑、疏远	观望、沉默、减购
恶化	失望、沮丧、后悔	抱怨、投诉、谴责
脱离	厌恶、排斥、烦恼	索赔、放弃、转向
终止	愤怒、憎恨、失调	停购、转换、报复

资料来源：徐小龙（2013）。

上述关于品牌关系断裂的研究表明，关系断裂是一个由认知、情感和行为要素组成的复杂过程，虽然顾客与品牌间的关系以产品购买和消费为依托，但不再购买产品只是关系断裂的一个标志，单纯以顾客是否停止购买产品来判断品牌关系是否发生断裂的看法是不够全面的，顾客与品牌之间的行为和情感互动终止才意味着品牌关系断裂。

理论回顾发现，学术界对品牌关系断裂并没有明确的界定。在对此问题研究时，也使用了关系中断（Fajer 和 Schouten，1995）、关系中止（吴佩勋、叶荣廷，2008）等相近词语。现有的文献在定义断裂时虽然视角不同，但主要的差别在于对于关系断裂是从过程还是结果时点，从态度还是行为这两个不同的角度看的（见表 2-6）。

表 2-6 品牌关系断裂的相关定义

作者	视角	观点
Fajer 和 Schouten（1995）	过程	品牌关系中断是一个中断—衰减—脱离—断裂的动态过程
Michalski（2004）	过程	顾客决定中止现有商业关系的决策过程
Strandvik 和 Holmlund（2000）	过程	断裂是由认知、情感、行为共同构成的态度过程，有断裂态度即使没有行为也是潜在断裂
吴佩勋，叶荣廷（2008）	结果	关系中止就是加盟者离开
黄静（2008、2010）	态度	断裂意愿就是顾客面对产品功能性失误，中止或停止与品牌关系的行为倾向
徐小龙，苏勇（2012）	态度＋行为	顾客与品牌之间的行为和情感互动终止

资料来源：作者整理。

本书认为，既然品牌关系的本质是顾客与品牌之间的互动，就不仅是从某一结果时点来判断关系质量，关系质量既应包括对关系过程，也应包括对关系结果的描述。与此同时，关系互动的过程实际上是顾客态度与行为的变化过程。基于这种认识，品牌关系断裂应包括过程与结果、态度与行为两个构面上的关系状态描述。为此，本书的品牌关系断裂是指由于服务商服务失败导致顾客中止与服务商关系的意向与行为。在管理实践中，表现为服务商发生服务失败，顾客决定不再与该服务品牌保持交易关系的态度和行为。

根据以上分析，本书研究的对象是那些因为服务商服务失败而决定不再与该商家保持业务关系的顾客。包括潜在中断关系（关系中止意向）、已经中断关系两类顾客，也就是服务商已经流失掉的或者正要流失掉的顾客。徐小龙、苏勇（2013）在研究产品伤害危机下的品牌关系时指出，顾客与品牌关系断裂的行为有三种具体表现：一是停止购买危机品牌的产品或服务，甚至抵制危机品牌的促销活动；二是转向购买其他品牌的产品；三是试图对危机品牌采取不利行为，传播负面消息、宣传负面形象、阻止其他消费者购买等。本书的思考与上述分类是一致的。

3. 品牌关系断裂的原因

关于既有品牌关系发生断裂的原因，研究者从三个不同的视角进行了探索。

（1）品牌视角的分析。Fajer 和 Schouten（1995）侧重于从企业、产品与品牌一方出发，分析品牌关系断裂的原因包括：原有品牌关系契合度低、产品缺陷、品牌管理策略失误、负面信息作用等。Stauss 和 Friege（1999）将企业流失掉的顾客分为：有意放弃的顾客、无意中使顾客产生不满而流失的顾客、被竞争对手服务吸引的顾客、被竞争对手价格吸引的顾客、自然流失的顾客，这也从另一个角度描述了品牌关系断裂的原因。

（2）顾客视角的分析。Hennig-Thurau（2000）从顾客自身特性出发研究认为，顾客的机会主义、自我需要等特征都会排斥其对品牌的忠诚。

（3）综合视角的分析。黄静（2008）认为品牌关系断裂的原因，既有顾客的因素（包括需求变化、情感和认知、个人品质等），也有企业的因素（如价格、品牌形象、功能、质量、失误补救等），还有外部环境因素（包括环境变化、其他消费者的影响、竞争品牌等）。该综合观点全面揭示了品牌关系断裂的原因，但没有展开实证检验。徐小龙、苏勇（2013）对产品伤害危机下品牌关系断裂影响因素及作用机制的分析发现，在产品伤害危机下，顾客个体、企业、竞争品

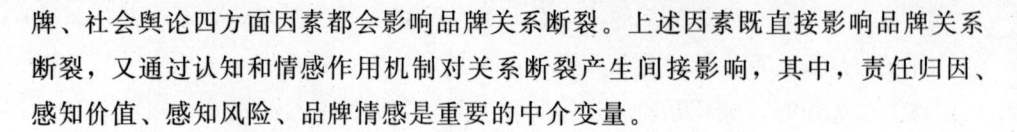

牌、社会舆论四方面因素都会影响品牌关系断裂。上述因素既直接影响品牌关系断裂，又通过认知和情感作用机制对关系断裂产生间接影响，其中，责任归因、感知价值、感知风险、品牌情感是重要的中介变量。

4. 品牌关系再续的内涵

品牌关系管理的根本目标是留住顾客，维持顾客对品牌的忠诚。尽管在管理实践中，品牌关系十分脆弱，既有关系的断裂时有发生，但现有研究也表明，如果企业能够采取恰当的措施，断裂的品牌关系是可以再续的。Aaker和Fournier（2001）认为品牌关系在经历了断裂阶段后，还存在修复的可能，并将修复视为品牌关系的第六个阶段。

企业的顾客来自对潜在顾客的获得、对现有顾客的保持，同时也来自对已经流失顾客的挽回。然而，从目前品牌关系领域的研究看，尽管已有学者关注关系断裂问题，但系统研究关系再续的成果十分缺乏。尤其是关于关系再续驱动因素与作用机制的研究。从管理实践看，再续断裂的品牌关系实际是挽回流失的顾客。挽回流失的顾客是企业实现全面消费者行为管理的核心能力之一（Hunt，2002），因为挽回流失的顾客能够给企业带来较高的经济回报（Tokman等，2007）。

尽管Aaker和Fournier（2001）开创性地提出了品牌关系再续的概念，但至今并未有达成共识的品牌关系再续定义。与客户的获取和保持相比，客户关系再续研究是一个显著的研究空白（Homburg等，2007）。关系营销中"挽回顾客"的概念界定可以为品牌关系再续提供借鉴。Stauss和Friege（1999）将挽回顾客定义为"与明确退出的顾客重新建立关系"，Thomas等（2004）也提出，挽回顾客是"与流失的顾客建立新关系的过程"。基于以上定义，本书认为服务商的品牌关系再续活动就是服务商与因服务失败而断裂关系的顾客重新建立品牌关系的过程。从顾客的角度来看，品牌关系再续就是顾客基于服务补救与关系利益而与断裂关系的服务品牌重新建立关系的意向和行为。

5. 品牌关系再续的可能性

Ilavila和Wikinnson（2001）曾指出，有一些断裂了的关系在一定条件下存在恢复的可能。Odekerken-Schröder等（2010）借用社会关系打比喻认为，与曾经的朋友或恋人之间的关系相同，顾客即使与一个品牌或公司之间的关系断裂了，仍会留下强烈的情感或认知。他们开发了"断裂后顾客关系"的定义，以便将关系断裂的顾客与潜在恢复的顾客联系起来，并提出了一个关系生命周期中关系断裂后阶段顾客反应类型模型（见图2-4）。

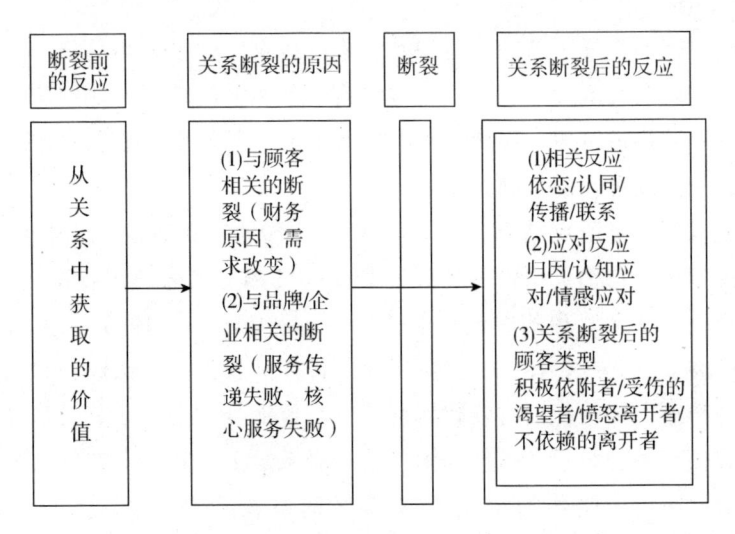

```
┌─────────┐  ┌─────────┐  ┌────┐  ┌──────────────┐
│断裂前   │  │关系断裂 │  │断裂│  │关系断裂后的反应│
│的反应   │  │的原因   │  │    │  │              │
└─────────┘  └─────────┘  └────┘  └──────────────┘
```

┌───────┐   ┌──────────────┐   ┌──────────────────┐
│从关系中│   │(1)与顾客相关 │   │(1)相关反应   │
│获取的 │ → │的断裂(财务   │   →   │依恋/认同/传播/联系│
│价值   │   │原因、需求   │   │(2)应对反应   │
│   │   │改变)   │   │归因/认知应对/   │
│   │   │(2)与品牌/企 │   │情感应对   │
│   │   │业相关的断裂 │   │(3)关系断裂后的   │
│   │   │(服务传递失败、│   │顾客类型   │
│   │   │核心服务失败) │   │积极依附者/受伤的 │
│   │   │   │   │渴望者/愤怒离开者/│
│   │   │   │   │不依赖的离开者   │
└───────┘   └──────────────┘   └──────────────────┘

图 2-4　关系生命周期中顾客关系断裂后的反应

资料来源：Odekerken-Schröder 等（2010）。

作者选择某高档汽车为研究对象，采用扎根理论方法，对曾与该汽车品牌关系良好但关系结束后又选择竞争品牌的顾客进行深度访谈，以了解顾客在关系断裂后的感受、动机等心理过程。通过访谈得到关系断裂的原因有两个，一是与顾客有关的原因，如需求变化、财务原因导致不能支付高档品牌；二是与品牌/企业有关的原因，包括服务交付失败、核心业务失败。访谈得到这样的结论：顾客与品牌间的关系状态显著受到自身期望是否被积极对待或被尊重的影响。基于关系断裂的两大类原因，通过因子分析，作者得到顾客品牌关系断裂后的两大类反应，一是与关系有关的反应，包括品牌依恋、认同、传播、联系；二是与断裂有关的反应，包括归因、认知应对和情感应对。

在上述研究的基础上，作者以关系断裂后的相关反应和应对反应两个维度将关系断裂的顾客分为四种类型。一是积极的依附者，这类顾客因个人原因与品牌中断了关系，但他们仍保持着对品牌的积极记忆和依附。他们会正面谈论品牌关系，其中有一半人准备再次购买该品牌。二是受伤的渴望者，这类顾客保持着对品牌断裂后的强烈反应。顾客断裂关系往往因为服务交付失败，他们采取情感应对，他们也保持着积极的品牌依恋和品牌识别。关系断裂后，谈论品牌时他们可能积极也可能消极，但多数都会收集信息保持与品牌的关系。三是愤怒的离开者，这些顾客主要是因为核心产品和服务失败而断裂关系。关系结束后他们谴责品牌，使用情感应对策略。他们的关系响应十分负面，深感挫折和负面情绪，由

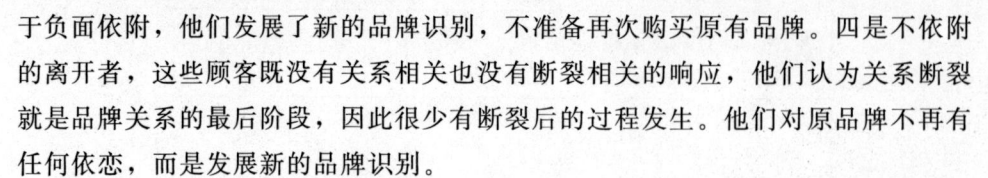

于负面依附,他们发展了新的品牌识别,不准备再次购买原有品牌。四是不依附的离开者,这些顾客既没有关系相关也没有断裂相关的响应,他们认为关系断裂就是品牌关系的最后阶段,因此很少有断裂后的过程发生。他们对原品牌不再有任何依恋,而是发展新的品牌识别。

该研究得到以下研究结果:其一,大约60%的被访者表现出积极的或非常积极的品牌依恋,特别是积极的依恋者和受伤的渴望者表现出很高的积极依恋。依恋是实现关系恢复管理的关键内容(Stauss和Friege,1999),关系断裂后有依恋才可能恢复。其二,40%的样本仍然以以往品牌为社会认同,44%的样本会有正向口碑传播,其中积极的依附者群体参与传播行为最多。其三,56%的样本仍与原品牌保持各种联系,受伤的渴望者的联系最多。其四,23%的被访者谴责经销商(大多来自于受伤的渴望者),21%的谴责品牌(大多来自愤怒的离开者),谴责品牌的被访者比谴责经销商的被访者在关系断裂之后有更负面的反应。总之,挽回关系断裂的顾客是有着很高的可能性的。

品牌管理的目标是吸引新顾客、保留老顾客和重新获得流失顾客。大量的证据表明,品牌关系再续能够带来丰厚的利益。Stauss和Friege(1999)的研究表明,投资一个新顾客的回报率是23%,而与一个流失的顾客再续品牌关系的回报率高达214%。如此高的回报主要是来自于相对低的成本、正面口碑传播的效果以及风险承担水平的提高。Andreassen(2000)认为,顾客的补救后满意决定了顾客的总体满意,可以改善由于服务失败而造成的消极影响,这一发现与服务补救悖论相吻合,表明实现品牌关系再续对顾客满意的提升作用。

2.3.4 品牌关系再续的前因变量

目前有关品牌关系再续影响因素的成果非常缺乏,仅可借鉴的是顾客挽回的相关成果。Tokman等(2007)通过实证研究,得出了影响服务领域顾客挽回的相关因素,包括:顾客离开的原因、顾客与企业的关系、返回后价值、企业的社会资本、顾客后悔、关系断裂持续时间。黄静(2007)以品牌关系断裂的发生为节点,将品牌关系分为初始关系和再续关系两个阶段。她认为,再续关系与初始关系具有相同的关系主体(顾客、企业、品牌),因此,初始品牌关系会对再续品牌关系产生影响。同时,品牌关系再续的实质就是品牌关系的重新建立和顾客的重新获得,因而影响品牌关系建立和顾客挽回的因素也应该成为品牌关系再续的影响因素。基于此,她将影响品牌关系再续的因素分为历史因素和现实因素,历史因素就是初始品牌关系中对关系再续产生影响的因素,具体有品牌关系质量、品牌关系断裂的原因;现实因素是指品牌关系断裂后影响关系再续的因素,具体包括品牌、企业、顾客、互动、竞争对手等。此外,还考虑返回后的价值以及情感因素。但上述结论并未经过实证检验。黄静(2010)运用实验法检验了社交型和交易型两种不同品牌关系形态的顾客对不同补救策略的品牌关系再续意愿。结果表明,道歉使社交型顾客再续意愿更高,有形回报使交易型顾客的再续意愿更高。这一研究结果表明,品牌关系形态和相应准则是再续关系的影响因素。林雅军(2011)采用深度访谈的方法,建立了休眠品牌关系再续意愿影响因素测量量表,初步探索出休眠品牌关系再续意愿的影响因素:品牌初始感知价值、初始品牌关系质量、品牌关系记忆、品牌情感联结、品牌关系断裂归因、品牌当前感知价值。该研究结果对再续品牌关系有一定的启示。

可以看出,虽然现有研究成果较少,但从品牌、企业、顾客、品牌与顾客互动、竞争对手五个方面考察品牌关系再续的前因变量已基本覆盖了相关影响因素,目前需要进一步丰富相关结论的实证成果。

2.3.5 品牌关系再续机制与策略

1. 品牌关系再续机制

品牌关系再续机制的研究是在找出品牌关系再续影响因素的基础上,进一步探索这些影响因素对顾客品牌关系再续意愿和再续行为的作用路径。目前,这方面可借鉴的相关成果极少。Homburg 等(2007)以公平理论为基础,建立了一个研究顾客关系再续活动的框架。作者认为,顾客终止与一个企业的关系是因为双方关系中存在明显的不公平,而再续关系的前提就是重建顾客心中的公平。文章构建了两个模型组成的理论框架,模型 A 以程序公平、互动公平和分配公平为自变量,以顾客对企业再续关系行为的特定满意度为因变量。假设三种公平对特定顾客满意度有直接正向影响,程序公平、互动公平还通过分配公平间接影响顾客满意度。模型 B 在模型 A 的基础上,进一步分析顾客关系再续的绩效,使用顾客关系再续意愿测量。预测因子为顾客对再续行为的特定满意度,由顾客需求多样性、涉入度、年龄测量的顾客特性和由顾客关系断裂前的整体满意度、交换关系年限构成的关系特性作为情景变量,假设感知公平三个维度均正向影响顾客关系再续绩效。研究通过对 110 名某通信公司的流失顾客的深度访谈获取数据,模型 A 使用结构方程模型分析数据。结论表明,互动公平和程序公平共解释了分配公平方差的 67%,说明再续关系活动中顾客感知利得很大程度上取决于他被对待的态度。三个公平维度共解释了特定客户满意度的 69%。模型 B 采用层次回归分析法分析数据,得到顾客对关系再续特定满意度显著正向影响品牌关系再续绩效的结论。与顾客相关的情景变量中,顾客需求多样性对关系再续绩效有负向影响,年龄和顾客涉入度对关系再续绩效有正向影响。与关系相关的情景变量中,顾客整体满意度对关系再续有显著正向影响,但关系年限与再续效果的关系不显著。控制变量即顾客流失原因(服务、价格、产品)对关系再续效果没有显著影响。

上述研究应用感知公平理论探讨流失客户再续关系意向的驱动因素,结果显示,分配公平的感知对顾客再续关系的满意度有重要影响,同时又进一步影响着顾客关系再续的效果,表明感知公平在关系再续中起到至关重要的作用。文章的假设前提是:顾客与某一企业关系断裂的前提是感知到交换关系中存在某种不公平,而再续关系的前提是重建公平。即企业通过自己的补救策略让顾客重新感知到公平,从而产生补救后满意并影响关系再续意愿。

2. 品牌关系再续策略

由于顾客的价值感知对于他们是否会重返原品牌具有特别重要的意义(Thomas,2004),因此在实施品牌关系再续策略时,应满足顾客的价值需求,使其体会到更大的感知价值,这样更容易实施品牌关系的再续。黄静(2009)针对品牌犯错后投入怎样的再续策略才能恢复品牌关系的问题,采用实验研究方法,检验了犯错品牌对再续关系投入的三种策略(道歉、有形回报、优待)对顾客再续关系意愿的影响。结果表明,品牌关系再续投入对顾客感知有着显著的正面影响。其中,顾客对道歉的感知最为显著,排在其后的分别是有形回报和优待;顾客感知到的品牌对再续关系的投入与顾客再续品牌关系的意愿正相关,初始品牌关系质量调节品牌再续关系投入与顾客再续关系意愿的关系。黄静和曾凡(2011)针对基于能力和诚信问题导致的关系断裂再续策略进行了研究,提出由于品牌能力而导致的关系断裂,企业采用诊断型沟通策略比争辩型策略更能提高顾客再续品牌关系的意愿,而因品牌诚信问题而产生的品牌关系断裂,采取争辩型的信息沟通策略,则能更好地获得品牌关系再续意愿。

由以上研究成果可以看出,国内外学者都认识到品牌关系再续机制与再续策略研究的重要性,但与管理实践中普遍存在的品牌关系断裂现实相比,相关研究成果仍然相当匮乏。哪些因素作用于顾客再续品牌关系的意向?顾客再续断裂的品牌关系的心理机制如何?企业如何通过有效的再续策略促动顾客再续意向的生成?这些都是品牌关系再续研究需要深化的问题。

2.3.6　品牌关系与关系再续的研究不足与展望

关于品牌关系的文献梳理表明，国内外学者对品牌关系再续的研究虽然取得了一定成果，但目前还处于起步阶段，现有的研究还存在很多缺陷和不足。

首先，相对于对良性顾客品牌关系的关注，对不良或恶化的品牌关系的研究显得十分薄弱。

其次，对品牌关系再续驱动因素的探究还不够深入，需要进一步深化。断裂品牌关系的顾客为什么重新与品牌再续关系？哪些因素影响顾客再续断裂的品牌关系？相关的研究成果极少，尤其缺乏实证研究成果。

再次，目前为数不多的研究成果，缺乏对再续机制有说服力的深入探讨，最主要的表现是尚未建立起一个系统性的理论框架来研究再续机制，也就是没有说清楚影响因素是如何作用于顾客的再续意向。多项相关研究其内在假设都是断裂的关系是可以再续的，从个别的再续策略入手研究再续绩效，这种预设的研究立场需要科学的理论依据。为此，运用科学的理论依据搭建品牌关系再续研究的框架非常必要。

最后，现有关于顾客重复购买、再惠顾、关系再续、流失顾客挽回等相关成果绝大多数都是遵循感知价值——重购意向逻辑，忽略了人际互动关系最重要的动力系统阶段，即情感阶段，也就是忽略了最重要的态度改变过程，即情感变化过程。

针对上述问题，本书认为，在品牌关系再续的研究中，最根本的不是从末端的策略入手，而是需要从理论上研究再续为什么能够发生及再续的理论逻辑是什么，也就是需要从理论源头入手建立起有理论支撑的分析框架。

2.4　本章小结

为聚焦研究问题，奠定研究的理论基础，本章从服务补救与补救绩效、顾客关系与关系利益、品牌关系与关系再续三个方面对相关文献进行了梳理，得到了进一步优化补充现有研究的成果基础。

首先，文献回顾发现，顾客再续与关系断裂的品牌之间的关系不仅是现实的消费现象，也有着必要的理论依据。对因品牌关系断裂而流失的顾客的再续管理应成为品牌关系管理中与关系建立和关系维持同等重要的工作。

其次，顾客感知价值是其行为倾向和重购意向的重要前因变量得到理论与实证的广泛支持。尽管是再续关系，但本质上也是一种消费决策，因而可以基于感知价值分析再续关系。

最后，顾客行为意向的科学测量可以使用态度理论作为构建研究框架的理论基础。

第3章 感知再续关系价值的探索性研究

顾客与品牌断裂关系后，要再续关系就必须了解再续关系可以带来何种价值或利益。目前关于感知价值对重购行为的影响都是指良性关系状态下的价值感知，包括关系建立价值与关系维系价值。断裂关系之后顾客有怎样的价值期待？与良性关系状态时的价值诉求有什么不同？明确这一问题是后续研究的重要基础。

3.1 感知再续关系价值分析的理论视角

3.1.1 社会心理学的人际关系原则

品牌关系理论是借鉴人际关系理论产生和发展起来的。尽管有学者对人际关系理论应用于品牌关系存有疑问（Bengtsen，2003），但学界主流观点仍支持人际关系的理论范式在品牌关系中的应用（周志民，2007）。人际关系是指人与人之间通过直接交往形成起来的相互之间的情感联系，这种联系是交往所产生的情感的积淀，会作为进一步相互作用的背景和导向系统，影响以后的相互交往（金盛华，2011）。

社会心理学理论认为，功利原则是人际关系的重要原则，因为人际交往的本质是社会交换。按照社会交换理论倡导者 Homans（1965）的观点，社会中的任何事物都有特定的价格，整个社会活动的实质就是人与人之间相互等价地给予或回报彼此间所需要的事物。社会交换理论最基本的范畴和概念包括：价值、最优原则、投资、奖励、代价和公平等。人与人之间的交往，从本质上讲是一种社会交换过程，可称为人际交换。这种交换既包括物质的交换，也包括非物质品的交换。Foa（1974）提出了人际交换的六种基本回报类型：金钱、物品、信息、服务、地位和感情。依据"费力最小原则"，人们总是倾向于用最小付出换回最大回报。具体到人际交换中，人们自然希望在特定的交换关系中得大于失，至少得失平衡。如果付出大于回报，就被视为"不值当"的交换关系。这就意味着，人际关系的建立和维持取决于关系双方对该关系所带来的感知价值的判断，对于感知利得大于感知利失的关系，人们愿意努力培育并保持；对于感知利得小于感知利失的关系，人们则倾向于逃避、疏远或终止，这就是人际关系的功利原则。进一步分析，情感占优势的人际关系形成人际吸引，人际吸引是人与人之间在情感上的相互喜欢和接纳，也就是一个人对他人所持的积极态度。社会心理学认为，人际吸引的具体动机虽然复杂，但都可归结为人们确立自我价值、安全、交往及独处的需要（金盛华，2011）。

由以上分析可以看出，人际关系的驱动力量从本质上讲就是关系双方对于交换行为的价值诉求及其可能的实现程度，交往中的得失评估是人际关系吸引力的根本尺度。将一般人际关系置换为消费行为中的品牌关系，这里的得失评估就是顾客感知价值。也可以说，品牌关系这种特定的人际关系与其他情境中的人际关系相同，也是由关系主体的感知价值驱动关系建立并决定关系的维系。关系状态的健康与否，主要取决于顾客对感知价值的评估。

3.1.2 感知价值驱动的品牌关系建立与维持

本书的品牌关系是指服务商通过特定品牌的服务满足目标顾客需要的动态过程中与顾客相互作用的过程。既然品牌关系是一种社会交换关系，品牌关系也应遵循社会交换关系的基本原则。根据上述人际关系的功利原则，顾客与一个品牌建立良好关系的前提是该品牌能够给顾客带来他所期待的价值。Holbrook（1994）指出，顾客价值是企业开展营销活动的根本依据，在企业建立和保持高质量品牌关系过程中具有重要作用。以下即从品牌关系生命周期的视角分析顾客感知价值对品牌关系建立、维持与断裂的影响。

1. 感知价值驱动的品牌关系建立

能够反映顾客与某一品牌建立品牌关系意向的概念包括品牌认知、品牌认同、购买意向等，现有研究中关于品牌关系驱动因素的成果主要指向顾客感知品牌价值。许正良等（2012）的研究认为，基于顾客价值的品牌关系是由价值感知、品牌情感和品牌忠诚三要素在同一时点上的综合体现，品牌关系的形成是三个层次的变量相互影响、共同作用的过程。他们将顾客价值感知作为品牌关系的认知层内容，将其定义为顾客对代表品牌产品或服务的属性效能、使用结果和成本的综合感知，反映顾客对品牌所代表的产品或服务的一种主观认知，具体包括功能价值感知、体验价值感知、象征价值感知和成本价值感知四个维度。将品牌情感作为品牌关系的情感层内容，将其定义为顾客基于品牌认知而产生的情绪反应，具体包括品牌满意、品牌信任和品牌依恋三个维度。将品牌忠诚作为品牌关系的行为层内容,将其定义为顾客对所偏爱的品牌产品或服务的一种深刻秉持的意向承诺与重复购买行为,它反映顾客对品牌的持续关系意向和行为反应。

基于顾客价值的品牌关系形成是价值感知、品牌情感和品牌忠诚三层次要素相互影响、共同作用的过程。在这一关系形成过程中,顾客的价值感知是品牌关系形成的认知基础,是激发品牌情感的前因变量。Sheth等(1991)指出,顾客选择一个品牌而放弃另一个品牌的根本原因是受其功能价值、社会价值、情感价值和条件价值的影响,顾客对品牌的价值感知是品牌关系形成的基础,能够影响品牌情感的形成。一方面,根据期望不一致理论,只有当顾客认为感知到的品牌产品绩效达到或超过期望水平时,才会对该品牌产生满意感。另一方面,顾客是在品牌产品或服务的消费过程中逐渐形成价值感知的,并随着价值感知的深化增强了对品牌的信任感。基于价值感知而产生的满意和信任的积极情感有利于强化顾客与品牌间的持续互动关系,从而促动顾客形成重复购买意向,最终达成品牌忠诚。

周志民(2007)对相关成果进行了梳理,指出影响品牌关系形成的因素主要包括自我认同、品牌个性、消费情景、品牌体验和消费价值等。这其中,品牌个性属于功能价值,消费情景属于情景价值,品牌体验属于体验价值,都是顾客感知价值的对象。Aaker(2001)认为品牌关系是建立在产品或服务的价值体现之上的。Hennig-Thurau(2000)的研究显示高水平的产品感知可以促使顾客对品牌形成正面认知,与品牌建立情感联系,进而形成品牌承诺。李莉、杨曦(2008)的研究表明,品牌核心价值是指能够被顾客感知、接受和认可的品牌价值,该价值能够强化顾客的品牌认知,传递情感,使顾客产生对价值的需求。这些成果都表明,顾客感知的品牌价值是品牌关系形成的根本前提。

2. 感知价值驱动的品牌关系维持

反映顾客与特定品牌间的关系维持状态的指标包括顾客满意、品牌忠诚、重复购买等。

(1)从顾客感知价值与顾客满意、重复购买的关系看,顾客感知价值是顾客在权衡利得与利失的基础上对产品或服务的评价与偏好,决定着顾客满意与否。尽管学术界尚存分歧,但在感知价值与顾客满意的因果关系中,多数研究还是支持价值—满意因果链(白琳,2009),认为满意是顾客行为倾向的有效预测工具,而感知价值则是顾客满意的重要前因(Cronin,2000;Brady和Cronin,2001;Ulaga和Eggert,2002)。Jones和Sasser(1995)指出,为顾客提供良好的价值是企业获得持久性顾客满意的唯一路径。Woodruff 和 Gardial（1996）也认为，顾客满意是顾客对企业提供的产品或服务的实得价值的反应。McDougall 等（2000）通过对典型服务业的研究得出了顾客感知价值与顾客满意正向相关的结论。

（2）从顾客感知价值与品牌忠诚的关系看，顾客与品牌之间的关系是一种追求自身利益与满足的价值交换关系，顾客忠诚于特定品牌是因为品牌给顾客提供了优异价值。对品牌忠诚发生着重要作用的是品牌传递给顾客的价值，而不是特定的品牌本身。Sirdeshmukh 等（2002）指出，正是交易过程中顾客感知到的价值高低决定了品牌忠诚，因此感知价值是品牌忠诚最重要的驱动因素。

3. 感知价值驱动的品牌关系断裂

尽管现有研究在探讨品牌关系断裂原因时，包括了品牌和企业因素、顾客因素、环境因素多个方面，但从消费行为决策的深层动因看，最终都是顾客感知该品牌无法满足其价值要求而放弃。徐小龙、苏勇（2012）认为，顾客与品牌之间的关系变化取决于顾客与品牌之间的利益交换、情感交流和社会环境的耦合作用。顾客与品牌之间的关系是以利益交换为基础的，在利益交换过程中，随着顾客对品牌的认知发展和体验增加，顾客与品牌之间的情感深度也在发生变化。从关系演变过程看，品牌关系经历建立、发展、保持、衰退、断裂、再续等阶段。如果顾客认为某一品牌不能满足需要和期望时，尤其是当品牌属性和价值发生变化，或者出现损害顾客的负面事件时，顾客就会停止与品牌间的互动意愿，此时就发生了潜在的关系断裂。而"企业要想使品牌关系恢复到以前的良好状态，需要付出一定的代价，使顾客感知关系再续的价值。对于那些已经转换了品牌的顾客，企业则需要提供比竞争品牌更多的价值，才能使他们回心转意，再续前缘"。由此可见，顾客与品牌之间的关系本质是由品牌能够给顾客带来的价值主导和决定的。顾客与品牌互动的根本目的是满足各自利益需要，利益发生变化关系就会变化。

徐小龙（2013）进一步将感知价值作为顾客品牌关系断裂的认知层心理因素，认为企业因素和竞争品牌因素通过感知价值影响品牌关系的断裂与否。在与竞争品牌有关的影响因素中，品牌转换成本影响顾客转换品牌的感知价值。转换成本小，顾客感知损失就小。如果竞争品牌产品质量高，品牌声誉高，顾客感知价值就大。顾客通过比较竞争品牌的价值与品牌转换的感知损失来做出是否与原品牌关系断裂的决策。在与企业有关的影响因素中，企业的促销活动和补救措施能够弥补顾客的感知损失，增加他们对原有品牌的价值感知。

以上分析表明，顾客与品牌间的关系从建立、维持以致关系断裂，其根本驱动因素都是顾客感知价值。当企业提供的价值满足顾客要求时，潜在顾客就成为初始顾客，这是品牌关系建立的起点，而这一关系能够维系的前提是顾客感知价值能够满足其价值期望。按照期望不一致理论，一旦企业提供的价值无法满足顾客期望，不满意即会发生，并成为引发关系断裂的原因。可以说，品牌关系是由顾客感知价值驱动建立、维持的，并由感知价值引发断裂。那么，顺着这一关系逻辑推演，可以认为，断裂后的品牌关系再续也应该通过顾客感知价值这一关键驱动因素来推动。黄静（2007）也认为：老顾客不会在感知不到任何利益的情况下返回原来的品牌。本书将推动品牌关系断裂后再续关系的顾客感知价值称为感知再续关系价值。

3.2 品牌关系再续特征分析

从以往品牌关系管理的研究来看，重点都放在品牌关系的建立与维持上，比如研究品牌关系的驱动因素旨在发现哪些因素会促使顾客与企业建立关系，而研究品牌关系质量的大量成果则关注如何与顾客维持已经形成的品牌关系。然而，本研究从品牌关系生命周期的后端出发，研究断裂关系的顾客如何挽回。尽管已有一些相关研究，但本书的理论视角是以顾客感知价值作为其行为的根本驱动力量，这里的"顾客"是指意欲再续关系的顾客，这里的"感知价值"是指再续关系顾客的感知价值。为了更好地理解感知再续关系价值，需要深入分析和把握再续品牌关系的特征。

本书所谈的品牌关系再续是指顾客与断裂关系的品牌重新建立关系的意向和行为。品牌关系再续顾客就是那些在断裂的品牌关系基础上意欲重新建立关系的顾客。再续品牌关系与初次建立关系存在密切关系，黄静（2008）认为，两者的相同点是品牌关系的主体相同，两者的关联点是初次品牌关系是再续关系的基础，两者的差异是，再续关系时顾客会考虑返回后的利益，企业也会考虑关系再续的价值。本研究认为，品牌关系再续虽然是在断裂的基础上进行的，但两者还是有较大差别。按照余可发（2009）的观点，学界对品牌关系的研究主要围绕关系主体、关系规则和关系流程三个视角展开。以下从这三个视角讨论品牌关系再续与初次关系建立的差别。

3.2.1 品牌关系再续主体及其特征

由于品牌关系主体不同而导致品牌关系边界有很大差异，因此界定品牌关系主体是研究的前提。本研究认为，从市场营销的角度，品牌的外在表现是品牌名称与品牌标志等符号性因素，但品牌的内在本质就是企业和产品为顾客提供的价值、利益、满足和承诺，这非符号要素所能包含。这一内在本质已是约定俗成的品牌含义。因而，Blackston 的品牌关系中已包含顾客与企业、顾客与产品、顾客与品牌符号的应有含义，本书的品牌关系是指服务商通过特定品牌的服务满足目标顾客需要的动态过程中与顾客相互作用的过程。

再续关系阶段的主体在表面上看与初次关系相同，包括顾客、企业、产品，但实质上两者间还是存在较大差别。尤其是顾客，他们在再续阶段的态度与行为表现上均与初次建立关系不同。从主观态度层面看，现实中多数品牌关系断裂是由于品牌或企业方犯错引发，如果说关系建立之初，品牌关系质量评价为"零"的话，那么再续关系之初顾客品牌关系质量就为"负"，这样的关系质量基础显然是关系再建立的最大挑战。也就是说，初次关系建立时，双方在认知、情感上从无到有，正面情感慢慢加深，而再续关系首先要做的事情是从负面情感中走出来，从不满意、不信任到再满意、再信任。从客观行为层面看，再续关系时顾客的需求特性与购买特征都发生了变化。从需求特性看，初次建立关系时，顾客表现为对特定产品或服务属性的需求，再续关系时，对特定产品的需求则明显提升；从购买经验看，初次建立关系时顾客尚无与本企业打交道的经验，再续关系时这一经验已经拥有；从购买行为类型看，初次建立关系属于初次购买，再续关系时则是重新购买。上述种种情形都表明，再续品牌关系时的关系主体已不完全等同于初次关系中的主体。而从品牌、企业这两个关系主体看，再续关系时也发生了变化，应该是优化了的品牌和改进了的企业行为。

3.2.2 品牌关系再续规则及其特征

Aggarwal（2004）指出，社会关系自身携带着态度准则，这些准则是人们对他们伙伴做出评价的指南。品牌关系规则就是品牌与顾客建立和维持关系过程中双方应该持有的观念和遵循的行为规范。比如，在社会交往关系中存在着报酬和代价的平衡原则，存在分配上的公平原则。在品牌关系中，如果企业或品牌犯错，就意味着社会关系的平衡原则被打破，分配上的公平原则被侵犯。一旦因品牌犯错造成顾客满意、信任或承诺受损，就意味着该关系周期中存在"关系质量

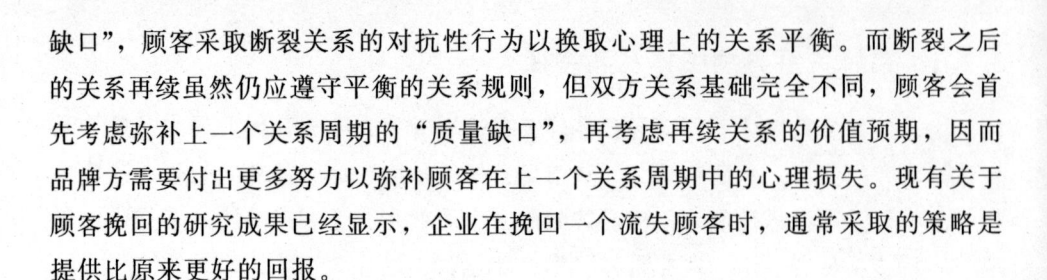

缺口",顾客采取断裂关系的对抗性行为以换取心理上的关系平衡。而断裂之后的关系再续虽然仍应遵守平衡的关系规则,但双方关系基础完全不同,顾客会首先考虑弥补上一个关系周期的"质量缺口",再考虑再续关系的价值预期,因而品牌方需要付出更多努力以弥补顾客在上一个关系周期中的心理损失。现有关于顾客挽回的研究成果已经显示,企业在挽回一个流失顾客时,通常采取的策略是提供比原来更好的回报。

3.2.3 品牌关系再续流程及其特征

再续品牌关系虽然也是一个新的关系建立过程,但这个过程与初次关系的建立还是有差别的。目前关于品牌关系再续过程仍无直接的研究成果,而在与此相关的顾客挽回管理中也很难找到有价值的结论。虽然 Helfert（2003）关于电商环境下的顾客挽回管理需经历确认、细分、接触、挽回及控制五个阶段,但这一思路显然是站在企业的角度来思考问题的,而没有从顾客的角度考虑再续原有关系经历的心理和行为过程。结合对再续关系主体和再续关系规则的认识,可以认为一个新的品牌关系也应该经历与初始关系相同的生命周期,但从关系再续的着眼点看,再续关系的关键时间节点应该是初始和成长阶段,只有与断裂关系的顾客重新建立起关系,才能谈及关系的维持和发展。基于此,本研究认为,从顾客的角度看,再续关系的过程应该经历再认知、再亲近、再认同、再购买四个阶段,再续关系的重点应该是前三个阶段,而这三个阶段正是顾客品牌关系再续的态度达成过程。

3.3 感知再续关系价值的概念开发与构成维度

3.3.1 感知再续关系价值的概念开发思路

以往对顾客价值的研究,主要是从静态价值感知的视角展开,对于价值动态性的关注较少。本研究是基于顾客价值在品牌关系生命周期不同阶段呈现动态变化特征的理论前提提出感知再续关系价值的概念,该价值既不同于一般顾客感知价值,也不同于一般关系价值。由于现有文献中还没有相应的概念界定,因而这一概念的建构就成为本研究的重要任务。

既然顾客感知价值是驱动品牌关系的关键因素,断裂后的品牌关系要想再续,就必须让顾客感知到再续品牌关系的价值,即顾客感知再续关系价值。明确感知再续关系价值的特性,是有效发挥该价值驱动品牌关系再续的基础。尽管根据 Zeithaml（1988）的顾客价值定义，感知再续关系价值也应该是顾客感知的与关系断裂品牌再续关系所获得的利益与付出的成本的比较，然而，这一定义仍旧无法全面识别感知再续关系价值的特性。要理解不同品牌关系阶段感知价值的差别，应该从顾客价值期望入手，这是因为感知价值是感知利得与感知利失的比较，具有主观性特征，它不仅受产品或服务价值、品牌属性等客观品牌因素的影响，也取决于顾客的价值期望这一主观因素。价值期望不同，顾客对同一产品的属性评价、权重都有差别（史有春、刘春林，2005）。对同一个顾客而言，针对产品或服务价值和品牌属性相同的产品，初次购买、重复购买和断裂后购买的评价是不同的。原因在于顾客感知价值具有动态性特征，在良性与断裂后这两个不同的品牌关系阶段，一方面，顾客这一关系主体的态度发生改变；另一方面，外部环境因素也可能发生变化，导致顾客价值期望发生变化。Gardial 等（1994）的研究认为，同一顾客在购买和消费的不同时间阶段对同一产品或服务会有不同的价值感知。杨龙、王永贵（2002）也认为，由于顾客在不同时间阶段的评判标准可能有所不同，因而在购买决策前、购买过程中和产品使用后三个阶段，顾客对价值的评估可能存在重大差异。

  本研究专注于品牌关系再续的顾客价值感知。这一阶段的价值感知与初始关系建立阶段、关系维持阶段的价值感知存在差异。服务商因服务失败导致顾客利益受损，从而遭遇顾客"用脚投票"即断裂关系。服务商要想再续关系就必须解决两个问题，一是顾客感知到的再续关系的绝对价值，即针对服务失败提供的补偿价值以及再续关系后可以为顾客提供的长期关系价值，可以将其理解为纵向感知价值比较，这里的纵向价值比较的时间节点是关系断裂点；二是顾客感知到的再续关系的相对价值，因为顾客关系断裂后可能转换供应商，服务商再续关系就是要将顾客从竞争对手那里再吸引过来，顾客是否再续关系取决于服务商提供的价值与竞争对手提供价值的比较，当顾客觉得再续原来的关系更能实现自己的价值期望时，他才会再续关系，可以将其理解为横向感知价值比较。

  纵向与横向感知价值比较在品牌关系生命周期的不同阶段存在状态不同。在良性品牌关系存续阶段，由于存在同类品牌间的竞争，顾客随时进行着横向价值比较，顾客正是在这种比较中做出了品牌选择与购买决策。但在良性品牌关系存续阶段，顾客较少做出纵向价值比较。而在品牌关系断裂后，若要再续关系，顾客除了要做出品牌之间的横向感知价值判断外，更重要的是要做出对以往品牌在再续关系前后的价值比较。对于基于横向价值比较的流失顾客挽回的研究，已有研究者做出探索（唐小飞，2007；徐伟青，2008），综合考虑研究力量与篇幅的限制，本书侧重从纵向价值比较的角度来探讨感知再续关系价值。

要理解感知再续关系价值，必须了解顾客再续关系阶段的价值期望。从再续品牌关系的行为特征出发，顾客再续关系阶段的价值期望与良性关系阶段的价值期望是不同的。良性关系阶段的价值期望可以从顾客对特定产品或服务所带来的利益和付出的代价比较得来，比如功能价值、情感价值、社会价值、感知成本等。但再续关系的价值期望首先不是考虑某个品牌的产品或服务能够给顾客带来哪些具体利益，而是要求补偿上一个关系周期中的损失，包括经济上、情感上、心理上的损失，让顾客感觉到公平再现，他才会有再续关系的动因，并根据损失弥补的情况决定是否对企业再次产生满意感或信任感。与此同时，仅有对服务失败造成损失的弥补还不够，从长期来看，企业仍然需要让顾客对其产品和服务质量有信心，才可以建立长期关系。所以，企业服务失败导致关系断裂后顾客的价值期望可以考虑：从当前关系恢复看，要求补偿经济、情感损失，实现公平；从长期关系恢复看，还是应该消除让顾客不满意或没有信心的源头，以确保长期关系的维持。

3.3.2 感知再续关系价值的构成维度

上述分析表明，感知再续关系价值是顾客再续关系的基础。顾客感知价值是具体的，只有明了再续品牌关系可以为自己带来的具体利益，才可以进行比较并决策是否再续关系，所以，明确再续品牌关系的具体感知价值构成是研究的基础。本书将采用关键事件技术法与焦点小组访谈法两种质性研究方法对感知再续关系价值的构成维度进行探索性研究。

1. 社会科学的质性研究方法

长期以来，在社会科学研究中，质性研究与定量研究一直是两种对立的研究范式。定量研究曾一度处于主导地位，但随着研究思路的突破，两种方法日益走向融合。与定量研究采用调查、实验、测量、统计等量化手段来收集和分析研究资料，从而判断研究现象的性质，发现内在规律并检验理论假设的研究方法不同，质性研究是以研究者本人为研究工具，在自然情境下采用多种资料收集方法对社会现象进行整体性探究，使用归纳法分析资料并形成理论，通过与研究对象互动对其行为和意义建构获得解释性理解的一种活动（陈向明，2001）。质性研究的具体方法包括参与式与非参与式观察、开放式的深度访谈、关键事件技术、扎根理论等方法。

本书将联合使用关键事件技术法与焦点小组访谈法共同探测感知再续关系价

值，将两种质性研究方法得到的结论进行比较，找到共同维度（见图 3-1）。

图 3-1　感知再续关系价值的探测思路与方法

2. 关键事件技术法

（1）方法描述。

关键事件技术法是由 Flanagan（1954）提出的一种质性研究方法，是研究者针对某个特定的领域或主题收集故事或关键事件，并采用内容分析法对具体行为进行分类处理，以得到研究结果的方法。其中，"事件"是指发生在目标与意向非常清楚的意境中的任何可观察的人类活动，有足够的完整性；"关键"是指对整个活动发挥了重要作用，而不管这种作用是积极还是消极。该方法要求受访者讲述一些印象深刻的关键事件，包括故事、经历、事件描述，研究者对这些关键事件进行内容分析并做出有价值的分类，以便从中找出导致这些关键事件发生的深层次原因，并针对性地再找到解决问题的方法。当一个研究领域缺乏对分类非常重要的属性描述的文献时，适合使用关键事件技术的方法。

该方法 1990 年首次被用于服务营销研究中，研究顾客与服务人员互动过程中的满意和不满意事件。BBT（1990）认为，该方法是测量顾客在服务接触中是否满意的有效工具，利用该方法能够找到服务接触过程中顾客满意或不满意的特定事件和行为，从而为企业设计科学的服务管理策略提供依据。关键事件技术法在服务营销领域主要应用于服务接触管理、服务满意度管理、服务关系管理，在应用定量方法探索各变量关系之前，需要使用成熟的定性技术探索哪些因素影响顾客的行为。根据 BBT（1990）的研究，一项关键事件需要满足四个条件：一是该事件反映顾客与服务人员之间的互动；二是从顾客角度看，这种互动令人非常满意或非常不满意；三是构成一个独立的情节；四是有足够的细节，能使访问者感受或体会到当时的情境。

关键事件技术法的应用程序是：研究者根据研究目标选择特定人群，采用问卷调查、访谈、观察等方法，向被调查者获取其亲身经历的事件（成功或失败，满意或不满意），让被访者阐述具体原因，用内容分析法对被访者的事件按不同主题分类，进行统计分析，找出影响该事件最关键的因素，为决策提供依据。

关键事件技术法实施中涉及的具体问题：一是选择何种方法收集数据，取决于时间、成本、人员等因素。最常用的是问卷调查法，因为费用低、速度快、范围广、样本量大。访谈法能获取更为丰富的资料，信效度高，但过程烦琐，样本量小，受访问人员素质影响。二是样本选取，大多数研究考察50~100个事件，很少超过300个（侯丽敏等，2007）。

（2）具体实施。

根据关键事件法的实施要求，本书采用半结构化问卷调查的方法收集数据。请被访者在其服务消费中找出一次不愉快的消费经历，在该次消费中由于服务商服务失败导致其非常不满意，进而决定不再到该商家消费。根据对此次事件具体情形的回忆，请被访者回答以下问题：

①这是什么服务？（写出具体行业）

②具体描述此次事件中你遭遇的问题。

③描述事件发生后你的感受与感知损失。

④事件发生后商家做出了怎样的回应？

⑤如果你打算离开或已离开该商家并转向其他商家消费，请考虑原来的商家需要怎样做才可以将你挽回？

此次关键事件法调研目的在于探查顾客因商家服务失败导致品牌关系断裂后如何才能再续关系，因而，只要有过因服务失败遭遇而断裂品牌关系的顾客都可填写，服务行业没有限制。本次调研在威海市进行，针对高校学生和社会人员各发放100份问卷，回收有效问卷171份。其中，学生样本有效问卷91份，非学生样本有效问卷80份。从所得数据看，两类不同群体的样本间明显的差别体现在品牌关系断裂行业的不同。按照提及率高低，学生样本集中于美容美发、网购、快递、餐饮、电信等行业，非学生样本则集中于快递、银行、餐饮、保险、汽车后服务等行业。这一差别主要是由于两类样本因职业、收入不同导致服务需求的行业指向上存在差别。另外，目前高校指定银行的服务方式也使部分学生对银行只能采取"虚假忠诚"行为而无法根据服务评价自主选择。在其他题项方面，两类样本之间并无明显差别。

（3）目标任务。

问卷调查所获得的关键事件是用来进行归纳分类，以找出服务品牌关系断裂的顾客如何可以再续关系。研究首先要确定分析的基本单位，即关键行为。由两名研究者将 171 个关键事件进行编码,对编码过程中的不一致行为进行协商,最终将 171 个关键事件编码为 399 个关键行为(再续关系价值期望),平均每份问卷包含 2.33 个关键行为。将 1~100 份问卷作为分类样本,将 101~171 份问卷作为确认样本。

(4) 工作步骤。

①分类依据。尽管关键事件分类法可以依据调研结果进行归纳,但本书仍采取依据理论成果的分类依据。主要依据服务补救、关系利益已有理论成果加以分类。

关键事件技术法应用过程中的数据处理与分析需要经过分析单位确认、类别开发与信度检验、类别确认与信度检验、效度检验等步骤。由于分类是一个主观过程,为提高效率,一般要多名研究者合作进行,采用三段式分类(杜伟宇,2008)。

②分类阶段。分类的任务是将总计 399 个关键行为划分至具体的类别中。本研究将 100(问卷 1~100)个关键事件中 281 个关键行为作为分类样本。本次分类工作均由 3 人参与执行。每一阶段中,首先由 1 名研究者独立地将关键事件分成没有重复的、无法再区分的关键行为并编码;其次再由 1 名研究者将关键行为分到前者已划分好的类别中,对于两者划分不一致的行为进行再讨论,直至达成一致;第三名研究者确定最后分类。为保证主观分类结果的可靠性,要求各分类者间的信度达到 0.8 以上(BBT,1990)。

本次分类结果中,对再续品牌关系的价值期望的 281 个关键行为共分为 2 个大类,7 个子类。前两名研究者间的信度为 0.832,第三名研究者与前两者间的信度为 0.893。

③确认阶段。本研究收集了一个确认样本(问卷 101~171),计有关键行为 118 个。分类过程按照前述步骤进行,每一位研究者的任务是将这 118 个关键行为分至前面已划分出的 2 大类、7 小类中。确认阶段的关键是发现确认样本中的关键行为能否开发出新的分类项,如果确认样本中的关键行为均可进入分类结果中,说明此次分类内容效度达到要求(侯丽敏,2007)。本研究中,经过三位研究者的再分类,1 个确认样本中没有发现新的分类结果,表明此次分类效果达到要求。

(5) 结果讨论。

本次分类将因为服务商服务失败导致的品牌关系断裂后,顾客再续关系的价

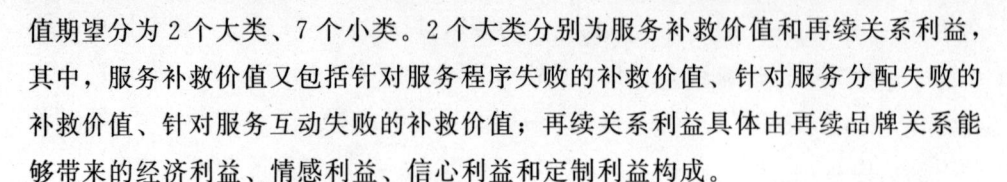

值期望分为 2 个大类、7 个小类。2 个大类分别为服务补救价值和再续关系利益，其中，服务补救价值又包括针对服务程序失败的补救价值、针对服务分配失败的补救价值、针对服务互动失败的补救价值；再续关系利益具体由再续品牌关系能够带来的经济利益、情感利益、信心利益和定制利益构成。

①针对服务失败实施的服务补救价值。

这一类别的价值期望是针对服务商已发生的服务失败做出的补救行为带来的价值感知。主要分为三类：

一是针对服务失败程序的补救价值，具体体现在顾客对商家应对服务失败的程序与方法上的诉求。商家应该有一套完善的问题处理机制，服务失败后应该迅速回应顾客诉求，商家服务补救应该及时快速，商家处理问题的策略应该得当、商家在处理问题时不能教条、应该具有灵活性等。

关键事件描述：一次在淘宝店上买鞋，货到后发现鞋号明显大于均码，而且鞋的色差也很大。店家本来承诺包邮，可是我要求换货时，店家先是抵赖，不承认鞋号有问题，经过长时间协商后，虽然同意换货了，但要求我不仅承担寄回问题产品的费用，还要承担店家再发货的运费，考虑再三，最终我放弃换货。

针对该事件的再续关系价值期望：真诚道歉、诚信经营、建立有效的反馈机制及时处理顾客投诉并妥善解决。

二是针对服务分配失败的补救价值，具体体现在顾客对自身损失弥补的诉求。包括应该提供经济补偿、足够的赔偿、补偿应该让顾客感到是公平的、要让顾客感到经济上的损失得到了弥补、让顾客感到自己的补偿要求得到了满足等。

关键事件描述：周末与同学去一家美容院，是从团购网站上团购的券。去消费时，服务员一听是团购的，态度马上就很冷淡；接着，在做脸部保养时，不小心把我的脸弄破了，服务员虽表示道歉，但竟然要我自己再掏十元钱买药治疗伤处。

针对该事件的再续关系价值期望：提高员工技能，确保服务质量；给顾客应有的尊重；给予物质补偿或免费服务一次。

三是针对服务互动失败的补救价值，主要体现在服务失败后顾客对服务人员的服务态度的要求。服务人员应该对服务失败进行诚恳道歉、服务人员在补救过程中态度应友好，应站在顾客的角度考虑问题，应该有积极的补救态度，应该能体谅顾客的心情，应该表现为对顾客的应有尊重，应该与顾客进行积极沟通，服务人员处理问题应该诚实守信、合乎道德等。

关键事件描述：保险业务员给我两份保单，问我喜欢哪一份。我说A份还可以，B份不考虑。几天之后，业务员直接自己付款帮我开通了A保险，并要求我将钱转到她的银行卡中。我说我还没有考虑好要不要买这份保险，业务员却说她给我打了几次电话都未打通，就先帮我入了保险并垫付资费。事实上，我的电话一直都畅通，业务员明显说了假话。

针对该事件的再续关系价值期望：保险公司应强化对业务员的诚信经营教育，真诚道歉以示尊重，确保不再发生此类事件。

②针对建立长期关系的关系利益。

一是经济利益，主要指再续关系后，在消费中在经济上是划算的。希望在以后的消费中能够得到经济上的实惠，包括折扣、赠送、免费试用；希望在以后的消费中花同样的钱可以得到比别人更多的服务；在以后的消费中可以节约成本等。

二是情感利益，主要指再续关系后，可以得到原来商家服务人员的尊重、友好、体谅、更好的服务。包括应该有更优质的服务态度，应该重视顾客的意愿，应该保持与顾客的良性沟通，应该尊重顾客。

三是信心利益，是指基于服务补救及以往顾客关系而对再续关系后消费焦虑感、不安全感减少的价值。包括确保核心服务质量，确保不再发生以往的服务失误，确保以后的消费是没有风险的，确保服务质量是有可靠保障的，要兑现服务承诺等。

四是定制利益，是指再续关系后顾客未来可以获得比其他顾客更个性化的服务和价值。包括得到大多数顾客没有得到的服务，得到优先服务的权利，得到更快捷的服务等，得到更特别的优惠。

应用关键事件技术法，通过上述步骤，得到顾客再续品牌关系的价值期望的具体分析结果（见表3-1）。研究显示：其一，顾客是否再续与断裂品牌的关系既取决于服务失败的损失能否得到补偿，又取决于再续关系后的顾客利益能否得到保障；其二，分类样本与确认样本中各种期望维度分布较为接近，说明分类基本是合理的；其三，顾客对再续关系的价值期望主要受补救分配公平、信心利益、补救互动公平、定制利益等因素的影响。

表 3-1 感知再续关系价值期望分类结果汇总

大类	子类	分类样本 关键行为数（个）	分类样本 占关键行为的比例（%）	分类样本 占关键事件的比例（%）	确认样本 关键行为数（个）	确认样本 占关键行为的比例（%）	确认样本 占关键事件的比例（%）	总样本 关键行为数（个）	总样本 占关键行为的比例（%）	总样本 占关键事件的比例（%）
服务补救价值	程序	21	7.47	21	9	7.62	12.7	30	7.52	17.5
服务补救价值	分配	89	31.7	89	30	25.4	42.3	119	29.8	69.6
服务补救价值	互动	43	15.3	43	16	13.6	22.5	59	14.8	34.5
再续关系利益	经济	15	5.34	15	6	5.08	8.45	21	5.26	12.3
再续关系利益	情感	26	9.25	26	12	10.2	16.9	38	9.52	22.2
再续关系利益	信心	56	19.9	56	27	22.9	38	83	20.8	48.5
再续关系利益	定制	31	11.03	31	18	15.3	25.4	49	12.3	28.7
合计		281	100		118	100		399	100	

资料来源：调研数据汇总。

3. 焦点小组访谈法

关键事件技术法是通过被调查者个人报告的方式获取所需事件的信息资料以供分析，个人报告基于个人对关键事件过程与过程中个人心理活动的回忆分析，可信度高，但也可能因为回忆法因个人认知能力、时间原因而对事件与关键行为描述不尽完善（特别是通过问卷调查方式），对于顾客当时情境下的心理状态的反映不一定完整和准确。

白琳（2007）指出，西方经典的顾客感知价值探测方法，主要以访谈法为主，以观察法为辅。其中，使用最多的方法是焦点小组法和深度访谈法。为此，本书将通过焦点小组访谈法再次对关键事件法得到的感知再续关系价值进行确认，以得到最终的价值构成。访谈是通过深入交谈来获取有关个人的经历、动机和情感方面的信息，广泛应用于对个体行为、态度和动机的深入调查。

在通过关键事件技术法得到再续关系价值期望维度的基础上，本研究组织了三次焦点小组访谈活动。三次访谈均由研究者本人作为主持人，每一次访谈对象由5~9人组成，每一组被访者力求在年龄、职业、社会阶层特征上相同，以确保谈话顺利展开。访谈中主持人注意对主题的控制，记录员详尽记录被访者的观点、意见、态度,访谈结束后立即整理相关信息。每个小组访谈时间60～150分钟不等。

(1) 访谈实施。

焦点访谈分别在某大学商学院2013级企业管理专业部分硕士研究生小组(9人)、某大学商学院教师小组(7人)、某市人大代表小组(5人,含企业经营者、公务员、教师)中进行。要求被访者在过去一年中有过因服务商服务失败导致的品牌关系断裂经历,同时没有接受过本次关键事件调查。基本程序如下:

第一步,详细介绍本次研究目的、本次访谈目标。

第二步,请被访者回忆自己在过去一年中经历的服务失败事件,在该事件中由于服务商服务失败导致品牌关系断裂。请考虑服务商怎样做你才能再续与该品牌的关系。

第三步,每一小组被访者依序简要介绍自己遭遇的服务失败事件,从中找出两个行业不同、情境差异的代表性事件作为本组讨论的焦点事件。

第四步,由被选定为焦点事件的被访者详细描述该事件过程,包括事件起因、双方互动、事件结局;被访者在该过程中的心理感受与情绪变化;事件发生后服务商的反应;再续关系的基本诉求。

第五步,焦点事件被访者叙述完毕后,请其他被访者设想自己处于该种情境之下会有何种诉求,由记录员详细记录每一位发言者的观点。

第六步,访谈结束后立即对访谈材料进行分析。分析方法采用内容分析法,即对访谈提纲中的关键词句进行编码,统计出现频次,然后按照关键事件法中的分类标准(2个大类、7个子类)进行归类,对于无法进入上述类别的观点加以保留,具体分析结果如表3-2所示。

表3-2 焦点小组访谈法分类结果汇总

访谈组别	服务失败行业	焦点事件	感知利失	再续关系价值期望	分类结果
企业管理研究生(9人)	网购、美容美发、快递、餐饮、电信	网购、餐饮	消费的好心情;对企业的信任;在朋友面前的形象;金钱	道歉;赔偿;承诺更优质的服务;物质补偿;承诺不再发生类似失误;后续消费的折扣;处罚服务失误人员;给顾客申诉的权利;赠送礼品;免费服务	互动公平情感利益分配公平信心利益经济利益程序公平

续表

访谈组别	服务失败行业	焦点事件	感知利失	再续关系价值期望	分类结果
人大代表（5人）	银行、餐饮、汽车后服务	银行、汽车后服务	对企业的好感和信任；尊严和面子；时间和精力；金钱	诚恳道歉以示尊重；快速处理顾客投诉；后续消费的优惠；更积极的沟通；制度化的投诉机制；满意的经济补偿；兑现服务承诺	互动公平 程序公平 经济利益 分配公平 信心利益 情感利益
商学院教师（7人）	网购、保险、餐饮、银行	网购、保险	对企业的信赖；尊严；消费者选择权；消费心情；时间；金钱	真诚道歉；经济补偿；承诺诚信；确保核心服务的质量；更快速响应顾客诉求；确保以后提供更高的价值；尊重消费者的选择权；后续优先权；换位思考	互动公平 分配公平 情感利益 信心利益 定制利益 程序公平

注：表中感知利失、再续价值期望对应表格中的内容是按照被提及频次依次排列的。
资料来源：访谈汇总。

（2）分类结果。

①第一、第二两个焦点小组分类结果包括除定制利益外的其他6个子类；第三焦点小组分类结果包括了除经济利益外的其他6个子类。

②三个焦点小组分类结果中，对补救公平价值的期望中，真诚道歉是所有被访者排在首位的再续关系价值期望，由此互动公平成为价值分类的第一。三个小组均被提及的分类包括：补救互动公平、补救分配公平、信心利益、情感利益、经济利益。

③汇总三个焦点小组的分类结果，包含了从关键事件技术中得到全部7个子类、2个大类的感知再续关系价值构成维度。也就是说，通过焦点小组访谈得到的感知再续关系价值分类结果与关键事件法的结果完全一致，可以认为感知再续关系价值构成要素的开发是合理的。

3.4 本章小结

在第 2 章文献回顾的基础上，本章对研究的核心变量——感知再续关系价值进行了探索性研究。首先，基于社会心理学的人际关系原则，以及以往品牌关系建立、品牌关系维持与品牌关系断裂的理论成果，明确了顾客再续断裂的品牌关系的驱动因素应该是顾客感知的再续关系价值，以此确定感知再续关系价值的理论视角。其次，由于品牌关系生命周期不同阶段的关系特性差异，顾客在不同关系阶段感知的价值并不相同，因而从品牌关系再续主体、品牌关系再续规则、品牌关系再续流程三个角度剖析品牌关系再续的基本特征，以服务于对再续品牌关系这一特定生命周期阶段的感知价值的探索，进一步从理论上明确感知再续关系价值的内涵与特征。再次，对顾客再续品牌关系阶段的感知价值进行探索性研究，通过质性研究方法归纳提炼感知再续关系价值的构成维度。质性研究阶段包含两个环节的工作：首先应用关键事件技术法初步得到顾客再续关系价值的维度构成，进一步应用焦点小组访谈法确认关键事件法得到的感知再续关系价值维度。本章对研究的核心变量的探索，为后续感知再续关系价值对再续关系意向影响机制的研究打下了必要的变量基础。

第 4 章　感知再续关系价值对服务品牌关系再续意向的影响机制

在第 3 章明确了以顾客感知再续关系价值作为品牌关系再续的驱动因素，并通过质性研究得到顾客再续关系价值构成的基础上，本章将进一步深入剖析感知再续关系价值对服务品牌关系再续意向的影响机理，提出研究假设，构建分析的理论模型，为实证研究做好准备。

4.1　服务品牌关系再续机制研究框架构建的理论依据

4.1.1　态度理论

品牌关系再续是在再续意向基础上的行为表现，再续意向是再续态度的组成部分，再续关系顾客是在产生了再续态度之后才会有再续行为。按照社会心理学的态度理论，态度是个体对特定对象稳固的心理倾向，它由认知、情感和行为意向三个成分构成。其中，认知成分指个人对外界对象的心理印象，是个人知觉和判断事物时的参考；情感成分表明对某一事物喜欢或厌恶的评价；行为倾向成分指的是个体预先具有的心理状态，是在特定的社会情境下个体对态度目标要采取行动的心理准备。态度三个成分之间的关系如图 4-1 所示。

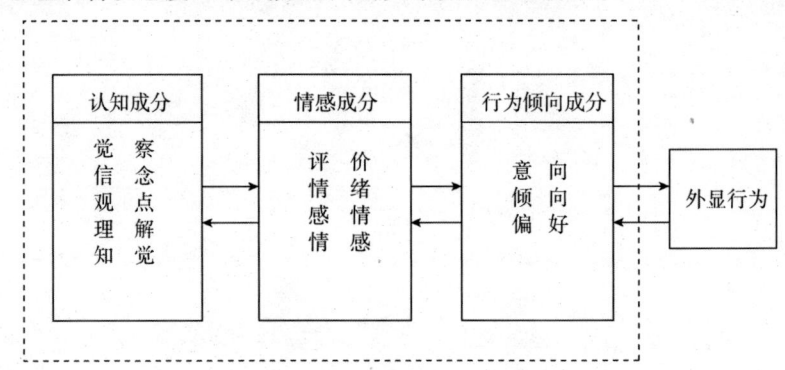

图 4-1　态度结构中各成分之间的关系

资料来源：郑全全、俞国良（2011）。

态度的三个成分是相互依赖、协调一致的，人们对客观事物的知觉会影响对它的评价（好恶感、肯定否定），进而产生行为意向。其中，情感成分是态度的关键，情感评价不仅影响行为意向，也会对认知产生影响，并且影响是双向的。

心理学家 Kagan 和 Henker（1966）指出，态度的本质是一种有组织的、持久的信念和情感，并使个体以某种特定的方式发生行为的倾向。每一个态度不仅反映一定的情感、情绪、认识、理解，而且还隐含有行动的意义（袁登华，2008）。基于此，Ajzen 和 Fishbein（1980）把品牌态度定义为消费者对某一特定品牌持续做出积极或消极反应的一种倾向。它同样是品牌认知、品牌情感和品牌选择意向相结合的一种心理倾向。Gylling 和 Lindberg-Repo（2006）指出，顾客认知到的品牌利益、意义和价值的高低以及顾客对品牌的行为、态度、情感涉入度共同决定了品牌关系的强度。卢长宝、石占伟（2011）认为，从本质上讲，品牌关系反映了顾客和品牌之间的内在关联，它既体现了顾客对品牌的价值认知，又反映了顾客与品牌的社会情感联系。徐小龙、苏勇（2012）认为，顾客与品牌的关系由认知、情感和行为三个要素组成。其中，认知是基础，情感是核心，行为是表现。可以看出，态度理论是研究品牌关系的常用工具。本研究是对品牌关系生命周期特定阶段顾客与品牌互动过程中心理与行为的探究，本质上也是对特定品牌关系的研究，因而可以应用态度理论的基本逻辑。

4.1.2 人际关系心理学理论

人际关系主要是指人与人之间通过相互交往和作用而形成的一种心理关系，也称心理距离。一般而言，人的心理分为知、情、意三层结构。"知"是认知系统，"情"是动力系统，"意"是控制系统。这三个子系统相互作用、相互影响，构成心理整体系统和功能。以此为基础，人际关系的心理结构也包括人际认知、人际情感和人际行为三个子系统。其中，人际认知是指人与人在交往过程中相互识别、感知、理解而建立的一种心理联系，具体包括对自身的认识、对对方的认识和对关系的认识。人际认知是人际关系的基础，任何关系的建立都需要从相互认知开始。并且，人际认知是一个双向的互动过程，既要让自己了解他人，也需要让他人了解自己。人际情感是指人际交往中基于需要是否被满足而产生的情绪和情感体验，分为积极情感和消极情感两种类型，积极情感是指导致人际相互亲近、融合的情感，如满意、喜欢等，而消极情感是指导致人际相互疏远、分离的情感，如厌恶、仇视等。人际情感是人际关系的核心，决定了人际关系的质量状态。人际行为是指双方在交往过程中的外在行为的综合体现。人际认知、人际情感最终都会通过人际行为表现出来。人际认知、人际情感、人际行为相互联系，相互影响，共同构成人际关系的整体理论系统。

人际之间发生互动的动力来源是什么？为什么个人要与他人建立并维持关系？马克思说过，"在任何情况下，个人总是'从自己出发'，由于他们的需要以及他们求得满足的方式把他们联系起来，他们必然要发生联系。"可以看出，需要是研究人际关系的逻辑起点，因为满足自身需要既是人际互动的初始动因，也是最终归宿（陆卫明、李红，2010）。但要指出的是，人际关系是建立在关系双方互动的基础上，因而，良好的人际关系必须建立在双方需要得到相对满足的基础之上。

根据社会交换理论，人际互动具有普适性，社会交换活动的进行要求交换双方都需付出又都得到回报，也就是说，人们普遍寻求交换活动中的"分配公平"结果。如果关系双方感觉交换是公平的，则关系得以维系，一旦感知到交换过程中的公平被打破，关系就难以维持。人际互动的双方必须在充分考虑和满足对方需要的基础上实现关系的良性互动。

品牌关系是经济关系和社会关系的具体表现形式，是一种拟人化的经济和社会关系，因而可以借鉴人际关系形成过程的基本理论。周志民（2005）根据类比法，将人际关系三维结构引入品牌关系结构中，从而构成了狭义品牌关系三维结构假设，即认知、情感、意动（行为倾向）。认知是指顾客对品牌的熟悉和了解程度，情感是指顾客对品牌的评价、信任、感觉以及双方的心理距离，意动是指顾客对品牌的承诺和行为意向。

人际关系三维度之间存在一定的层次性和逻辑性，与一般态度的三维度一样，人际关系三要素之间并非简单的层次关系，而是相互影响，互为作用。本研究认为，对品牌关系的研究可以从静态与动态两个视角展开。动态的时序分析侧重于品牌关系的形成与演化过程，静态的时点研究则侧重于品牌关系的本质把握。从时间序列看，品牌关系经历三个过程；从某一时点来看，品牌关系三个维度会同时存在，品牌关系就是由这三个要素组成。品牌关系再续是顾客与断裂关系的品牌重建关系的过程，也遵循初始品牌关系建立的一般规律与一般逻辑，因而人际关系理论是可以解释再续关系行为的。

4.1.3 合理行为理论

在社会心理学领域，态度理论是早期对行为进行预测的主要依据。但由于部分研究成果表明态度与行为之间有时出现不一致，为此 Fishbein（1967）提出了合理行为理论，用以预测一个具体的行为意向。合理行为理论认为，人的大部分行动受控于意识，因此，一个人是否采取某一特定行动的最直接原因是意向。行为意向又取决于两个变量，一是行为者对该行为的态度，二是行为者的主观行为规范，它由个体所知觉到的特定的行为期待构成，表现为个体之外的社会、群体、他人对某一个体实施某个行为的看法和信念。Fishbein模型成为预测个体社会行为的重要工具，许多研究者运用该模型有效预测了消费者行为。顾客再续品牌关系也是一种特定的消费行为，对这一行为意向进行预测可以应用该模型，如图4-2所示。

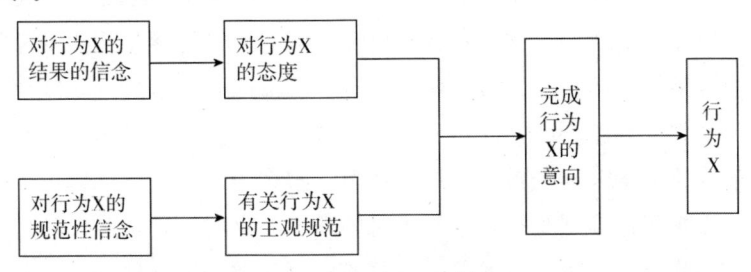

图4-2 合理行为理论模型

资料来源：金盛华（2011）。

4.1.4 技术接受模型

技术接受模型是Davis（1989）运用合理行为理论研究顾客对信息系统接受时所提出的模型。按照该模型的观点，系统使用取决于行为意向，而行为意向取决于想用的态度和感知有用性，想用的态度又取决于感知有用性和感知易用性，感知有用性又由感知易用性和外部变量共同决定，而感知易用性则是由外部变量（系统特征、用户特征、任务特征、组织特征、管理特征等）决定的。该模型提出以来被广泛应用，并得到充分验证，如图4-3所示。

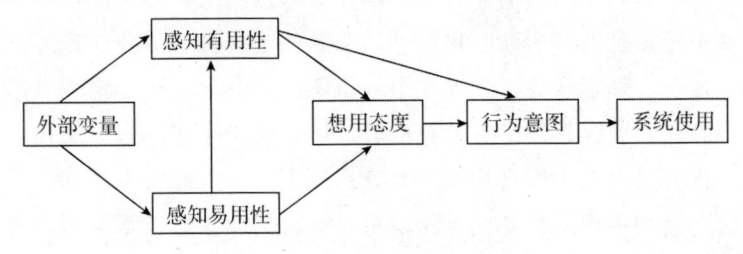

图4-3 技术接受模型

资料来源：Davis（1989）。

技术接受模型是合理行为理论应用于信息技术领域的修正模型，应用中虽然许多研究者结合特定研究对象对这一模型进行了相应拓展（Venkatesh 和 Davis，2000；Venkatesh 等，2003），但其核心思想都是揭示顾客对信息技术系统及产品接受的心理过程和行为机制。该模型中有两个核心变量，一是感知有用性，它描述一个顾客认为某项技术或产品对其工作效率的提高程度，如提高用户的生产率、改善工作绩效、提高工作效率、使工作变得更容易、更快地完成任务，总之，对顾客的工作是有用的；二是感知易用性，它描述顾客认为使用某系统或产品的容易程度，如容易学习操作信息技术、容易利用信息技术做想做的事情、与信息技术的交互是灵活的、交互过程是清晰易懂的、容易娴熟使用信息技术，总之，是比较容易操作的。显然，这两个变量都是描述一个信息系统或产品可以为顾客带来的价值或利益，感知有用性侧重于从功能价值的角度衡量，感知易用性侧重于从便利价值的角度衡量。在该模型中，顾客的采纳行为意愿由顾客的想用态度驱动，而想用态度则受顾客感知价值的影响。也就是说，是顾客感知价值决定着顾客的消费行为决策。技术接受模型的价值认知—情感倾向—行为意向的理论逻辑与基本态度理论一脉相承，有明确的理论溯源。技术接受模型尽管是应用于信息技术系统接受的理论模型，但其基本思想可适用于服务消费领域中的其他顾客采纳行为。

上述基本态度理论、人际关系结构理论、合理行为理论和技术接受模型具有相同的理论逻辑，可以为顾客再续品牌关系行为的研究提供理论依据，并据此搭建分析架构。

4.2　品牌关系再续机制的理论逻辑

无论是合理行为理论还是技术接受模型，影响顾客行为意向的都是态度。而顾客态度是兼具认知与情感的综合性心理反映，这里的认知正是对顾客价值的认知，因而基于感知价值解析顾客再续品牌关系的心理机制是建立在扎实的理论基础之上的。社会心理学认为，态度是个人指向一定对象，有一定观点基础的评价性持久反应倾向。顾客再续品牌关系的心理机制属于完整的态度结构，应该由认知、情感、行为意向三个维度构成。整合态度理论、人际关系理论、合理行为理论、技术接受模型等理论的共同理论逻辑，本研究建立起以下分析框架，并以此思路展开研究，如图 4-4 所示。

再续关系价值认知 → 再续关系情感 → 再续关系意向

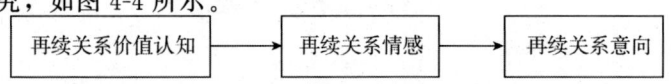

图 4-4　品牌关系再续机制的逻辑思路

资料来源：作者绘制。

1. 感知再续关系价值

感知再续关系价值属于再续关系态度结构的认知成分。态度的认知成分是人们作为态度主体，对特定态度对象的知识、观念、意象或概念，以及在此基础上形成的具有倾向性的思维方式。如果缺乏一个清晰全面的认知，态度形成的基础就是模糊的，态度的可信度就不高（金盛华，2011）。本研究中，顾客感知再续关系价值就是再续关系态度的认知成分，如果没有对再续关系是否能够带来价值、能够带来何种价值、能够带来多少价值的认识和判断，顾客再续关系意向就缺少基本的前提。

根据第3章的分析，图4-4中的感知再续关系价值的内涵不同于一般顾客感知价值，其构成维度也有别于一般顾客价值的构成。它是顾客以纵向比较的视角，对再续关系能够给自己带来的利益做出的判断。由两部分内容构成：

感知补救公平价值是指顾客所能感知到的服务补救利益与其遭遇服务失败时所付出的成本的比较。本书认为，面对服务商的服务失败，顾客会受到交换关系不公平所带来的价值损失，因而要求提供服务补救以弥补损失是正当的价值诉求。本书基于期望不一致理论和感知公平理论，使用顾客服务补救期望与服务企业补救实绩比较的补救公平结果衡量顾客感知的服务补救价值。按照第3章质性研究的结果，感知补救公平价值由感知补救结果公平价值、感知补救程序公平价值、感知补救互动公平价值三个维度构成。

感知再续关系利益是指顾客再续断裂的品牌关系后从长期合作中获得的核心利益之外的其他利益的总称。按照第3章质性研究的结果，感知再续关系利益维度包括感知再续关系经济利益、感知再续关系情感利益、感知再续关系信心利益和感知再续关系定制利益。

由感知补救公平价值与感知再续关系利益共同构成感知再续关系价值，并成为顾客再续品牌关系的根本驱动力量。

2. 再续关系情感

情感是人对一定态度对象是否满足自己的需要而产生的态度体验，如赞成或反对、接纳或拒绝、喜爱或厌恶等。这里满足人们需要的态度体验客体正是该特定对象的价值特性，所以，情感也可以理解为人对一定态度对象的价值特性所产生的主观反应。情感的激发源泉是价值，现实中的情感分类正是基于引发情感的价值不同而得出的，如正向情感是人们基于正向价值增加而产生的主观反应，负向情感则是人们由于正向价值减少或负向价值增加而产生的主观反应，而情感的变化总是以价值为基础。

社会心理学认为，一方面，作为激发个体心理活动和行为的动力的情感，是态度中强度最大的成分；另一方面，态度的情感成分与态度的认知成分紧密相连，因为，态度的情感倾向往往由认知因素直接支持，"因为……所以我喜欢"是人们基本的思维逻辑。人的一切态度反应或选择并非纯粹的情感反应，而是兼具认知与情感因素的综合性反应。态度的情感倾向有认知因素的直接支持，这是态度的情感体验与一般情感体验的最重要区别（金盛华，2011）。所以，在考虑再续品牌关系的意向时，必须有完整的态度过程，基于对再续关系价值的认知，产生积极情感，方可产生再续意向。

依据上述定义，本书中再续关系情感是顾客对再续品牌关系所带来的价值能否满足自身需要的主观反应。本书使用再续关系满意和再续关系信任这两个关系质量的衡量指标描述再续关系情感，其中，再续关系满意是顾客再续品牌关系的价值期望与再续关系价值感知比较后的感觉状态；再续关系信任是指顾客在面临风险的情境下对关系断裂品牌能够履行其能力与善意承诺的正面预期以及因此而产生的认可该品牌的意愿。

3. 再续关系行为意向

行为意向是态度预测行为的重要变量，是态度与行为的纽带。尽管态度与行为的关系非常复杂，对于态度与行为的一致或分离是社会心理学长期争论的问题，但还是有众多的成果重复证实着态度对行为的预测（Krosnick 等，1993；Debono 和 Omoto，1993；Fabrigar 等，2006），这种预测正是通过行为意向达成的。

本书以再续品牌关系意向作为研究的结果变量，再续关系意向以重购与正向口碑进行测量。从重购行为发生的情感关系基础看，顾客的重购应分为两种情形，一是满意基础上的重购，这是品牌关系维持阶段，顾客在对以往交换关系做出正面关系评价的基础上做出再惠顾的决策；二是关系断裂基础上的重购，这实际上是在以往负面关系评价基础上的态度改变过程，需要遵循态度构建的全过程，要从品牌认知、品牌情感才能到品牌重购的行为意向。此时的品牌认知与关系断裂前的品牌认知不会完全相同，因为此时顾客的需要与关系断裂前的需要也不完全一样。

再续关系意向与再续关系价值认知、再续关系情感判断共同构成完整的顾客品牌关系再续的态度结构，该结构揭示了基于感知再续关系价值的再续关系心理机制。

4.3 感知再续关系价值影响服务品牌关系再续意向的相关假设

4.3.1 初始品牌关系质量对感知再续关系价值的影响

1. 初始品牌关系质量对感知补救公平价值的影响

初始品牌关系质量是指顾客在与服务商品牌关系断裂之前双方间的品牌关系质量。作为顾客与服务商之间关系强度与持久性的衡量指标，初始品牌关系质量高就意味着顾客在断裂品牌关系之前与服务品牌之间保持着长时期的良好关系，顾客对从该关系中得到的服务质量与感知价值是满意和信任的。在服务失败发生后，面对服务商的服务补救，相对于不良的关系基础，具有良好关系基础的顾客对相同服务补救的感知评价更高。这一方面是因为以往的关系铺垫了顾客对服务商的情感基础，初始关系质量越高，顾客越相信服务商的服务补救诚意，对后续关系的焦虑感越低，进一步降低对服务失败严重性的主观判断，这有助于顾客在面对服务商相同服务补救时做出更高的补救评价。另一方面，对于顾客高卷入的服务或个性化服务，高质量的初始品牌关系意味着服务商对顾客的熟悉程度高，了解顾客偏好，可以更有针对性地做好补救工作，能够提高顾客对服务补救的价值感知（Smith，1999）。此外，从顾客责备归因的角度分析，如果顾客曾经与某一品牌有着良好的关系，服务商发生服务失败后，顾客会倾向于认为事件不是企业一直存在的问题，是偶然发生的，因而对服务补救的期望就低（Hess 等，2003）。按照期望不一致理论，在特定的服务补救实绩下，低补救期望有利于顾客对补救价值的感知。Vázquez-Casielles 等（2010）研究补救公平感知对顾客满意和关系质量的影响时也考虑了先前顾客关系的作用，研究证实，顾客先前从服务商那里获得的感知价值越高（意味着初始关系质量好），顾客对服务补救信任和承诺的负面效应感知越弱。Kim 等（2012）在研究服务补救背景下顾客与企业间先前关系的调节效应时，通过层次回归分析得到了以下结论：相比低关系顾客，高关系型顾客往往有更高的补救预期，但同时对企业做出的服务补救也表现出更加积极的响应；高关系顾客比低关系顾客对补救绩效的评价更高；在高服务补救绩效情形下，高关系顾客更易形成补救满意预期与实绩的正向不一致，进而形成更高的补救满意。总之，先前关系质量正向影响顾客的补救满意感知。

上述成果都揭示了顾客与品牌之间关系动态演变中先前关系质量对顾客情感与心理的影响，这一影响有着扎实的理论基础。因为个体态度结构中，各成分之间是一种双向影响关系。一方面，认知影响情感进而影响行为意向，另一方面，既有的正向情感又会反过来影响后续关系中的个体知觉和判断。即使在服务失败发生导致关系状态恶化的背景下，良好的初始关系质量也有利于顾客对服务商服务补救的正向评价。为此，本书假设：

H1a：初始品牌关系质量正向影响感知补救分配公平价值

H1b：初始品牌关系质量正向影响感知补救程序公平价值

H1c：初始品牌关系质量正向影响感知补救互动公平价值

2. 初始品牌关系质量对感知再续关系利益的影响

Fournier（1998）认为品牌关系质量是一种基于顾客的品牌资产测量，它反映顾客与品牌之间持续联结的强度和发展能力。初始品牌关系质量高意味着顾客对品牌的信任度高，相信品牌行为能够满足自身期望（信任）；意味着顾客基于成本和价值比较，愿意与品牌进行积极互动（依赖）；意味着不管环境是否可以预见，顾客都愿意与品牌保持长期的关系（承诺）；意味着品牌所反映的认同、关注或任务能够表达出顾客自我的某个重要的方面（自我概念联结）；意味着顾客在消费过程中由喜爱而产生的对品牌的正面情感以及由规范而产生的义务情感（真有与应有之情）；意味着顾客通过消费该品牌可能得到的社会价值所带来的满意和愉悦感（社会价值表达）。总之，初始品牌关系质量高就意味着品牌关系断裂前顾客对品牌总体评价高，联结强度高，关系持续发展的能力强。高水平的品牌关系质量能够维护和加强既有的顾客关系，导向良好的顾客购后反应，表现在顾客的重复购买倾向、对竞争品牌的抵制、正向口碑、对品牌延伸的支持、对品牌犯错的容忍等（Fournier，1994）。

关系利益是顾客在与企业保持长期关系的过程中所获得的核心利益之外的其他利益，主要指功能价值之外的人际、心理以及经济上的好处，是一种来自"关系"本身的好处。关系利益来源有三，长期的关系可以降低顾客的焦虑感，因减少改变而降低转换成本，服务商的社会支持提高了消费质量，这三个来源也是顾客再续关系的动因。也就是说，顾客维系与服务商关系的意愿越强，他们越倾向于考虑从长期关系中获得的利益来弥补服务失败造成的损失（Hess等，2003）。按照态度结构中情感成分对认知成分的影响分析，如果初始品牌关系质量高，就意味着顾客与品牌持续互动的情感基础扎实，与陌生的品牌相比，顾客对再续关系后能够获得的各种关系利益的主观判断也会比较高。基于以上分析，本书假设：

H2a：初始品牌关系质量正向影响感知再续经济利益

H2b：初始品牌关系质量正向影响感知再续情感利益

H2c：初始品牌关系质量正向影响感知再续信心利益

H2d：初始品牌关系质量正向影响感知再续定制利益

4.3.2 感知再续关系价值对再续关系意向的影响

顾客再续关系意向是顾客行为意向的一种具体表现。白琳（2009）认为，行为意向是顾客在消费后对产品或服务提供者可能采取的特定行动或行为倾向，是连接顾客自身与未来的一种陈述。服务商实施服务补救的最终目标是维护与顾客的商业关系，满意的服务补救可以使企业与顾客维持有益于企业的交易关系（Schweikhart 等，1993；Boshoff 等，2000）。在服务营销领域，用以测量顾客长期关系导向的指标通常有重复购买、正向口碑、交叉购买等。本书使用包含重复购买意向和正向口碑意向的指标语句测量顾客的再续关系意向。

1. 感知补救公平价值对再续关系意向的影响

服务公平理论源自社会交换理论与社会比较理论，该理论认为社会交往公平理论适用于顾客与服务商之间的交换关系，顾客可以用服务公平对服务商的服务行为加以评价（Clemmer，1988）。当顾客认为在消费行为中所得与付出对等时，就会对双方关系做出公平评价，并对顾客满意感、信任感产生正面影响。同时，由于服务产品具有典型的经验判断特征，为确保自身利益，顾客往往将感知服务公平作为判断交易质量的重要标准，也会把公平作为对服务进行评价的标准。顾客与服务商之间是一种典型的交换关系，按照社会交换理论，交换公平是个体的主观认知，也是个体行为的驱动力量。交换关系中顾客往往通过两种方式判断自己是否是公平的：一是对自身的付出与所得进行比较，二是对自己与他人的付出与所得进行比较（Adams，1965）。一旦服务商服务失败而使顾客感到利益受损，顾客的付出与其预期所得就会失去平衡，此时顾客就产生了不公平感，严重的不公平感知就会引发交换关系的中断。而恢复关系的前提是服务商恰当的补救行为，只有弥补顾客的损失，使其觉得所得能够弥补损失，即重新感知到平衡的关系状态，才可能引发其后续的行为倾向，如重购、正向口碑等。

已有的研究成果对顾客服务补救的公平感知与其后续行为倾向的关系进行了

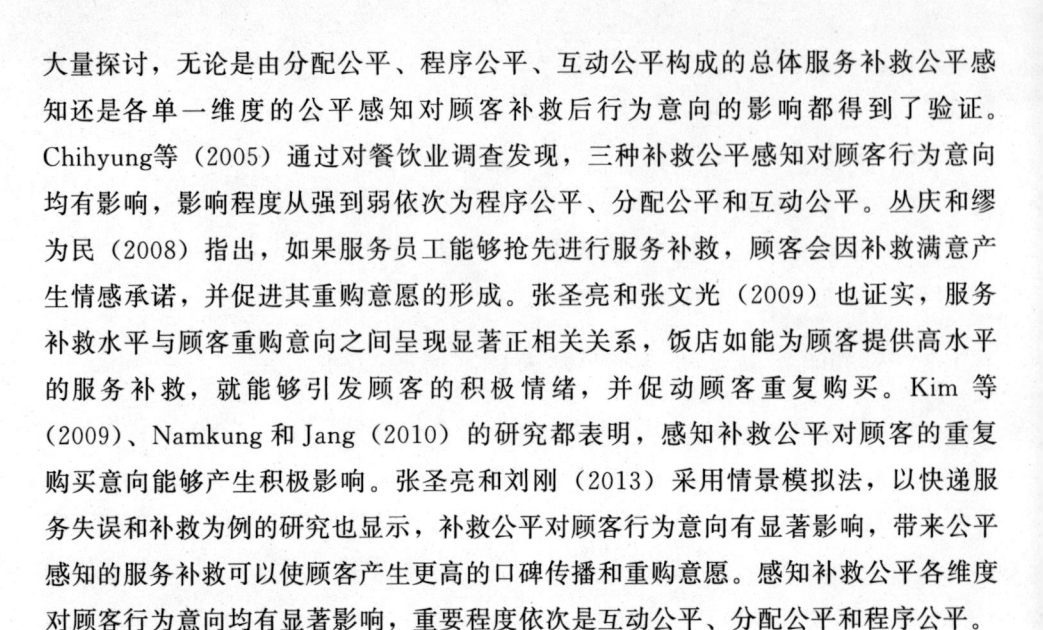

大量探讨，无论是由分配公平、程序公平、互动公平构成的总体服务补救公平感知还是各单一维度的公平感知对顾客补救后行为意向的影响都得到了验证。Chihyung等（2005）通过对餐饮业调查发现，三种补救公平感知对顾客行为意向均有影响，影响程度从强到弱依次为程序公平、分配公平和互动公平。丛庆和缪为民（2008）指出，如果服务员工能够抢先进行服务补救，顾客会因补救满意产生情感承诺，并促进其重购意愿的形成。张圣亮和张文光（2009）也证实，服务补救水平与顾客重购意向之间呈现显著正相关关系，饭店如能为顾客提供高水平的服务补救，就能够引发顾客的积极情绪，并促动顾客重复购买。Kim等（2009）、Namkung和Jang（2010）的研究都表明，感知补救公平对顾客的重复购买意向能够产生积极影响。张圣亮和刘刚（2013）采用情景模拟法，以快递服务失误和补救为例的研究也显示，补救公平对顾客行为意向有显著影响，带来公平感知的服务补救可以使顾客产生更高的口碑传播和重购意愿。感知补救公平各维度对顾客行为意向均有显著影响，重要程度依次是互动公平、分配公平和程序公平。

服务补救公平对顾客行为意向的影响在网络营销环境中也得到证实。Collier和Bienstock（2006）针对网络零售服务的研究发现，对服务补救满意的顾客不仅会进行正面口碑传播，还表现出强烈的重购意向，而不满意的顾客则可能进行负面口碑传播，并发生品牌转换行为。Lin等（2011）对顾客对在线零售商服务补救响应的实证研究显示，三种补救公平感知的两两交互，显著影响着顾客的补救满意、口碑和重购意向等后续行为意向。

本书认为，尽管上述研究成果并未设定服务失败的严重程度，亦未明确交代服务失败对品牌关系的影响程度，但只要是服务失败就必然会让顾客感觉到付出与所得不对等，对双方关系失去公平感知。只有通过令顾客感知到公平的补救行为，服务商才可能维持住既有的顾客关系。事实上，本书在质性研究阶段，无论是问卷调查还是焦点访谈，面对服务商服务失败，真诚道歉、经济补偿、有效沟通、对投诉的处理、换位思考等价值期望屡被提及，也就是说，三维度的补救公平都是顾客再续断裂的品牌关系的必要条件。基于以上分析，本书假设：

H3a：感知补救分配公平正向影响顾客再续品牌关系的意向
H3b：感知补救程序公平正向影响顾客再续品牌关系的意向
H3c：感知补救互动公平正向影响顾客再续品牌关系的意向

2. 感知再续关系利益对再续关系意向的影响

从一般顾客感知价值对重购意向的影响来看，大量研究成果已揭示：感知价值是顾客重复购买意向的重要前因（Woodruff，1997；Gale，2000；白长虹等，2002；董大海等，2005）。感知价值会直接导致两种行为倾向可能性的产生，一是顾客向他人推荐，二是顾客重购行为（Kumar和Grisaffe，2004）。上述成果中的顾客感知价值是指顾客与企业双方交换关系的核心价值，而按照关系利益的概念，顾客在交换关系中除了获得来自产品或服务的核心价值外，还会获得来自关系本身的价值，即关系利益。关系利益对顾客保留交换关系有积极影响，因为按照社会交换理论的价值命题和自我利益驱动观，自我利益是驱动个体行为的根本，个体行为取决于价值和成功，顾客从一种关系中受益越多，越倾向于保持该种关系。也就是说，顾客从一种关系中感知的价值或利益越高，越愿意维持这种关系。

既然顾客感知的核心价值对于其重购意向有显著影响，而关系利益作为顾客感知价值的一种，也应该有助于顾客保留或再续一段关系。对此问题，已有一些成果给出了答案。Gwinner等（1998）验证了关系利益各维度与以顾客忠诚和正向口碑衡量的顾客重购意向正相关。Henning-Thurau等（2002）指出，信心利益与社交利益对顾客忠诚有积极的影响。张广玲、武华丽（2007）研究发现，信心利益、社会利益既直接影响顾客保留，也通过关系质量间接影响顾客保留。Ruiz-Molina等（2009）研究证实了信心利益和特殊待遇利益对顾客忠诚有重要影响。Dagger等（2011）研究发现，信心利益、社会利益、特惠利益等关系利益通过影响顾客承诺进一步驱动顾客忠诚。杨志勇、王永贵（2013）以中国银行业顾客为样本的研究表明，信心利益和特惠利益对顾客长期关系导向都有显著影响。

上述成果明确揭示了关系利益对顾客维持长期关系导向的作用机制。据此理论逻辑，即使面对服务商服务失败而产生关系断裂意向或发生关系断裂行为，顾客基于以往关系基础与服务商的服务补救表现，仍会对未来关系利益有一定期待，该预期会正向影响顾客关系维持的意向。本书在质性研究阶段，通过问卷调查和焦点访谈两种途径都得到了顾客再续关系意向的关系利益预期，包括承诺更优质的服务、确保核心服务质量、承诺不再发生类似失误、承诺诚信、后续消费的优惠（折扣）、后续消费的优先权、更快速响应顾客诉求等，涵盖了关系利益的所有维度。这意味着，核心顾客价值之外的来自"关系"的价值即关系利益也是顾客再续断裂的品牌关系的必要条件。根据上述分析，本书提出以下假设：

H4a：感知再续经济利益正向影响顾客再续品牌关系的意向

H4b：感知再续情感利益正向影响顾客再续品牌关系的意向

H4c：感知再续信心利益正向影响顾客再续品牌关系的意向

H4d：感知再续定制利益正向影响顾客再续品牌关系的意向

4.3.3 感知再续关系价值对再续关系情感的影响

Lawler（2001）将情感定义为交换过程中产生的自发内部刺激，情感对交换关系的结构、形式和结果都至关重要。社会交换理论认为，处于相互依从和权利平等关系的交换双方，更容易成功协商，产生积极情感（兴趣、满意），从而使承诺行为得到加强（金盛华，2011）。

尽管现有的研究成果与本研究的实地调研结果能够解释感知补救公平价值与感知再续关系利益可直接促动顾客再续关系意向的生成，但再续品牌关系的行为与一般的重复购买不同，顾客需要经历更为复杂的情感变化与心理决策过程。这主要因为再续关系的关系基础是行将断裂或已经断裂的关系，从情感上说，顾客因服务失败产生不满、抱怨、愤怒等负面情绪，正是该负面情绪使其做出断裂品牌关系的决策。如果说良性品牌关系阶段的顾客情感为正值的话，那么关系断裂后的顾客情感就是负值了。按照态度理论，情感是态度结构中最重要的成分，服务商只有通过自己的营销努力将顾客因关系断裂的情感由"负"转"正"，弥合情感裂隙，才能更好地实现再续关系的目标。本书使用再续关系满意和再续关系信任两个变量测量顾客再续关系的情感状态。

1. 感知补救公平价值对再续关系满意的影响

从期望不一致理论看，感知补救公平是补救期望与实际补救绩效的比较，顾客满意是指顾客对一个产品可感知的效果与期望值相比较后所形成的愉悦或失望的感觉状态，前者是认知层的期望不一致，后者是情感层的期望不一致，认知评价是情感状态的基础。

在管理实践中，顾客在对企业的服务补救进行评价时，一般首先考察企业的补救行为是否公平（Tax等，1998；Mattila and Cranage，2005）。而按照认知评价理论，顾客对服务补救公平与否的评价会引发其情感反应，顾客对服务补救公平性的认知评价越高，正向情感越强烈。比如，很多学者的研究都证实了通过有效服务补救促动顾客公平感知，可以带来顾客的二次满意（Goodwin 和 Ross，1992；Ann 等，1997；Andreassen，2000；Vázquez-Casielles 等，2010）。顾客对服务补救公平性的评价越高，满意度就越高。顾客二次满意对重塑企业形象、提高顾客满意度、保留顾客都有着积极的意义。宋宗军（2010）以餐厅服务失败与服务补救为情景，研究服务补救公平的顾客满意机制。结果表明，服务补救的分配公平、程序公平可以解释69%的顾客满意变异量。Lin等（2011）的分析显示，服务补救公平三个维度对顾客补救满意均有显著的正向影响。DeMatos（2011）通过对巴西、法国、意大利和荷兰高校学生的跨文化研究也证明，服务补救过程中的感知公平（包括公平的补偿结果、满意的问题解决时间、服务商礼貌的态度等）是影响顾客对服务补救满意的最重要因素。Kim等（2012）在研究服务补救背景下顾客与企业间先前关系的调节效应时指出，无论在高顾客关系还是低顾客关系的先前关系状态下，公平的服务补救都会正向影响顾客的补救满意。Nikbin等（2012）以航空服务业为例的研究结果显示，服务补救的分配公平与程序公平感知与补救满意正相关。Wen和Chi（2013）以近600名航班延迟顾客为样本的研究也表明，感知公平与消费情绪是影响顾客服务补救评价的重要因素，服务补救三个维度和顾客的积极或消极情绪直接或间接影响顾客的服务补救满意、顾客信任、重购意向与口碑推荐。除了传统商务环境下补救公平感知对顾客满意的影响外，Holloway等（2005）将服务补救应用到网上购物环境，通过对补救绩效的研究发现，分配公平能够影响顾客的补救后满意。李四化（2009）以网络零售业为对象，探索补救公平感知与顾客后续行为意向的关系。结果显示，服务补救公平的三个维度对顾客后续行为意向（满意、重购、口碑）均有显著影响。可以看出，不管核心变量内涵如何界定，研究行业、研究方法有怎样的差别，顾客对服务补救公平性的感知都会正向影响顾客的补救满意。

  本书的研究对象虽然是意欲或已经与服务商断裂关系的顾客，但关系断裂的前因也是服务商的服务失败，这与现有研究中服务补救的前因背景相同，稍有差别的是本书明确了服务失败的严重程度。从本质上分析无论何种程度的服务失败，直接导致的都是顾客利益的损失和感知价值的降低，从而造成顾客不满意或流失。服务商留住顾客的首要措施是开展有效的服务补救，服务补救有效性的评价标准就是顾客感知的服务补救公平程度。对于旨在再续品牌关系的服务补救而言，补救工作是否有效也要看服务商能否让顾客感知到补救公平，并产生再续关系满意情感。基于这一分析，本书提出以下假设：

  H5a：感知补救分配公平正向影响顾客的再续关系满意

  H5b：感知补救程序公平正向影响顾客的再续关系满意

  H5c：感知补救互动公平正向影响顾客的再续关系满意

2. 感知补救公平价值对再续关系信任的影响

  信任是人际关系得以维持的要件。Tomlinson等（2004）指出，当信任方感知到的被信任方的行为与其期望不相符时，信任违背就发生了。Kim 等（2007）将信任违背区分为诚信型信任违背和能力型信任违背，前者用以描述失信方由于缺乏诚信善意而无法达到信任方的期望，后者则指因失信方能力不足无法达到信任方的期望。由于信任违背会给关系维持造成严重破坏，如何修复信任成为研究者最为关注的问题（Kim 等，2007、2009；Tomlinson 和 Mayer，2009；陈阅等，2010；马华维等，2011；韩平等，2013）。来自组织行为领域的研究成果表明，尽管信任修复包含克服负面感知与重建正面预期两个步骤，但研究者还是得到了包括道歉、承诺、赔偿等适用于不同信任违背情境的信任修复策略（Kim 等，2004；Schweitzer 等，2006；Ferrin 等，2007；Josang 等，2007；韩平等，2013）。可以看出，上述信任修复策略与营销情境下服务补救的具体策略高度一致。

顾客对品牌的信任是品牌关系维持的前提。品牌信任是顾客在面临消费风险的情景下对品牌可靠性和品牌行为意向的信心期望，该内涵反映了顾客对品牌的能力和善意两部分的信任。顾客对服务补救的能力信任反映的是顾客对服务商服务失败后有能力实施服务补救以重新履行对顾客的价值承诺的信心期望；顾客对服务补救的善意信任反映的是顾客对服务商服务失败后有诚意为维护顾客利益而实施应尽的补救责任的信心期望。顾客与品牌断裂关系正是由于服务商服务失败造成信任违背而打破原有信任关系的结果。为此，顾客感知服务补救公平的价值就是对服务商诚意和能力的再次感知，从而产生再续品牌关系的信任感。

服务营销领域的研究成果也佐证了上述分析，Morgan 和 Hunt（1994）提出，一个非常好的补救措施能够直接影响顾客对企业的信任。Tax 和 Brown（1998）的研究也表明，服务补救公平的三个维度通过顾客满意间接影响顾客信任。汪纯孝等（2003）通过对 5 大服务业的实证显示，程序公平、分配公平显著影响顾客对企业的信任感，温碧燕和岑成德（2004）的研究也证实了上述结论。对关系伙伴的信任通常是在关系互动过程中实现的，服务失败与服务补救就是服务传递过程中双方的互动，满足或超过顾客期望的服务补救显示出服务商的诚意与实力，会让顾客对企业的信任修复。基于以上分析，本书提出以下假设：

H6a：感知补救分配公平正向影响顾客的再续关系信任

H6b：感知补救程序公平正向影响顾客的再续关系信任

H6c：感知补救互动公平正向影响顾客的再续关系信任

3. 感知再续关系利益对再续关系满意的影响

从交换关系的核心顾客价值对顾客满意的影响看，由于顾客满意受到顾客对产品或服务的期望值和消费过程中的实际感知的影响,因而顾客价值决定顾客满意。由于顾客满意取决于顾客对交换对象的价值感知,为顾客提供良好的价值是企业获得持久性顾客满意的根本路径(Jones和Sasser,1995)。价值—满意因果链认为顾客价值是满意的重要前因(DeRuyter,1997;McDougall,2000;Brady和Cronin,2001;Cronin,2000;Ulaga和Eggert,2002),满意对未来的行为倾向具有良好的预测效果。

顾客感知交换关系中的核心价值对顾客满意的正向影响为关系利益与满意间的关系思考打下了基础,因为关系利益也是顾客从交换关系中感知到的价值。正如Beatty(1996)所指出的,如果顾客能够感知到他与公司的关系能够带来额外的利益,他的满意度就会提高。Reynolds和Beatty(1999)的研究显示,功能型和社交型两类关系利益均正向影响顾客对销售人员的满意,并通过对销售人员的满意间接影响对销售人员和公司的忠诚。Dimitriadis(2010)通过对希腊零售银行顾客的研究发现,关系利益的实现是顾客与企业关系连续与稳定的基础,有助于提高顾客满意度,驱动顾客行为结果。此外还有多位研究者的研究证实,顾客从关系中感知的信心利益、社会利益、特惠利益都与顾客满意相关(Gwinner等,1998;Hennig-Thurau等,2002;Yen和Gwinner,2003;Colgate等,2005;Molina等,2007;骆守俭和傅小婧,2009;陈漫和张新国,2012)。而不管是在传统商务环境还是在互联网环境中,由经济利益和定制利益整合的特惠利益都显著影响着顾客满意和顾客忠诚(Reynolds和Beatty,1999;Hennig-Thurau等,2002;Palmatier等,2006;赵卫宏,2010)。

虽然上述成果并未指明顾客与品牌间所处的关系状态,但并不影响本研究对品牌关系断裂状态下关系利益对顾客满意的影响分析。本书的再续关系满意是指顾客对再续与服务商的品牌关系的价值期望与可感知的再续价值比较后的感觉状态,在顾客价值期望既定的情况下,其感知的再续关系价值越高,满意程度就越高。如前所述,顾客因服务失败而断裂关系,再续关系的首要诉求是自己在上一个关系周期中的各种损失(经济的、情感的、社会的)得到补偿,使其从负向情感中走出,重新感知到平衡的关系状态。但仅有对过往损失的补偿还是不够的,因为补救仅是使顾客回到关系中,并不能保证顾客愿意与品牌保持长期关系。只有让顾客对维持长期关系充满信心,能够明晰自己从未来关系中可以得到期望的利益,比如服务商通过确保核心服务质量、不再发生以往的服务失误、兑现服务承诺等降低顾客对未来关系的焦虑感和风险感;通过优质的服务态度、良好的顾客沟通以体现对顾客的理解、体谅和尊重;通过优先服务、个性服务、特别优惠使顾客感受到特别的对待；通过折扣、优惠给予顾客经济上的好处等，才能够吸引顾客，将顾客保留至关系中。基于以上分析，本书假设：

H7a：感知再续经济利益正向影响顾客的再续关系满意

H7b：感知再续情感利益正向影响顾客的再续关系满意

H7c：感知再续信心利益正向影响顾客的再续关系满意

H7d：感知再续定制利益正向影响顾客的再续关系满意

4. 感知再续关系利益对再续关系信任的影响

信任是个体对关系方的信心以及建立在信心基础上的依赖程度，是个体对能够获得的某种积极结果的一种期望，这种信心和期望产生的前提是个体处于不确定或风险的环境下。信任是世间一切关系得以维持的前提，也是衡量关系质量的核心标准。顾客之所以与一个品牌保持长期关系，是相信这个品牌既有能力也有诚信满足其具体需要，顾客正是基于品牌的一贯表现而对品牌预付了自己的信心，从而换来关系的持续性。一旦顾客的期望落空，信心受损，也即信任缺失，关系也就随之终结，再续品牌关系的前提是重建或恢复受损的信任关系。

对于品牌关系的信任由具体的品牌信任体现出来。金玉芳等（2006）认为顾客是通过经验机制、计算机制和转移机制三种机制建立起对一种品牌的信任感，并进一步探查出影响品牌信任的前因变量，包括感知质量、顾客满意、感知风险、经济价值和品牌声誉。基于经验机制建立的品牌信任是指顾客是通过与品牌的交往接触，基于感知质量和顾客满意对品牌建立起的信任感；基于计算机制建立的品牌信任是指顾客通过计算自己与品牌维持关系的利益得失，通过对品牌选择风险以及关系价值的计算对品牌建立起信任感；基于转移机制建立的品牌信任是指顾客通过特定品牌的品牌声誉而建立的品牌信任。可以看出，影响顾客品牌信任的因素都是顾客基于品牌自身因素而做出的主观认知和判断，主要反映品牌能够给顾客带来的价值。

尽管这一结论并非针对品牌关系再续来谈，但为再续品牌关系提供了基于顾客价值的顾客信任修复的分析思路。Chaudhuri和Holbrook（2002）指出，顾客感知价值是顾客在消费过程中逐渐体会的，这一过程也是顾客对品牌认识逐步加深、信任水平逐步提升的过程，并进一步生成对品牌的忠诚。而Sultan（2002）对网络零售业的研究表明，当顾客感知到较高的产品价值或在线服务时，将会产生较高的信任。顾客感知来自消费经历形成的经验和知识，包括对质量的感知、价值的感知、消费体验感知等，感知价值对顾客对企业信任关系的建立有影响作用。企业只有为顾客提供有价值的产品或服务，才能使顾客对企业产生并保持信任关系。可以认为，顾客感知价值是顾客对企业产生信任的驱动因素。

从动态的视角分析，品牌关系生命周期的演变过程就是顾客对品牌信任建立、维持、破裂和重建的过程，品牌关系断裂使顾客对品牌由信任转为不信任，品牌关系再续则是顾客品牌信任重建的结果。既然顾客价值驱动品牌信任，那么，在品牌关系再续阶段，顾客感知的再续关系价值理应成为信任重建的推动力。感知再续关系利益作为再续关系价值的重要组成部分，应该推动信任的重建。在管理实践中，一旦顾客对未来关系抱有信心，或者为某些价值所吸引，就可能恢复已经或行将断裂的关系。为此，本书认为，由经济利益、情感利益、信心利益和定制利益构成的顾客再续关系利益作为顾客与服务商之间重建交换关系为顾客带来的感知价值，应该对顾客再续关系信任感的产生起到推动作用。基于以上分析，本书假设：

H8a：感知再续经济利益正向影响顾客的再续关系信任

H8b：感知再续情感利益正向影响顾客的再续关系信任

H8c：感知再续信心利益正向影响顾客的再续关系信任

H8d：感知再续定制利益正向影响顾客的再续关系信任

4.3.4 再续关系情感对再续关系意向的影响

在态度结构中，情感成分处于关键地位，它是个体在认知基础上对态度对象是否满足自身需要而产生的主观评价，正是这种倾向性的主观评价决定了个体的行为倾向。再续关系情感正是顾客对再续品牌关系的行为能否满足自己需要的主观评价，这一评价决定了顾客再续品牌关系的行为意向。

1. 再续关系满意对再续关系意向的影响

服务营销中的满意从本质上讲是一种对服务接触的情感反应，再续服务品牌关系也是一种服务接触，因而顾客的再续关系满意应该是顾客再续关系行为意向的前因。已有很多研究证明，服务补救带来的顾客满意能够正向影响顾客口碑和重购意向（Blodgett 等，1995；Smith 和 Bolton，1999）。而对服务补救不满意的顾客则会通过负面口碑行为发泄不满（Blodgett 等，1995）。Holloway 等（2005）研究发现网上购物经验较少的顾客，如果对补救结果仍不满意，更可能传播负面口碑。DeMatos 等（2011）的跨文化研究成果也显示，顾客对服务补救的满意程度是顾客重购意愿、正向口碑以及新服务失败发生后顾客抱怨意向的重要预测指标。总之，对服务补救的满意评价这一正向情感是驱动顾客持续关系意向的重要力量。本书的再续关系满意是指顾客再续品牌关系的价值期望与再续关系价值感知比较后的正向主观评价，依照上述理论思路分析，这一主观评价能够促动顾客产生重购、正向口碑等再续关系的行为意向。为此，本书假设：

H9：顾客再续关系满意正向影响其再续关系的意向

2. 再续关系满意对再续关系信任的影响

学术界对于顾客满意与顾客信任的关系存在两种不同的认识，一是顾客信任影响顾客满意（Mattila，2001；汪纯孝、韩小芸，2003；范秀成等，2004），因为如果顾客对服务品牌缺乏初始信任感，就不会做出购买决策，交易行为就不会发生，顾客满意也就无从谈起；二是顾客满意影响顾客信任，这是基于持续关系的结论，服务于顾客购后行为预测。事实上，上述两种观点并没有对错之分，而是由于分析所采用交易时间节点不同带来的结论差异。对于初次购买而言，顾客必须具有对服务品牌的初始信任才能达成交易并形成对服务的整体评价（满意与否），也就是顾客信任决定顾客满意。而对重复购买者来说，他是基于以往购买满意体验形成对服务品牌的信任感才做出重复购买这一忠诚行为决策，也就是顾客满意决定顾客信任。为更好地解释两变量间的关系，Singh等（2000）基于过程感知和公平理论将顾客信任划分为购买前信任与购买后信任，易牧农等（2011）将其称为事先信任和后续信任。购买前信任主要基于顾客对品牌的综合认知而形成，购买后信任则基于购买前信任与顾客对服务商提供的服务感知满意而形成。也就是说，顾客满意是顾客购买后信任的基础。袁登华等（2008）的研究表明，品牌绩效取决于品牌信任，而品牌信任则决定于品牌态度（两者间回归系数为0.99），顾客品牌态度又是由顾客的品牌直接经验与间接经验决定，其中，直接经验对品牌态度影响显著。这说明，顾客只有通过与品牌的交换关系获取品牌经验，形成对品牌的整体评价后才能建立品牌信任，也就是说，顾客满意先于顾客信任。关系营销导向旨在帮助企业获得稳定的、持续的顾客关系，因而，本书采用顾客满意作为顾客信任前因变量的观点。

在再续品牌关系的过程中，顾客基于以往的品牌关系，感受到服务商实施了真诚的服务补救，并预期未来可以从双方关系中得到满意的利益，就会降低对未来关系的风险感知和不确定性，就会产生信任感。Tax等（1998）认为服务公平性对顾客二次满意有显著的影响，而这种满意感又进一步影响顾客的信任和顾客承诺。金玉芳、董大海（2006）以化妆品行业为例研究得出，顾客满意是最重要的信任驱动因素。袁登华（2008）认为，品牌态度是品牌信任的前置因素，满意作为品牌态度的情感维度，应该成为驱动品牌信任的前因变量。Vázquez-Casielles 等（2010）研究了补救公平感知对顾客满意和关系质量的影响，研究显示，顾客的服务补救满意正向影响顾客对服务商的能力信任和善意信任。基于上述分析，本书提出以下假设：

H10：顾客再续关系满意正向影响其再续关系信任

3. 再续关系信任对再续关系意向的影响

人际之间的信任是持续人际互动的基础，但基于信任的人际互动是一个脆弱的、动态的关系平衡过程。由于人们在感知和加工信息的过程中对破坏信任的负面信息印象更深，因而一旦关系一方感知到对方的表现违背了承诺，双方间的关系平衡就会被打破，从而发生信任违背（陈阅等，2010）。现有研究证明，在一定条件下，人际信任是可以修复的（Schweitzer 等，2006；Tomlinson 和 Mayer，2009；姚琦，2011；韩平等，2013）。将一般人际关系置换为品牌关系，顾客与服务品牌之间建立并维持关系的基础是对品牌的持续信任。由于服务失败导致顾客断裂品牌关系，就是信任违背导致信任关系破裂，而再续品牌关系的前提是顾客对品牌信任关系的修复。Chaudhuri 等（2001）研究指出，顾客的品牌信任受到破坏是品牌关系断裂的重要诱因。服务失败或者是由企业履行价值承诺的客观能力不足造成，或者是由于企业经营理念不正确导致，但不管是哪一种，其直接结果都是导致顾客对品牌的信任关系破裂。服务失败后如果企业能够实施有效服务补救，使顾客感知到补救公平，不再对未来关系感到焦虑，就可能重建顾客信任，再续品牌关系。

关于品牌信任或关系信任对顾客行为意向的影响，学术界已获得确定的研究成果。早期的研究就证明，品牌信任是顾客购买意向的决定因素之一（Howard 和 Sheth，1969；Bennett 和 Harrell，1975）。Chaudhuri 和 Holbrook（2001）认为，品牌信任影响顾客的品牌承诺，从而使顾客愿意与品牌保持长久关系。丛庆等（2007）以零售银行为对象的研究表明，顾客信任和关系承诺与顾客关系持续意向显著正相关。袁登华等（2008）在探索品牌信任的前因后果因素的实证研究中得出，顾客对品牌的信任与以顾客品牌承诺、品牌满意等内容构成的品牌绩效显著正相关，品牌信任是导致品牌绩效的直接因素。赵延昇、王仕海（2012）针对网购行为的研究指出，关系质量的满意和信任均对重购意愿有显著正向影响，顾客对网店的满意和信任是其产生重购愿望的前因。基于以上分析，本书假设：

H11：顾客再续关系信任正向影响其再续关系意向

4.3.5 再续关系情感的中介效应

1. 再续关系满意在感知补救公平价值与再续关系意向关系间的中介效应

Morgan 和 Hunt（1994）指出，关系质量经常被用来作为中介或调节变量，尤其是应用于信念、态度与行为倾向等变量之间。顾客满意是营销交换过程中的核心变量，是预测顾客行为、影响顾客重复购买的基本要素。在关系营销中，许多研究都关注顾客满意在关系绩效（忠诚、口碑、重购）影响机制中的中介效应。满意是顾客将实际消费体验与消费预期进行比较后的主观情感，在预期既定的情况下，交易中顾客期望越是得到满足，顾客重复购买的可能性越大。因此，为了获得忠诚的顾客，顾客满意是一个必不可少的中介变量。

服务补救能够通过影响顾客的积极情绪改变来影响购买行为意向，这种积极情绪正是服务营销领域的"二次满意"（补救后满意）。服务营销中的许多文献都证实了恰当的服务补救能够促动顾客产生正向情感反应，即"二次满意"，并进一步使顾客增强信任感与情感承诺，产生重购行为（Westbrook，1987；Goodwin和Ross，1992；Tax 等，1998；Collier 和 Bienstock，2006；丛庆和缪为民，2008；Siu 等，2013），帮助服务商建立更持久的品牌关系（Vázquez-Casielles，2010）。而如果顾客对补救措施不满意的话，他们将回报服务商以转移行为和负面口碑传播（Collier 和 Bienstock，2006）。

尽管品牌关系断裂背景下的再续关系满意与一般服务补救后满意的内涵和外延并不完全相同，但从概念本质看，再续关系满意作为顾客对服务商关系再续努力的积极情感响应，其根本推动力是服务补救所带来的价值，这一点与一般服务补救后满意是相同的。因此，依据认知—情感—行为意向的态度逻辑，借鉴已有研究，可以认为，服务商实施了有效的服务补救，促动顾客产生的再续关系满意将进一步推动顾客形成再续品牌关系的行为意向。基于以上分析，本书提出以下假设：

H12a：再续关系满意在感知补救分配公平与再续关系意向的关系间起中介作用

H12b：再续关系满意在感知补救程序公平与再续关系意向的关系间起中介作用

H12c：再续关系满意在感知补救互动公平与再续关系意向的关系间起中介

作用

2. 再续关系满意在感知再续关系利益与再续关系意向关系间的中介效应

既然关系利益是顾客从交换关系中获得的价值，在本质上就应该与其他顾客价值一样，能够促动顾客对品牌产生积极情感并引发有利于品牌的顾客行为。现有研究中，作为关系质量重要测量指标的顾客满意中介关系利益与顾客行为意向的研究结论已被证实，如 Henning-Thurau 等（2002）开发并验证了关系利益、关系质量和顾客行为的整合模型，由信心利益、社交利益和特殊待遇利益组成的顾客关系利益通过关系满意与关系承诺影响顾客忠诚和口碑传递，也就是说，关系满意在关系利益与顾客行为间起到中介作用。Dimitriadis（2010）以希腊零售银行顾客为样本的研究得出，顾客满意在顾客感知的基于能力的信任利益、便利利益与顾客行为结果间发挥完全中介作用。Yong-Ki Lee 等（2014）以餐厅顾客为对象的研究也证实，由心理利益、社会利益、特惠利益构成的顾客关系利益通过顾客满意影响九种对品牌有利的顾客自发行为，即顾客满意在两者间起到中介作用。

上述良性品牌关系状态下关系满意在关系利益与顾客保留间的中介作用可以为本研究提供借鉴。本书的再续关系满意是指顾客对再续品牌关系的价值期望与感知价值的比较，而按照第 3 章开发的感知再续关系价值维度可知，服务补救只能将具有负向情绪的顾客挽回至当前的关系状态，却不一定能保证顾客对品牌保持长期的关系意愿，要想使关系断裂的顾客对品牌产生长期关系意向，就必须能够维持顾客对品牌的积极情感。基于上述分析，本书假设：

H13a：再续关系满意在感知再续经济利益与再续关系意向的关系间起中介作用

H13b：再续关系满意在感知再续情感利益与再续关系意向的关系间起中介作用

H13c：再续关系满意在感知再续信心利益与再续关系意向的关系间起中介作用

H13d：再续关系满意在感知再续定制利益与再续关系意向的关系间起中介作用

3. 再续关系信任在感知补救公平价值与再续关系意向关系间的中介效应

信任是人际关系维系的前提，交换关系也不例外。现有研究已证实，顾客对品牌的长期关系导向往往由顾客对品牌的信任激发，而这种信任又是建立在顾客可感知价值的基础之上,也就是说,信任在顾客价值与其长期关系导向间起着中介作用。如 Morgan 和 Hunt（1994）的信任—承诺模型就认为,顾客信任和关系承诺在关系终止成本、关系利益、共享价值、传播、投机行为等条件变量与认同、终止倾向、协作、功能性冲突、不确定性等结果变量间起中介作用。柴俊武（2007）的研究显示,品牌信任在品牌态度和包含购买意愿在内的延伸评价的关系中具有中介效应。袁登华等（2008）通过大样本实证研究得到结论,顾客的品牌经验对品牌绩效的影响是通过品牌态度和品牌信任的中介作用来传递的,品牌态度和品牌信任在品牌经验与品牌绩效的关系之间起到一种心理纽带作用。此处的品牌态度是基于顾客通过直接或间接渠道得到的,直接的品牌经验是顾客与品牌的直接互动形成的一种品牌知识,包括顾客对产品质量、产品外观、文化品位、服务和产品价值的亲身感受,也是顾客感受到的利益和价值,属于顾客对品牌的理性认知范畴,它对品牌态度的形成起决定作用（关系系数 0.71）。品牌态度正是在品牌经验的作用下形成的,但品牌态度并非直接作用于品牌绩效,而是通过品牌信任这一中介变量对品牌绩效发挥作用。

品牌关系断裂作为关系生命周期后端的阶段,是从关系维持的良性关系阶段演化而来。之所以会发生这种关系演化,究其原因,正是服务商的服务失败让顾客对服务、服务商及双方关系失去信任感,再续品牌关系的前提自然应该是顾客信任的恢复与重建。顾客信任重建的路径之一是实施恰当的服务补救,使顾客感知到因服务失败造成的损失得到公平补偿,并从补救行为中感知到服务商再续关系的能力与善意,才能使顾客相信服务商能够以顾客利益为重,并对服务商履行价值承诺的能力再次放心,顾客信任得以重建,这就是再续关系信任。依据信任—承诺理论,顾客信任重建的结果是顾客长期关系导向。基于以上分析,本书提出假设：

H14a：再续关系信任在感知补救分配公平与再续关系意向的关系间起中介作用

H14b：再续关系信任在感知补救程序公平与再续关系意向的关系间起中介作用

H14c：再续关系信任在感知补救互动公平与再续关系意向的关系间起中介作用

4. 再续关系信任在感知再续关系利益与再续关系意向关系间的中介效应

营销学的文献表明,关系信任是关系利益与持续关系导向的重要中介。张广玲、武华丽（2007）的研究发现，信任作为关系质量的重要维度，在关系价值与顾客保留的关系中发挥中介作用。这里的关系价值即为关系利益。赵延昇、徐韬（2009）的研究结果也表明，经济利益、社会利益、心理利益通过影响承诺和信任进一步对顾客保持产生显著的影响。

如前所述，顾客与服务品牌断裂关系的原因是服务商服务失败从而使顾客对品牌失去信任，恰当的服务补救无疑是信任重建的必要路径。但应该看到，服务补救只是顾客再续品牌关系的必要条件而非充分条件，因为服务补救的主要作用是将顾客从因关系断裂的信任受损中拉回至以往的信任状态，却不一定能保证顾客对建立长期关系有足够信心。只有顾客对长期交换关系的风险感降低、信心增强，才可能表现为明确的关系再续意向。基于上述分析，本书假设：

H15a：再续关系信任在感知再续经济利益与再续关系意向的关系间起中介作用

H15b：再续关系信任在感知再续情感利益与再续关系意向的关系间起中介作用

H15c：再续关系信任在感知再续信心利益与再续关系意向的关系间起中介作用

H15d：再续关系信任在感知再续定制利益与再续关系意向的关系间起中介作用

5. 再续关系信任在再续关系满意与再续关系意向的关系间的中介效应

Delgado-Ballester 等（2003）的研究认为，顾客品牌忠诚受品牌满意和品牌信任的影响，品牌满意是品牌信任的前因变量，品牌满意只有通过品牌信任才会对顾客的品牌忠诚度产生作用。而且，顾客产品涉入度越高，品牌信任对品牌忠诚的作用越强。为此，服务商要与顾客保持长期的关系，必须关注品牌信任的建设，这需要服务商与顾客进行更加真诚的交流、提供更多关于品牌的信息、共享价值、更加重视品牌声誉的建设以及减少投机行为。丛庆等（2007）的研究发现，顾客对银行服务补救措施越满意，就越信任该银行，并形成对银行的情感承诺。服务补救后的顾客满意必须通过信任和关系承诺的中介作用才能维持顾客关系。

基于上述分析，本书假设：

H16：再续关系信任在再续关系满意与再续关系意向的关系间起中介作用

4.4 感知再续关系价值对再续关系意向影响机制的理论模型

理论模型是对研究问题的抽象描述，是实证研究的前提条件。科学构建理论模型，就是将意欲探究的理论问题以图示的方式呈现出变量间的逻辑关系。本书基于第 3 章质性研究得到的顾客感知再续关系价值结果与本章各研究变量间关系的假设推演，构建出感知再续关系价值对再续关系意向的影响机制（见图 4-5）。

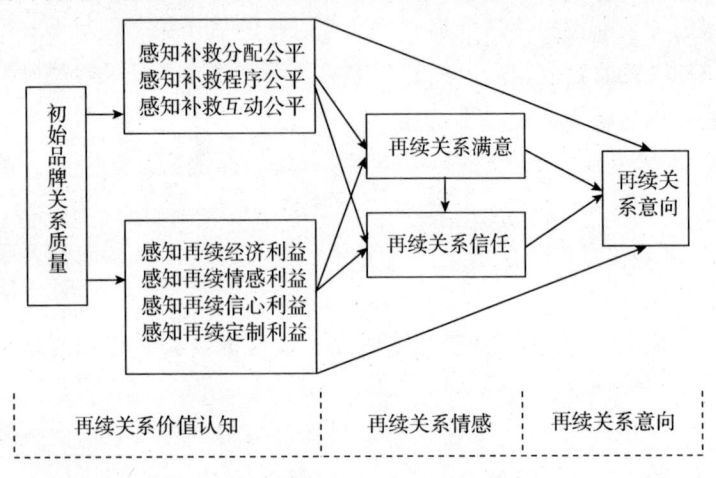

图 4-5 感知再续关系价值对再续关系意向影响的理论模型

该模型的理论基础与逻辑思路是：顾客与服务商之间是一种典型的交换关系，按照社会交换理论，价值认知与自我利益是驱动个体行为的根本力量，个体行为取决于成功与价值，"一种行为后果对一个人价值越大，则行为对个人的奖赏也越高，其重复同样行动的可能性也越大"（金盛华，2011）。基于此，可以认为，顾客再续断裂的品牌关系作为一种交换行为，交换关系得以发生的前提是顾客感知到从再续关系中得到期望的利益和价值，即感知再续关系价值，该价值一方面会直接影响顾客的再续关系意向，另一方面还通过再续关系满意与再续关系信任间接影响其再续关系意向。顾客再续品牌关系的过程是一个典型的态度过程，感知再续关系价值是顾客认知层态度，再续关系满意与再续关系信任是情感层态度，再续关系意向是行为意向层态度，三者共同构成完整的顾客态度形成过程，同时也是一个完整的人际关系三维结构，认知层态度是自变量，情感层态度是中介变量，意向层态度是因变量。该模型刻画了顾客再续断裂的品牌关系的完整心理过程与行为反应。

4.5 本章小结

在第 3 章关于顾客感知再续关系价值及其构成要素的探测基础上，本章首先明确了感知再续关系价值对再续关系意向作用的理论依据；其次，将顾客再续品牌关系作为完整态度建构过程，指出感知再续关系价值直接或通过再续关系情感间接对再续关系意向的作用机制；再次，以相关研究成果为立论基础，对感知再续关系价值、再续关系情感、再续关系意向等变量间的相互关系提出了一系列研究假设；最后，在感知再续关系价值—再续关系情感—再续关系意向的理论框架与相关假设的基础上构建了包含各变量关系的理论模型，该模型全面刻画了顾客再续断裂的品牌关系的心理过程与行为反应。

第 5 章　问卷设计与数据收集

本章由四部分内容构成。首先，考虑到不同服务行业技术经济特性差异可能对研究结论造成的误差，根据四个原则，选择餐厅服务业为研究的样本行业。其次，对初始品牌关系质量、感知补救公平价值、感知再续关系利益、再续关系满意、再续关系信任等若干变量设定测量量表，编制初始问卷。再次，明确采用情景模拟法获取数据。最后，进行小样本预调研，对问卷进行评估并根据评估结果对初始问卷进行修正，以形成正式调研所需问卷。在确定问卷的基础上进行正式调研，获取研究所需一手数据。

5.1　样本行业的选取

本书研究服务品牌关系再续的影响因素与作用机制，第 3 章在采用关键事件技术与焦点小组访谈法探索顾客感知再续关系价值构成因素时，未对服务行业进行限定，而是让被访者基于自身的真实消费体验，汇总多服务业态的品牌关系断裂经历中的心理感受及价值诉求，从而更好地归纳出具有广泛代表性的感知再续关系价值构成。

在第 4 章构建感知再续关系价值对再续关系意向理论模型的基础上，进入本章实证研究阶段，需要进行问卷设计与数据收集。由于服务业业态众多，各种服务产业之间存在较大差异，为消除因行业技术经济特性差异造成的研究结论误差，需要选取一个服务行业作为样本行业。从本次研究的任务出发，本书选取样本行业的原则：一是竞争性行业，垄断市场环境下，顾客的选择权被剥夺，往往表现为虚假的品牌忠诚，无法验证理论假设；二是消费群体应具有广泛的覆盖性，这有助于调研实施和大样本数据获取；三是消费频率适中，对于大多数顾客极少涉入的特殊服务业，如医疗、法律等，既无法获取足够样本，也因为消费频率低无法有效归纳行为特征；四是顾客高卷入的服务，即顾客全过程参与服务中，顾客对高卷入服务既追求过程质量，也在意结果质量，由于全过程参与，顾客是真正的关系主体，对服务互动过程中的心理、动机、态度、行为有更准确的把握。综合考虑上述原则，最终选择餐厅服务业作为本研究的样本行业。

在有关服务补救与关系营销的学术成果中，许多研究者使用餐厅（餐饮）服务业作为研究的样本行业。Smith 等（1999）开发了一个因服务失误与服务补救导致的服务接触的顾客满意度模型，他们以餐厅和酒店为样本行业，运用实验法和问卷法开展研究并得到满意的研究结论。王毅、景奉杰（2005）运用关键事件技术，以过去一年中在餐厅用餐经历服务失败的顾客为样本，从顾客感知价值的视角研究服务失误补救后的顾客满意机制。杜建刚、范秀成（2007a）以餐饮业为对象，使用情景模拟法，研究服务失败情况下顾客损失、情绪对补救期望和顾客抱怨的影响。杜建刚、范秀成（2007b）仍以餐饮消费为对象，通过真实情景录像模拟法对学生样本进行实验研究，以探测服务补救中情绪对补救后顾客满意和行为的影响。张圣亮、张文光（2009）采用情景模拟的方法，以饭店服务失误和服务补救为例，研究了服务补救的程度差异对顾客情绪和行为意向的影响。张圣亮、高欣（2011）以饭店服务失误与服务补救为对象，研究了主动补救和被动补救两种不同的补救方式对消费者情绪和行为意向的影响。张圣亮、张小冰（2013）采用情景模拟和问卷调查方法，以饭店服务失误和服务补救为样本，研究了在服务失误背景相同的条件下，不同的服务补救内容和顾客关系对顾客情绪和行为意向的影响。总之，餐厅服务业作为一种充分竞争的行业，是人们最经常接触的生活服务业态之一，调研样本容易获得。此外，作为顾客卷入度高的行业，顾客全过程参与消费过程，是真正的关系主体，能够满足本研究对样本筛选的要求。

5.2 变量定义与测量

5.2.1 初始品牌关系质量的操作性定义与测量

初始品牌关系质量是指顾客在与服务商品牌关系断裂之前双方间的品牌关系质量，是从时间维度衡量的顾客与服务品牌之间的关系状态。本研究按照 Fournier（1998）的定义，将初始品牌关系质量定义为：服务品牌关系断裂前顾客与品牌之间持续联系的强度和时间长度。关系强度强调的是关系的紧密性、排他性、信任度，关系长度则体现在承诺和忠诚上。按照 Blackston（1995）的观点，本书使用包括关系满意、关系信任在内的问项测量初始品牌关系质量。测量题项如表 5-1 所示。

表 5-1　初始品牌关系质量测量题项

题项编号	测量题项	题项来源
A1.1	关系断裂前我对该餐厅提供的服务很满意	Crosby（1990）；Blackston（1995）；Boshoff（2005）；袁登华等（2007）
A1.2	关系断裂前该餐厅的实际表现与我的期望一致	
A1.3	关系断裂前该餐厅与我的饮食生活紧密相连	
A1.4	关系断裂前我与该餐厅保持了长时间的关系	
A1.5	关系断裂前我对该餐厅一直很信赖	

5.2.2　感知补救公平价值的操作性定义与测量

目前学术界尚没有感知补救公平价值的定义，本书借鉴顾客感知价值来界定感知补救公平价值。Zeithaml（1988）将顾客价值定义为：顾客所能感知到的利益与其在获取产品或服务时所付出的成本进行权衡后对产品或服务效用的总体评价。简单地说，顾客感知价值就是顾客基于其所得和付出而对产品或服务效用做出的总体评价（白长虹，2001）。本书的研究对象是遭遇服务失败后得到服务商服务补救的顾客，以服务失败为时间节点来评价后续的服务消费过程，服务失败给顾客带来的损失是这个过程的感知利失，而服务补救带来的利益则是感知利得，感知补救公平价值是这两者比较后的结果。基于此，本书将感知服务补救价值定义为顾客所能感知到的服务补救利益与其遭遇服务失败时所付出的成本的比较。

根据上述定义，本书使用感知公平理论来测量顾客对服务补救价值的感知，因为人们往往根据他人对待自己的公平程度来决定是否与他人建立关系。顾客与服务商之间的交换关系也是一种社会交换关系，按照感知公平理论，交换关系双方对关系满意的评价取决于其对交换行为公平与否的感知和判断，服务补救过程也是交换关系的形态之一。服务失败给顾客带来不公平的感觉，要求提供服务补救挽回公平。在补救过程中顾客感知到的补救公平性直接影响到他对服务补救效果的评价，进而影响关系的持续性。目前，由分配公平、程序公平和交互公平构成的服务补救公平感知的三维结构已得到学术界的广泛认同。

1. 感知补救分配公平

学术界将分配公平定义为：在社会交换中，一方对另一方为解决冲突而做出的有形补救的公平知觉，公正、平等、符合需要是现有研究中采用最多的指标。

公正是指顾客在交换关系中所付出的成本与得到的利益对等；平等是指顾客与他人相比较得到了相同的利益；符合需要是指顾客通过交换关系得到了自己想要的服务。

感知补救分配公平是指：服务失败发生后，顾客对服务商所做的有形补救的公平程度感知，主要涉及对服务商在赔偿、折扣、优惠、免费更换等行为的评价，测量题项如表 5-2 所示。

表 5-2　感知补救分配公平测量题项

题项编号	测量题项	题项来源
B1.1	我得到了应该得到的经济补偿	Tax 和 Brown（1998）；Smith 等（1999）；Maxham 和 Netmeyer（2002）
B1.2	我得到的补偿结果是公平的	
B1.3	与所受损失相比，我认为餐厅提供的补偿是合理的	
B1.4	与其他类似情况相比我认为我得到的补偿是合理的	
B1.5	该餐厅满足了我对其服务失败的补偿要求	

2. 感知补救程序公平

感知补救程序公平是指：顾客对服务商在补救过程中的补救政策、工作程序、补救效率等的公平程度感知，主要涉及对服务商的补救政策、补救效率、响应性、灵活性以及与顾客的沟通等补救表现的评价。本书使用以下题项测量感知补救程序公平（见表 5-3）。

表 5-3　感知补救程序公平测量题项

题项编号	测量题项	题项来源
B2.1	该餐厅对我遭遇的问题处理是及时的	Blodgett 和 Hill（1997）；Tax 和 Brown（1998）；Smith 等（1999）
B2.2	该餐厅对我的问题处理的办法是恰当的	
B2.3	该餐厅在处理问题时表现出应有的灵活性	

3. 感知补救互动公平

Bies 和 Moag（1986）认为互动公平主要研究的是程序执行过程中所涉及的人际对待问题，即顾客对服务补救过程中服务人员与顾客互动过程中表现的评价。互动公平由程序公平分离出来后，不断被证实其对补救绩效的价值。郑秋莹和范秀成（2007）的研究表明，在网上零售业中，互动公平比分配公平和程序公平对满意度的影响更大。

感知补救互动公平是指：顾客对服务商在补救过程中对待顾客的方式、态度的公平性感知，主要涉及对服务人员表现出的尊重、主动性、礼貌、诚实、关心等的评价。本书使用以下题项测量感知补救互动公平（见表5-4）。

表 5-4 感知补救互动公平测量题项

题项编号	测量题项	题项来源
B3.1	餐厅经理向我表达了歉意	Tax&Brown（1998）；Smith 等（1999）；Maxham 和 Netmeyer（2002）
B3.2	餐厅经理与我进行了良好的沟通	
B3.3	餐厅经理能站在我的角度考虑问题	
B3.4	餐厅经理处理问题的态度是诚恳的	
B3.5	餐厅经理对我表现出应有的尊重	

5.2.3 感知再续关系利益的操作性定义与测量

本研究借鉴 Gwinner 等（1998）对关系利益的经典定义，将感知再续关系利益定义为顾客感知到的与服务商再续品牌关系所获得的服务产品核心利益之外的其他利益。与顾客感知价值相同，该关系利益亦是顾客衡量再续关系后的所得与所失比较后的净利益。按照 Gwinner 等（1998）、Patterson（2001）、宋晓兵和董大海（2009）等的研究成果，本研究使用感知再续经济利益、感知再续情感利益、感知再续信心利益、感知再续定制利益四个维度测量感知再续关系利益。

1. 感知再续经济利益

借鉴 Gwinner 等（1998）、Hsieh（2005）、宋晓兵和董大海（2009）的定义，本研究将顾客感知再续经济利益界定为：顾客因再续断裂的品牌关系而能够得到的经济上的实惠。本研究使用以下题项测量感知再续关系的经济利益（见表5-5）。

表 5-5 感知再续经济利益测量题项

题项编号	测量题项	题项来源
C1.1	在以后的消费中可以得到多数顾客得不到的折扣	Gwinner 等（1998）；Anderson 等（2000）；宋晓兵和董大海（2009）；本研究
C1.2	在以后的消费中可以得到多数顾客得不到的赠送	
C1.3	在以后的消费中花同样的钱可以得到比别人多的服务	
C1.4	在以后的消费中可以节约成本	

2. 感知再续情感利益

Gwinner 等（1998）提出的顾客关系利益维度包括信心利益、社会利益和特惠利益。其中，社会利益是指顾客在与服务商的长期合作中与企业员工互动关系的改善所带来的利益，主要体现在顾客与员工的熟识、亲近、友谊等方面。为避免与一般社会价值（因使用某一品牌而获得的社会认同或社会地位）的区别，本研究使用情感利益代替 Gwinner 的社会利益。将感知再续情感利益界定为：顾客因再续断裂的品牌关系得到的与员工互动关系的改善而带来的价值。本书使用以下题项测量感知再续关系的情感利益（见表 5-6）。

表 5-6 感知再续情感利益的测量题项

题项编号	测量题项	题项来源
C2.1	回到该餐厅就餐，可以再次得到熟悉的餐厅服务人员的服务	Gwinner 等（1998）；宋晓兵和董大海（2009）；本研究
C2.2	回到该餐厅就餐，可以再次得到餐厅服务人员对我的尊重	
C2.3	回到该餐厅就餐，可以与熟悉的餐厅服务人员再续友谊	

3. 感知再续信心利益

借鉴 Gwinner 等（1998）、宋晓兵和董大海（2009）、赵卫宏（2010）的定义，本研究将顾客感知再续信心利益界定为：顾客因再续断裂的品牌关系而对服务商的信心增强进而焦虑感和风险感降低所带来的价值。本书使用以下题项测量感知再续关系的信心利益（见表 5-7）。

表 5-7 感知再续信心利益的测量题项

题项编号	测量题项	题项来源
C3.1	由于强化了管理，我认为该餐厅不会再发生我以前遇到的服务问题	Gwinner 等（1998）；Yen 和 Gwinner（2003）；宋晓兵、董大海（2009）；本研究
C3.2	由于强化了管理，我认为该餐厅的服务是令人放心的	
C3.3	由于强化了管理，我认为重回该餐厅消费是没有风险的	
C3.4	由于强化了管理，我认为该餐厅的服务质量是有保障的	

4. 感知再续定制利益

Gwinner 等（1998）开发的顾客关系利益包括信心利益、社会利益和特惠利益。其中，特惠利益由经济利益和定制利益构成。本研究第 3 章中通过关键事件技术与焦点小组访谈法的应用，得到定制利益作为一个独立的关系利益维度。借鉴 Gwinner 等（1998）、宋晓兵和董大海（2009）的研究，本研究将顾客感知再续定制利益界定为：顾客因再续断裂的品牌关系而得到的服务商提供的个性化服务的价值。本书使用以下题项测量感知再续关系的定制利益（见表 5-8）。

表 5-8 感知再续定制利益的测量题项

题项编号	测量题项	题项来源
C4.1	在以后的消费中我能获得比其他顾客更快捷的服务	Gwinner 等（1998）；Yen 和 Gwinner（2003）；宋晓兵、董大海（2009）；本研究
C4.2	在以后的消费中我能获得比其他顾客更好的服务	
C4.3	在以后的消费中我能获得比其他顾客更加个性化的服务（如根据个人口味的菜品推荐）	
C4.4	在以后的消费中，该餐厅会优先解决我遇到的问题	

5.2.4 再续关系情感的操作性定义与测量

1. 再续关系满意

顾客满意是指顾客对一项服务可感知的效果与期望值相比较后所形成的愉悦或失望的感觉状态。再续关系满意不同于一般的顾客满意，也不仅指通常所讲的服务补救后的"二次满意"，而是再续关系价值期望与再续关系价值感知的比较结果，该结果是以良性品牌关系阶段的顾客满意为基础，结合对服务补救的期望与补救实绩的比较，以及对再续关系后的关系利益的预期，综合做出的判断。

本研究将再续关系满意定义为：顾客再续断裂的品牌关系的价值期望与再续关系价值感知比较后的感觉状态。本书使用以下题项测量再续关系满意变量（见表 5-9）。

表 5-9 再续关系满意的测量题项

题项编号	测量题项	题项来源
D1.1	我对该餐厅再续品牌关系的态度感到满意	Magnus（1998）； Holloway 等（2005）； Boshoff（2005）
D1.2	我对该餐厅再续品牌关系的方式感到满意	
D1.3	该餐厅再续品牌关系的表现与我的期望是一致的	
D1.4	我对该餐厅再续品牌关系的结果感到满意	
D1.5	总体来说，该餐厅再续品牌关系的工作令人满意	

2. 再续关系信任

借鉴袁登华（2007）的品牌信任定义，本研究将再续关系信任界定为：顾客对再续品牌关系后品牌能够履行其能力与善意承诺的正面预期以及因此而产生的认可该品牌的意愿。考虑到本研究变量关系的复杂性，本书不再区分关系信任的具体维度，而是使用单一维度测量能力信任和善意信任。本书使用以下题项测量再续关系信任变量（见表 5-10）。

表 5-10 再续关系信任测量题项

题项编号	测量题项	题项来源
E1.1	我相信该餐厅有能力满足我以后的消费需要	Morgan 和 Hunt（1994）； Bove 和 Johnson（2009）； 袁登华等（2007）
E1.2	我相信该餐厅以后在出现服务问题时会维护消费者的利益	
E1.3	我相信该餐厅以后会让我感到消费很放心	
E1.4	我相信该餐厅以后不会让我失望	
E1.5	总体来说，我认为该餐厅是值得信赖的	

5.2.5 再续关系意向的操作性定义与测量

关于顾客的购后行为，研究者基本达成共识：口碑传播、抱怨或投诉、品牌转换与重复购买，现有研究也认同良好的服务补救与顾客正向口碑传播和重购意向正相关的结论。本书主要考察服务失败后顾客再续关系的价值感知对再续关系意向的影响，借鉴 Zeithaml 等（1996）对重复购买意向的定义，将顾客再续关系意向定义为顾客基于感知再续关系价值做出的再续断裂的品牌关系的愿望或倾向，使用包含重购意向和正向口碑问项的再续品牌关系意向单一变量加以测量（见表5-11）。

表 5-11 再续品牌关系意向的测量题项

题项编号	测量题项	题项来源
F1.1	我愿意回到该餐厅继续消费	PZB（1994）；Zeithaml（1996）
F1.2	我愿意为维护与该餐厅的关系而努力	
F1.3	我今后会增加光顾该餐厅的次数	
F1.4	我愿意向亲朋好友推荐该餐厅	
F1.5	我会向他人讲述我在该餐厅的愉快经历	

5.3 调研方法

在管理实践中，服务业本身所具有的不可感知性、品质差异性、生产与消费同时进行的特点，往往造成服务失误难以避免。一方面，从企业的角度看，由于服务生产与消费同时进行，实践中很难准确预见服务失败出现的时间和地点，也不易在服务失败发生时进行测量。另一方面，从顾客来说，服务失败给顾客带来精神、心理、经济等多方面损失，回忆曾经遭遇的服务失败往往会造成心理上的"二次加害"。即便不考虑这一伦理因素，由于服务消费是一个活动过程，顾客感受到特定的情景因素的直接影响，回忆法往往难以客观全面地再现服务失败带来的影响。而如果通过实验法人为制造服务失败，又会受到实验条件的限制。Smith 和 Bolton（1995）就指出，对服务失败和服务补救很难进行实验或实地环境下的系统性实证研究。

为此，本研究选择使用情景模拟与问卷调查法来获取数据。情景模拟法是社会科学研究的常用方法之一，由研究者根据研究主题设计一个假设的情景描述，要求被试仔细阅读假设情景描述，根据所获得的信息对所测量的变量做出反应。将顾客置于特定的服务失败情境中，使之成为服务失败的承受方，可以唤起其内在的与真实服务消费相似的心理与行为反应，并避免单纯回忆法存在的记忆差错、合理化倾向等问题（Smith 等，1999）。现有服务补救的研究成果中有很多是通过情景模拟法完成的（Smith 等，1999；杜建刚、范秀成，2007a、2007b；张圣亮等，2009、2011、2013）。

本研究以餐厅消费遭遇服务失败为模拟情景，让被访者设想自己就是模拟情景中的顾客，详细阅读设计好的服务失败与服务补救情景，并对提出的问题进行回答（问卷见附录5）。

需要说明的是，问卷所设情景中有关服务失败的所有情节，均为关键事件法问卷中获得的被访者描述的自己经历过的真实细节，可以说是真实的餐厅服务失败情景的集中再现，可以刺激顾客做出相应的心理反应。而在调查中我们发现，现实中的服务补救状况并不理想，为此，服务补救的情节设计来自顾客对服务补救的期望。本研究将被访者所描述的情景进行了汇总，整理成相对完整的服务失败与服务补救情景，以使被访者能够做出更加真实的反应。

5.4 小样本预调研

5.4.1 预调研样本选择与数据收集

为保证用以测量特定变量的量表的科学性，需要进行小样本预调研，以此步骤检验问卷设计，对题项进行合理甄选，评估各题项的适配性，使各题项符合研究的需要，为正式问卷的完善提供依据。

在样本选择上，预调研样本应该与正式调研的样本群体性质相同，样本数量应考虑不低于问卷中最多题项分量表的3倍。按此要求，本研究中顾客感知再续品牌关系利益分量表题项为15个，预调研样本不能低于45人。为保证预调研数据分析特别是进行效度检验的需要，应尽量安排更多样本。基于上述考虑，小样本预调研对象采用便利抽样方法，选择包括公务员、教师、企业管理者及员工、在校大学生等在内的180人的样本。预调研数据收集工作在2014年1月进行，采用现场发放、现场回收的方式进行问卷收集。问卷发放前，对问卷填答进行了相关指导和说明，以提高调查数据的质量。该阶段发放了180份调查问卷，剔除无效问卷后，有效问卷153份。

5.4.2 预调研的样本描述

表5-12给出了预调研中153个有效样本的人口属性特征分布。可以看出，样本中男性占46.4%，女性占53.6%，性别比例较均衡。从样本的年龄分布来看，26～35岁所占比例最高为49.7%，其次是25岁及以下占47.1%，二者合占九成多。从样本的教育程度分布来看，本科学历所占比例最高，达到64.7%，研究生学历的比例也较高，为28.8%，样本学历层次较高。从样本的职业分布来看，学生和企业员工样本居多，前者占48.4%，后者占37.9%。从样本年收入分布来看，年收入5万元以下占59.5%，年收入6万～10万元占27.5%，中低收入样本比例较高。

对下一步大规模调研的启示是：在维持样本性别比例基本均衡的前提下，进一步提高样本在年龄、受教育程度、职业和年收入上的均衡性，以保证样本具有足够的代表性。

表 5-12 预调研对象人口属性特征分布（$N=153$）

人口属性	统计描述	样本数	百分比	累积百分比
性别	男	71	46.4	46.4
	女	82	53.6	100.0
年龄	25 岁及以下	72	47.1	47.1
	26～35 岁	76	49.7	96.7
	36～45 岁	3	2.0	98.7
	46～55 岁	2	1.3	100.0
	56 岁及以上	0	0	100.0
教育程度	高中/中专及以下	4	2.6	2.6
	大专	6	3.9	6.5
	本科	99	64.7	71.2
	研究生	44	28.8	100.0
职业	学生	74	48.4	48.4
	教师	3	2.0	50.3
	公务员	1	0.7	51.0
	事业单位员工	4	2.6	53.6
	企业管理者	6	3.9	57.5
	企业员工	58	37.9	95.4
	医生	0	0	95.4
	个体经营者	0	0	95.4
	自由职业者	2	1.3	96.7
	其他	5	3.3	100.0
年收入	5 万元及以下	91	59.5	59.5
	6 万～10 万元	42	27.5	86.9
	11 万～20 万元	17	11.1	98.0
	20 万元以上	3	2.0	100.0

5.4.3 项目分析

项目分析就是通过对问卷进行试测以对题项进行合理甄选，主要内容是评估各个题项的适配性，使题项符合研究的需要。项目分析可以使用 T 检验、因子分析和相关分析等方法。在对问卷题项的适配性进行评估时，没有公认的合理标准，应根据自身的研究，综合使用各种评估方法（邱浩政，2012）。本书的项目分析采用 CITC（Corrected-Item Total Correlation，校正项目总分相关系数）分析和因子分析相结合的方法。分析的过程为：首先对量表进行信度分析，得到 CITC 值和 Cronbach's α 系数；然后进行 KMO 和 Bartlett 球形检验确定量表是否适合做因子分析；最后进行因子分析提取因子载荷值。

吴明隆（2012）指出，若 CITC 值低于 0.5 应该考虑将该条目删除。本书的执行标准是：项目 CITC 值低于 0.5，同时删除该题项后的 Cronbach's α 值必须随之增大。各个量表的 Cronbach's α 系数的评估标准是越接近于 1，越可信。KMO 的取值范围是 [0, 1]，KMO 的值越接近 1，越适合做因子分析。Bartlett 球形检验值越大，越适合做因子分析。因子载荷值的评估标准采用 Tabachica 和 Fidell（2007）的标准，即因子载荷高于 0.5 可以接受。

1. 初始品牌关系质量量表分析

（1）对初始品牌关系质量量表的 A1.1～A1.5 的 5 个题项进行信度分析，以获取 CITC 值和 Cronbach's α 系数。由表 5-13 的分析结果可以看出，初始品牌关系质量量表的各题项 CITC 值均大于 0.5，因此将所有题项予以保留。

表 5-13　初始品牌关系质量量表分析（$N=153$）

量表题项	CITC 值	删除该题项的 Cronbach's α 值	因子载荷值
A1.1	0.727	0.863	0.833
A1.2	0.770	0.852	0.859
A1.3	0.630	0.884	0.754
A1.4	0.749	0.858	0.848
A1.5	0.763	0.854	0.860
单因子解释的总方差为 69.180%			
KMO 值 0.818；Bartlett 球形检验值 446.721，P 值小于 0.001			
初始品牌关系质量量表 Cronbach's α 值 0.887			

(2) 进行 KMO 和 Bartlett 球形检验。分析结果显示，量表的 KMO 值为 0.818，Bartlett 球形检验值为 446.721，并在概率小于 0.001 的水平上达到显著，表明该量表很适合做因子分析。

(3) 对初始品牌关系质量量表进行探索性因子分析，采用主成分分析法，并对提取的因子进行正交旋转，以因子特征值大于 1 为提取标准。因子分析结果显示，初始品牌关系质量量表的 5 个题项共提取了 1 个因子，解释的总方差为 69.180%，因子载荷值均在 0.5 以上。

(4) 初始品牌关系质量量表的 Cronbach's α 系数为 0.887，量表信度比较理想。

2. 感知补救公平价值量表分析

(1) 对感知补救公平价值量表的 B1.1～B3.5 的 13 个题项进行信度分析，以获取 CITC 值和 Cronbach's α 系数。由表 5-14 的分析结果可见，除 B2.1 外，感知服务补救价值量表的各题项 CITC 值均大于 0.5。B2.1 的 CITC 值为 0.466，虽然小于 0.5，但删除该题项的 Cronbach's α 值并未增大，不予删除。因此将所有题项予以保留。

表 5-14 感知补救公平价值量表分析（$N=153$）

量表题项	CITC 值	删除该题项的 Cronbach's α 值	因子载荷值		
B1.1	0.562	0.901	0.273	0.815	−0.043
B1.2	0.690	0.896	0.203	0.826	0.255
B1.3	0.652	0.897	0.128	0.745	0.385
B1.4	0.644	0.898	0.308	0.590	0.329
B1.5	0.693	0.896	0.248	0.618	0.457
B2.1	0.466	0.905	0.002	0.242	0.778
B2.2	0.661	0.897	0.347	0.173	0.788
B2.3	0.625	0.899	0.332	0.214	0.705
B3.1	0.635	0.898	0.764	0.234	0.173
B3.2	0.643	0.898	0.813	0.237	0.116
B3.3	0.610	0.899	0.698	0.167	0.280
B3.4	0.591	0.900	0.818	0.116	0.166

续表

量表题项	CITC 值	删除该题项的 Cronbach's α 值	因子载荷值		
B3.5	0.622	0.899	0.773	0.261	0.102
三因子解释的总方差为 68.618%					
KMO 值 0.882；Bartlett 球形检验值 1 077.756，P 值小于 0.001					
感知补救公平价值量表 Cronbach's α 值 0.906					

(2) 进行 KMO 和 Bartlett 球形检验。分析结果显示，量表的 KMO 值为 0.882，Bartlett 球形检验值为 1 077.756，并在概率小于 0.001 的水平上达到显著，表明该量表很适合做因子分析。

(3) 对感知服务补救价值量表进行探索性因子分析，结果显示，感知服务补救价值量表的 13 个题项共提取了 3 个因子，解释的总方差为 68.618%，因子载荷值均在 0.5 以上。

(4) 感知服务补救价值量表的 Cronbach's α 系数为 0.906，量表信度非常理想。

3. 感知再续关系利益量表分析

(1) 对感知再续关系利益量表的 C1.1～C4.4 的 15 个题项进行信度分析，以获取 CITC 值和 Cronbach's α 系数。由表 5-15 的分析结果可以看出，除 C2.1 外，感知再续关系利益量表的各题项 CITC 值均大于 0.5。C2.1 的 CITC 值为 0.491，虽然小于 0.5，但删除该题项后的 Cronbach's α 值并未增大。因此将所有题项予以保留。

表 5-15 感知再续关系利益量表分析（$N=153$）

量表题项	CITC 值	删除该题项 Cronbach's α 值	因子载荷值			
C1.1	0.514	0.905	0.025	0.114	0.868	0.171
C1.2	0.548	0.904	0.117	0.130	0.880	0.097
C1.3	0.609	0.902	−0.026	0.383	0.738	0.237
C1.4	0.535	0.905	0.177	0.178	0.752	0.090
C2.1	0.491	0.906	0.088	0.112	0.299	0.706
C2.2	0.589	0.903	0.189	0.293	0.103	0.796
C2.3	0.552	0.904	0.363	0.122	0.122	0.718

续表

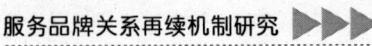

量表题项	CITC 值	删除该题项 Cronbach's α 值	因子载荷值			
C3.1	0.536	0.904	0.748	0.118	0.063	0.290
C3.2	0.633	0.901	0.818	0.208	0.029	0.339
C3.3	0.555	0.904	0.829	0.283	0.103	−0.024
C3.4	0.670	0.900	0.755	0.366	0.138	0.161
C4.1	0.689	0.899	0.307	0.755	0.165	0.208
C4.2	0.765	0.896	0.375	0.736	0.287	0.165
C4.3	0.615	0.902	0.156	0.859	0.164	0.100
C4.4	0.710	0.898	0.258	0.754	0.238	0.219
四因子解释的总方差为 74.200%						
KMO 值 0.870；Bartlett 球形检验值 1 404.742，P 值小于 0.001						
感知再续关系利益量表 Cronbach's α 值 0.908						

(2) 进行 KMO 和 Bartlett 球形检验。分析结果显示，量表的 KMO 值为 0.870，Bartlett 球形检验值为 1 404.742，并在概率小于 0.001 的水平上达到显著，表明该量表很适合做因子分析。

(3) 对感知再续关系利益量表进行探索性因子分析，结果显示，感知再续关系利益量表的 15 个题项共提取了 4 个因子，解释的总方差为 74.200%，因子载荷值均在 0.5 以上。

(4) 感知再续关系利益量表的 Cronbach's α 系数为 0.908，量表信度非常理想。

4. 再续关系满意量表分析

(1) 对再续关系满意量表的 D1.1~D1.5 的 5 个题项进行信度分析，以获取 CITC 值和 Cronbach's α 系数。由表 5-16 的分析结果可见，再续关系满意量表的各题项 CITC 值均大于 0.5，因此考虑将所有题项予以保留。

表 5-16　再续关系满意量表分析（$N=153$）

量表题项	CITC 值	删除该题项的 Cronbach's α 值	因子载荷值
D1.1	0.704	0.865	0.815
D1.2	0.732	0.859	0.834

续表

量表题项	CITC 值	删除该题项的 Cronbach's α 值	因子载荷值
D1.3	0.710	0.863	0.818
D1.4	0.735	0.858	0.838
D1.5	0.735	0.858	0.837
单因子解释的总方差为 68.622%			
KMO 值 0.869；Bartlett 球形检验值 386.055，P 值小于 0.001			
再续关系满意量表 Cronbach's α 值 0.885			

（2）进行 KMO 和 Bartlett 球形检验。分析结果显示，量表的 KMO 值为 0.869，Bartlett 球形检验值为 386.055，并在概率小于 0.001 的水平上达到显著，表明该量表很适合做因子分析。

（3）对再续关系满意量表进行探索性因子分析，结果显示，再续关系满意量表的 5 个题项共提取了 1 个因子，解释的总方差为 68.622%，因子载荷值均在 0.5 以上。

（4）再续关系满意量表的 Cronbach's α 系数为 0.885，量表信度比较理想。

5. 再续关系信任量表分析

（1）对再续关系信任量表的 E1.1~E1.5 的 5 个题项进行信度分析，以获取 CITC 值和 Cronbach's α 系数。由表 5-17 的分析结果看出，再续关系信任量表的各题项 CITC 值均大于 0.5，因此考虑将所有题项予以保留。

表 5-17 再续关系信任量表分析（$N=153$）

量表题项	CITC 值	删除该题项的 Cronbach's α 值	因子载荷值
E1.1	0.636	0.840	0.767
E1.2	0.636	0.840	0.767
E1.3	0.754	0.810	0.857
E1.4	0.684	0.827	0.811
E1.5	0.671	0.831	0.798
单因子解释的总方差为 64.136%			
KMO 值 0.836；Bartlett 球形检验值 331.509，P 值小于 0.001			
再续关系信任量表 Cronbach's α 值 0.859			

(2) 进行 KMO 和 Bartlett 球形检验。分析结果显示，量表的 KMO 值为 0.836，Bartlett 球形检验值为 331.509，并在概率小于 0.001 的水平上达到显著，表明该量表很适合做因子分析。

(3) 对再续关系信任量表进行探索性因子分析，结果显示，再续关系信任量表的 5 个题项共提取了 1 个因子，解释的总方差为 64.136%，因子载荷值均在 0.5 以上。

(4) 再续关系信任量表的 Cronbach's α 系数为 0.859，量表信度比较理想。

6. 再续关系意向量表分析

(1) 对再续关系意向量表的 F1.1~F1.5 的 5 个题项进行信度分析，以获取 CITC 值和 Cronbach's α 系数，根据上文的 CITC 值评估标准，对各题项进行保留或删除。表 5-18 显示，再续关系意向量表的各题项 CITC 值均大于 0.5，因此将所有题项予以保留。

表 5-18 再续关系意向量表分析（$N=153$）

量表题项	CITC 值	删除该题项的 Cronbach's α 值	因子载荷值
F1.1	0.640	0.867	0.764
F1.2	0.728	0.846	0.835
F1.3	0.753	0.840	0.855
F1.4	0.765	0.838	0.860
F1.5	0.663	0.863	0.784
单因子解释的总方差为 67.324%			
KMO 值 0.848；Bartlett 球形检验值 382.951，P 值小于 0.001			
再续关系意向量表 Cronbach's α 值 0.877			

(2) 进行 KMO 和 Bartlett 球形检验。分析结果显示，量表的 KMO 值为 0.848，Bartlett 球形检验值为 382.951，并在概率小于 0.001 的水平上达到显著，表明该量表很适合做因子分析。

(3) 对再续关系意向量表进行探索性因子分析，结果显示，再续关系意向量表的 5 个题项共提取了 1 个因子，解释的总方差为 67.324%，因子载荷值均在 0.5 以上。

(4) 再续关系意向量表的 Cronbach's α 系数为 0.877，量表信度比较理想。

5.4.4 问卷确认

综上分析,根据预调研收集的数据,测量问卷的信度均通过检验,各量表题项的项目－总体相关性(CITC值)也较高,初始问卷可以作为本次研究正式问卷使用。

5.5 正式调研

5.5.1 样本选择

本研究选择餐厅服务业为研究对象,相对于很多其他服务消费,餐厅消费是一种群体覆盖面广、顾客卷入度高、具有较高可寻找性特征的服务消费类型,因而研究样本的可得性较高,只要有过餐厅消费经历的顾客均可成为本次研究的被试。

本次研究拟使用结构方程模型验证研究假设,样本数量须符合相关技术方法的要求。邱浩政、林碧芳(2012)认为,样本数量在结构方程模型中是一个重要议题,因为结构方程模型处理的变量数目较多,变量之间的关系比较复杂,为了维持统计假设不致违反,必须使用较大的样本数。吴明隆(2012)也指出,由于结构方程模型是根据协方差矩阵而来,因而参数估计与适配度的卡方检验对样本数的大小非常敏感。为此,结构方程模型适用于大样本的分析,取样样本数越多,则结构方程模型统计分析的稳定性与各种指标的适用性越好。一般而言,大于 200 以上的样本才可以称得上是一个中型的样本,若要追求稳定的结构方程模型分析结果,受试样本数最好在 200 以上。而 Schumacker 和 Lomax(1996)发现,大部分的结构方程模型研究中,样本数多介于 200~500 之间。本次研究希望在样本地域及人口统计特征上具有广泛代表性,充分考虑上述要求以及问卷回收质量,计划发放 1 500 份问卷。

5.5.2 数据收集

1. 研究对象和抽样方法

由于本研究是情景模拟,调查对象基本没有限制,只要有过餐厅消费经历且具备足够的智力水平可以理解问卷内容并正确填答即可。在地域分布上,正式调查在全国 8 个省市展开。基于研究目的和条件限制,本研究采取非概率抽样方法，将方便抽样和滚雪球抽样相结合，以获取研究样本。

2. 问卷发放和回收

正式调研问卷发放与回收工作主要是通过研究者已毕业的众多研究生作为调研员进行的。由于这些学生分布于全国多个城市，从事多行业工作，他们的同事、朋友、家人就是直接的被试资源，并且由于熟悉或亲密关系，可以在调查时进行必要的说明，提高问卷质量。

本次正式调研工作于2014年2月中旬启动，3月底结束，历时一个半月。在全国8个省、直辖市（山东、北京、江苏、上海、辽宁、黑龙江、福建、广东）面向大学生、教师、公务员、公司管理者及员工、自由职业者等，采用纸质问卷和电子问卷相结合的方法，共发放调研问卷1 500份，回收问卷1 326份。由于本次研究数据分析部分将采用结构方程方法进行，该方法假设每个分析项目都是完整资料，因而问卷处理过程中进行了严格筛选，对含有缺失值和异常值的问卷进行删除，最后得到有效问卷856份，有效率为64.6%。

剔除问卷的原则：①题项漏选，43个题项中凡出现一个漏选即为不合格问卷；②答卷不认真，11个变量中，凡超过两个变量的选项高度集中于某一选项的即为不合格问卷；③多选题项。

5.6　本章小结

本章主要完成了五个任务，一是依据相关原则，选择餐厅服务业为研究的样本行业；二是对所有研究变量的内涵进行界定，设定测量量表，编制初始问卷；三是明确采用情景模拟法获取数据；四是进行小样本预调研，对初始问卷进行确认，以形成正式调研所需问卷；五是在确定问卷的基础上进行正式调研，经过严格筛选，得到856份合格问卷，为实证研究数据分析打好基础。

第6章 数据分析与讨论

本章将利用正式调研获得的数据验证研究假设，分别使用描述性统计分析、探索性因子分析、验证性因子分析、结构方程模型等定量研究方法。

6.1 正式调研的描述性统计分析

6.1.1 样本的描述性统计分析

表6-1给出了正式调研中856个有效样本的人口统计特征分布。可以看出，样本中男性占47.5%，女性占52.5%，性别比例基本均衡。

从样本的年龄分布来看，25岁及以下占33.8%，比例有所降低（预调研47.1%），26～35岁占30.1%，比例有所降低（预调研49.7%），36～45岁占24.2%，46～55岁占10.6%，56岁及以上占1.3%，与预调研相比比例有所提高，样本年龄结构分布比较均衡。

从样本的教育程度分布来看，本科学历比例为49.5%，所占比例降低（预调研64.7%），研究生学历13.9%，所占比例降低（预调研28.8%），高中/中专及以下比例和大专样本比例明显提高，样本的教育程度结构分布比较合理。

从样本的职业分布来看，虽然学生样本和企业员工样本所占比例依然排在前两位，分别为30.3%和28.2%，但二者合占比例明显降低（由86.3%降到58.5%），其他职业的不同样本比例参差不齐，样本的职业分布比较广泛。

从样本的年收入分布来看，5万元及以下占46.8%，所占比例降低（预调研59.5%），6万～10万元、11万～20万元和20万元以上的样本比例有不同程度的提高，样本的年收入分布比较均衡。

通过分析调研对象在性别、年龄、教育程度、职业和年收入的分布情况可以发现，正式调研的样本分布合理，具有良好的代表性。

表 6-1　正式调研样本特征分布（$N=856$）

人口属性	统计描述	样本数	百分比	累积百分比
性别	男	407	47.5	47.5
	女	449	52.5	100.0
年龄	25 岁及以下	289	33.8	33.8
	26~35 岁	258	30.1	63.9
	36~45 岁	207	24.2	88.1
	46~55 岁	91	10.6	98.7
	56 岁及以上	11	1.3	100.0
教育程度	高中/中专及以下	154	18.0	18.0
	大专	159	18.6	36.6
	本科	424	49.5	86.1
	研究生	119	13.9	100.0
职业	学生	259	30.3	30.3
	教师	131	15.3	45.6
	公务员	26	3.0	48.6
	事业单位员工	83	9.7	58.3
	企业管理者	37	4.3	62.6
	企业员工	241	28.2	90.8
	医生	18	2.1	92.9
	个体经营者	19	2.2	95.1
	自由职业者	13	1.5	96.6
	其他	29	3.4	100.0
年收入	5 万元及以下	401	46.8	46.8
	6 万~10 万元	265	31.0	77.8
	11 万~20 万元	157	18.3	96.1
	20 万元以上	33	3.9	100.0

6.1.2 数据准备

本书使用结构方程分析法处理数据，为保证数据符合分析需要，需要对缺失数据与异常数据加以处理，并保证数据符合正态分布。

1. 缺失数据与异常数据处理

（1）缺失数据处理。本研究正式调研共回收问卷 1 326 份，43 个题项中凡是出现题项漏选者即为不合格问卷。全部回收问卷中有缺失数据的问卷 166 份，为保证问卷数据严谨，将该 166 份问卷全部删除，剩余问卷 1 160 份。

（2）异常数据处理。将多选答案、11 个变量中超过两个变量的选项高度集中于某一答案的均视为不合格问卷。此类问卷计有 304 份，全部删除，最后得到 856 份有效问卷。

2. 数据的正态分布

结构方程分析法要求数据符合正态分布，以保证卡方检验和模型拟合优度。本研究使用单变量偏度和峰度检验数据正态性。按照 Kline（2005）的标准，单变量偏度绝对值大于 3，峰度绝对值大于 8，数据即不符合正态分布要求。据此标准对 856 份问卷数据进行检验，所有变量偏度的绝对值在 0.005～0.916，峰度绝对值在 0.010～1.195，因此，样本数据符合正态分布要求。

6.2 信度检验

6.2.1 信度检验方法

信度即可靠性，是指测验所得到的结果的一致性和稳定性，也就是测验结果使人们信赖的程度有多大。一个好的问卷，它的测验结果是可靠的，多次反复测验，其结果基本保持一致。信度系数的估计方法有很多种，本书采用同质性信度，使用 CITC 值和 Cronbach's α 值作为评判标准。同质性信度亦称内部一致性，指的是测验内部所有项目间的一致性。统计分析方法与预调研相同，信度分析使用 SPSS17.0 将 CITC（Corrected-Item Total Correlation，校正项目总分相关系数）分析与 Cronbach's α 系数法结合，对各量表进行评估。

6.2.2 初始品牌关系质量的信度检验

通过对初始品牌关系质量量表的 CITC 值分析显示，量表各题项的 CITC 值都大于 0.5 的评估标准，整个量表的 Cronbach's α 值达到 0.858，表明初始品牌关系质量量表具有比较理想的信度（见表 6-2）。

表 6-2 初始品牌关系质量量表的信度分析（$N=856$）

量表题项	CITC 值	删除该题项的 Cronbach's α 值	量表 Cronbach's α 值
A1.1	0.661	0.831	
A1.2	0.716	0.817	
A1.3	0.596	0.850	0.858
A1.4	0.689	0.825	
A1.5	0.713	0.818	

6.2.3 感知补救公平价值的信度检验

通过对感知补救公平价值量表的 CITC 值分析显示，除 B1.1、B2.1 之外，量表各题项的 CITC 值都大于 0.5 的评估标准，但是删除两题项后的 Cronbach's α 值并未增大，将两题项保留。另外，整个量表的 Cronbach's α 值达到 0.883，表明感知服务补救价值量表具有比较理想的信度（见表 6-3）。

表 6-3 感知补救公平价值量表的信度分析（$N=856$）

量表题项	CITC 值	删除该题项的 Cronbach's α 值	量表 Cronbach's α 值
B1.1	0.479	0.879	
B1.2	0.640	0.871	
B1.3	0.584	0.874	
B1.4	0.594	0.874	
B1.5	0.654	0.870	
B2.1	0.426	0.882	
B2.2	0.639	0.871	0.883
B2.3	0.596	0.874	
B3.1	0.575	0.875	
B3.2	0.553	0.876	
B3.3	0.577	0.874	
B3.4	0.549	0.876	
B3.5	0.567	0.875	

6.2.4 感知再续关系利益的信度检验

通过对感知再续关系利益量表的 CITC 值分析显示，除 C2.1 之外，量表各题项的 CITC 值都大于 0.5 的评估标准，但是删除 C2.1 后的 Cronbach's α 值并未增大，故将该题项保留。另外，整个量表的 Cronbach's α 值达到 0.906，表明感知再续关系利益量表具有比较理想的信度（见表 6-4）。

表 6-4　感知再续关系利益量表的信度分析（$N=856$）

量表题项	CITC 值	删除该题项的 Cronbach's α 值	量表 Cronbach's α 值
C1.1	0.519	0.902	
C1.2	0.565	0.901	
C1.3	0.591	0.900	
C1.4	0.557	0.901	
C2.1	0.458	0.905	
C2.2	0.545	0.901	
C2.3	0.560	0.901	
C3.1	0.536	0.902	0.906
C3.2	0.621	0.899	
C3.3	0.558	0.901	
C3.4	0.639	0.898	
C4.1	0.694	0.896	
C4.2	0.772	0.893	
C4.3	0.606	0.899	
C4.4	0.699	0.896	

6.2.5 再续关系满意的信度检验

通过对再续关系满意量表的 CITC 值分析显示，量表各题项的 CITC 值都大于 0.5 的评估标准，整个量表的 Cronbach's α 值达到 0.859，表明再续关系满意量表具有比较理想的信度（见表 6-5）。

表 6-5　再续关系满意量表的信度分析（$N=856$）

量表题项	CITC 值	删除该题项的 Cronbach's α 值	量表 Cronbach's α 值
D1.1	0.649	0.837	
D1.2	0.702	0.824	
D1.3	0.659	0.834	0.859
D1.4	0.686	0.827	
D1.5	0.684	0.828	

6.2.6　再续关系信任的信度检验

通过对再续关系信任量表的 CITC 值分析显示，量表各题项的 CITC 值都大于 0.5 的评估标准，整个量表的 Cronbach's α 值达到 0.861，表明再续关系信任量表具有比较理想的信度（见表 6-6）。

表 6-6　再续关系信任量表的信度分析（$N=856$）

量表题项	CITC 值	删除该题项的 Cronbach's α 值	量表 Cronbach's α 值
E1.1	0.655	0.838	
E1.2	0.649	0.840	
E1.3	0.740	0.818	0.861
E1.4	0.682	0.832	
E1.5	0.674	0.834	

6.2.7　再续关系意向的信度检验

通过对再续关系意向量表的 CITC 值分析显示，量表各题项的 CITC 值都大于 0.5 的评估标准，整个量表的 Cronbach's α 值达到 0.849，表明再续关系意向量表具有比较理想的信度（见表 6-7）。

表 6-7　再续关系意向量表的信度分析（$N=856$）

量表题项	CITC 值	删除该题项的 Cronbach's α 值	量表 Cronbach's α 值
F1.1	0.593	0.835	
F1.2	0.712	0.804	
F1.3	0.697	0.808	0.849
F1.4	0.754	0.794	
F1.5	0.555	0.848	

6.3 测量模型检验

6.3.1 测量模型检验方法

测量模型检验即对问卷效度的检验，效度即有效性，是指测验结果可以准确测出所需测验对象的程度，也是衡量问卷质量的重要指标。测验结果与所需测验对象越吻合，则效度越高。效度主要包括内容效度和建构效度等。由于本研究所使用的量表是经过国内外学者实证研究得出的，也通过小样本预调研对初始问卷进行了确认，因此，正式问卷具有比较理想的内容效度，本研究主要进行建构效度的分析。

建构效度的分析一般通过因子分析检验，包括探索性因子分析（EFA 分析）与验证性因子分析（CFA 分析）。EFA 分析在于探索量表或问卷的因子结构，侧重于理论产出。CFA 分析在于检验量表或问卷建构效度的适配性，侧重于理论架构的验证。为了准确地测量问卷各量表的因子构成，本书把所有样本通过 SPSS17.0 软件中的数据随机拆分功能一分为二。一半数据使用 SPSS17.0 进行 EFA 分析，确定问卷各量表的因子结构；另一半数据使用 AMOS19.0 进行 CFA 分析，检验问卷各量表因子结构的适配性。

1. 探索性因子分析

从现有文献看，国内外学者对本研究所涉及的 11 个变量的构成意见并不一致，因此需要进行探索性因子分析（EFA）以确定各变量量表的结构。探索性因子分析使用 SPSS17.0 软件进行。在进行 EFA 分析之前，进行 KMO 和 Bartlett 球形检验，以确定是否适合做因子分析。然后采用主成分分析法进行因子提取，并采用正交旋转法的方差最大法进行旋转。探索性因子分析的检验指标为：

（1）KMO 值与 Bartlett 球形检验指标。KMO 取值为 0~1，KMO 值越大表示变量之间的共同因素越多，问卷越适合做因子分析，一般认为 KMO 值应在 0.7 以上。Bartlett 球形检验用以测量变量是否独立，应达到 0.05 以上的显著性水平。

（2）题项的因子载荷值应达到 0.5 以上。

2. 验证性因子分析

吴明隆（2012）指出，验证性因子分析（CFA）是结构方程模型的一种次模型，是结构方程模型的一种特殊应用。因此，CFA 在 AMOS 软件中进行，根据 EFA 得到的结果建立模型，并使用另一半数据进行检验。CFA 主要考察两类指标：

(1) 建构效度指标。建构效度是指一组测量值对理论构念的反映程度，包括聚合效度和区别效度。聚合效度反映同一构念各测量项目间相关性程度，区别效度反映同一构念各测量项目间的差别程度。建构效度的测量指标衡量测量模型的内在质量，主要包括：①因子载荷值，即测量变量被潜在变量解释的程度，介于0.50与0.95之间，表示模型基本适配度良好，数值越高，指标变量越能反映其所代表的因子特征；②临界比率（C.R.）绝对值，即显著性水平t值，绝对值应大于1.96；③平均提取方差AVE值，如果每个因子AVE值高于0.5，说明聚合效度理想；如果AVE值高于其相关系数的平方，说明区别效度理想。

(2) 模型拟合优度指标。模型外在质量通过模型整体适配情况进行评估，适配度指标主要包括绝对适配指标、增值适配指标和简约适配指标。主要适配指标名称及评估标准如表6-8所示。

表6-8 常用的模型整体适配指标及适配标准

	指标名称	适配标准
绝对适配指标	卡方（χ^2）	越小越好
	适配度指数（GFI）	大于0.9
	调整后适配度指数（AGFI）	大于0.9
	残差均方和平方根（RMR）	小于0.05
	渐进残差均方和平方根（RMSEA）	小于0.05优，小于0.08良
增值适配指标	规范适配指数（NFI）	大于0.9
	增值适配指数（IFI）	大于0.9
	非标准适配指数（TLI）	大于0.9
	比较适配指数（CFI）	大于0.9
简约适配指标	PGFI	大于0.5
	PNFI	大于0.5
	卡方自由度比（χ^2/df）	1~3良好，可放宽至5

资料来源：吴明隆（2012）。

本书使用AMOS19.0进行CFA分析，选取绝对适配指标中的适配度指数（GFI）、残差均方和平方根（RMR）及渐进残差均方和平方根（RMSEA），同时选取非标准适配指数（TLI）、比较适配指数（CFI）两个增值适配指标，卡方自由度比（χ^2/df）一个简约适配指标，进行模型整体适配情况的评估。

需要指出的是，适配指标的作用是考查理论模型与数据的适配程度，并不能作为判断模型是否成立的唯一依据。适配度高的模型只能作为参考，还需要根据所研究的具体问题进行模型合理性讨论。一个模型即使适配指标没有达到最优，只要能够用相关理论解释就有研究意义（吴明隆，2012）。

6.3.2 初始品牌关系质量的测量模型检验

1. 初始品牌关系质量探索性因子分析

探索性因子分析的目的在于确定初始品牌关系质量量表的结构。在进行 EFA 分析之前，进行 KMO 和 Bartlett 球形检验，以确定是否适合做因子分析。检验结果显示，KMO 值为 0.799，Bartlett 球形检验值为 552.402，在概率 0.001 水平上达到显著，初始品牌关系质量量表适合做因子分析（见表 6-9）。

表 6-9 初始品牌关系质量量表 KMO 和 Bartlett 球形检验（$N=428$）

取样足够度的 KMO 度量		0.799
Bartlett 球形检验	近似卡方	552.402
	df	10
	Sig.	0.000

EFA 分析结果显示，初始品牌关系质量量表的 5 个题项共提取了 1 个因子。根据旋转成分矩阵，各题项因子载荷值均在 0.70 以上，高于 0.5 的评估标准。因此，单因子具有很好的代表性，也与本书提出的初始品牌关系质量单维度模型相吻合，单因子 F1 可以解释 A1.1～A1.5 五个题项，单因子的变异解释量为 64.048%。单因子命名为初始品牌关系质量（见表 6-10）。

表 6-10 初始品牌关系质量量表的因子载荷（$N=428$）

题项	内容	因子载荷值
A1.1	关系断裂前我对该餐厅提供的服务很满意	0.792
A1.2	关系断裂前该餐厅的实际表现与我的期望一致	0.830
A1.3	关系断裂前该餐厅与我的饮食生活紧密相连	0.734
A1.4	关系断裂前我与该餐厅保持了长时间的关系	0.811
A1.5	关系断裂前我对该餐厅一直很信赖	0.831
单因子变异解释量（%）		64.048
未命名因子		F1
命名因子		初始品牌关系质量

2. 初始品牌关系质量验证性因子分析

为了验证初始品牌关系质量因子结构的适配性，运用 AMOS19.0 结构方程分析软件和另外一半样本数据（$N=428$），对初始品牌关系质量的单因子模型进行验证性因子分析。在进行 CFA 分析时，采用极大似然法（Maximum Likelihood）进行参数估计（见图 6-1）。

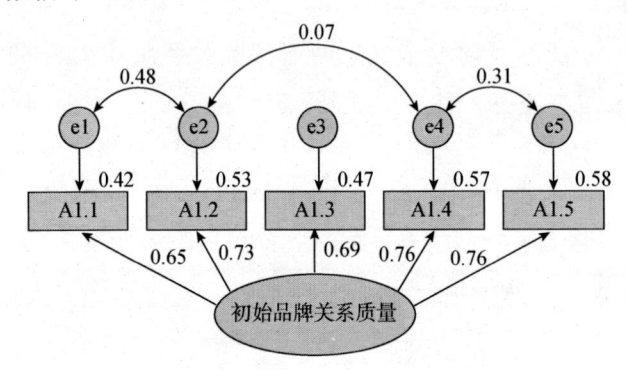

图 6-1　初始品牌关系质量单因子模型

验证性因子分析显示，初始品牌关系质量由单因子构成，共 5 个题项。各题项标准化的因子载荷值均大于 0.50，且在 0.001 的水平上显著。同时，标准误差在 0.079 和 0.114 之间，标准误差较小，符合模型构建的基本标准。因此，初始品牌关系质量量表具有良好的建构效度（见表 6-11）。

表 6-11　初始品牌关系质量单因子模型 CFA 分析结果（$N=428$）

因子结构	题项	非标准化估计	S.E.	C.R.	P	标准化估计
初始品牌关系质量	A1.1	0.847	0.105	8.090	***	0.651
	A1.2	0.959	0.114	8.423	***	0.730
	A1.3	0.961	0.112	8.571	***	0.688
	A1.4	0.943	0.079	11.942	***	0.755
	A1.5	1.000	—	—	—	0.764

注：***代表 0.001 的显著性水平。

通过模型适配指标对初始品牌关系质量量表的建构效度做进一步考评，确保量表具有很高的适配性。模型适配指标输出结果如表 6-12 所示。

表 6-12 初始品牌关系质量单因子模型的整体适配度结果（$N=428$）

模型	χ^2/df	GFI	RMR	RMSEA	TLI	CFI
适配标准	<3	>0.9	<0.05	<0.08	>0.9	>0.9
单因子模型	1.352	0.995	0.009	0.039	0.994	0.999
模型适配度	是	是	是	是	是	是

由表 6-12 可知，模型的 χ^2/df 值为 1.352，完全符合适配标准。另外，GFI、TLI 和 CFI 均大于 0.9，RMR 为 0.009，RMSEA 为 0.039，这些指标都符合适配标准。这表明初始品牌关系质量量表的验证性因子分析的模型整体适配度达到了适配的标准要求。因此，初始品牌关系质量由单因子构成，因子直接命名为初始品牌关系质量。

6.3.3 感知补救公平价值的测量模型检验

1. 感知补救公平价值的探索性因子分析

探索性因子分析旨在确定感知补救公平价值量表的结构。在进行 EFA 分析之前，进行 KMO 和 Bartlett 球形检验，以确定是否适合做因子分析。检验结果显示，KMO 值为 0.861，Bartlett 球形检验值为 1 416.912，在概率 0.001 水平上达到显著，感知补救公平价值量表适合做因子分析（见表 6-13）。

表 6-13 感知补救公平价值量表 KMO 和 Bartlett 球形检验（$N=428$）

取样足够度的 KMO 度量		0.861
Bartlett 球形检验	近似卡方	1 416.912
	df	78
	Sig.	0.000

EFA 分析结果显示，感知补救公平价值量表的 13 个题项共提取了 3 个因子。根据旋转成分矩阵，各题项因子载荷值均高于 0.5 的评估标准。因此，三因子具有很好的代表性，也与本书提出的感知补救公平价值 3 维度模型相吻合。其中因子 F1 解释了 B1.1～B1.5 五个题项，因子 F2 解释了 B2.1～B2.3 三个题项，因子 F3 解释了 B3.1～B3.5 五个题项，3 因子累计变异解释量为 65.273%。根

据各因子的载荷量及其测量指标项的共同因素和相关性,为 3 个因子命名:F1 为感知补救分配公平价值,F2 为感知补救程序公平价值,F3 为感知补救互动公平价值(见表 6-14)。

表 6-14 感知补救公平价值量表的因子载荷（$N=428$）

题项	内容	因子载荷值		
B1.1	我得到了应该得到的经济补偿	0.164	0.858	−0.068
B1.2	我得到的补偿结果是公平的	0.139	0.837	0.258
B1.3	与所受损失比,我认为餐厅提供的补偿是合理的	0.120	0.614	0.441
B1.4	与其他类似情况比我得到的补偿是合理的	0.244	0.554	0.378
B1.5	该餐厅满足了我对其服务失败的补偿要求	0.246	0.608	0.418
B2.1	该餐厅对我遭遇的问题的处理是及时的	−0.058	0.259	0.742
B2.2	该餐厅对我的问题处理的办法是恰当的	0.346	0.155	0.760
B2.3	该餐厅在处理问题时表现出应有的灵活性	0.342	0.145	0.711
B3.1	餐厅经理向我表达了歉意	0.769	0.151	0.171
B3.2	餐厅经理与我进行了良好的沟通	0.800	0.219	0.016
B3.3	餐厅经理能站在我的角度考虑问题	0.700	0.125	0.278
B3.4	餐厅经理处理问题的态度是诚恳的	0.816	0.036	0.199
B3.5	餐厅经理对我表现出应有的尊重	0.747	0.244	0.079
	各因子变异解释量（%）	42.463	14.068	8.741
	因子累计变异解释量（%）	42.463	56.531	65.273
	未命名因子	F3	F1	F2
	命名因子	补救互动公平	补救分配公平	补救程序公平

2. 感知补救公平价值的验证性因子分析

验证性因子分析显示,感知补救公平价值是一个一阶因子,包含 3 个维度,共 13 个题项(见图 6-2)。各题项标准化的因子载荷值均大于 0.50,且在 0.001 的水平上显著。同时,标准误差在 0.084 和 0.101 之间,标准误差较小。符合模型构建的基本标准。因此,感知补救公平价值量表具有良好的建构效度(见表 6-15)。

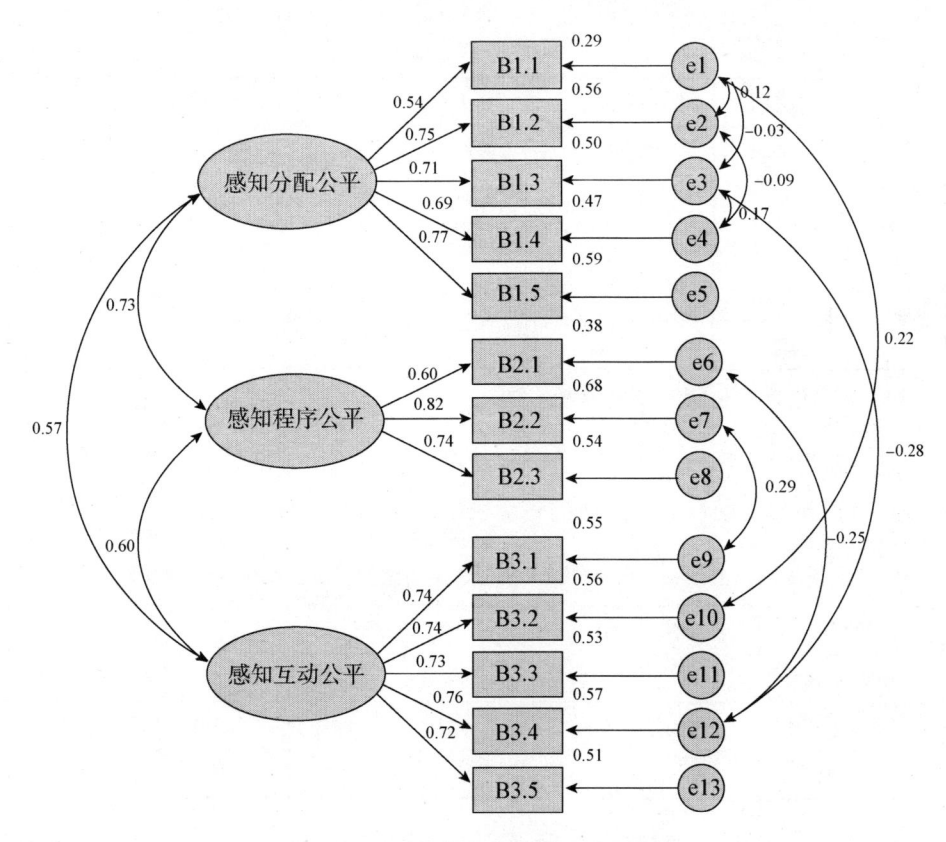

图 6-2 感知补救公平价值三因子模型

表 6-15 感知补救公平价值三因子模型 CFA 分析结果（$N=428$）

因子结构	题项	非标准化估计	S.E.	C.R.	P	标准化估计
感知补救 分配公平	B1.1	0.695	0.091	7.659	***	0.542
	B1.2	0.953	0.089	10.676	***	0.755
	B1.3	0.973	0.100	9.738	***	0.705
	B1.4	0.867	0.097	8.964	***	0.691
	B1.5	1.000	—	—	—	0.773
感知补救 程序公平	B2.1	0.804	0.101	7.954	***	0.593
	B2.2	0.923	0.089	10.362	***	0.823
	B2.3	1.000	—	—	—	0.738

续表

因子结构	题项	非标准化估计	S.E.	C.R.	P	标准化估计
感知补救互动公平	B3.1	0.921	0.087	10.633	***	0.744
	B3.2	0.984	0.091	10.774	***	0.744
	B3.3	1.000	—	—	—	0.728
	B3.4	0.927	0.084	11.069	***	0.759
	B3.5	0.942	0.094	10.062	***	0.716

注：***代表0.001的显著性水平。

通过模型适配指标对感知补救公平价值量表的建构效度做进一步考评，确保量表具有很高的适配性。模型适配指标输出结果如表6-16所示。

表6-16 感知补救公平价值三因子模型的整体适配度结果（$N=428$）

模型	χ^2/df	GFI	RMR	RMSEA	TLI	CFI
适配标准	<3	>0.9	<0.05	<0.08	>0.9	>0.9
三因子模型	1.494	0.951	0.047	0.046	0.972	0.981
模型适配度	是	是	是	是	是	是

由表6-16可知，模型的χ^2/df值为1.494，符合小于3的适配标准。另外，GFI、TLI和CFI均大于0.9，RMR为0.047，RMSEA为0.046，这些指标都符合适配标准，这表明感知补救公平价值量表的验证性因子分析的模型整体适配度基本达到了标准要求。因此，感知补救公平价值由三因子构成，分别命名为感知补救结果公平价值、感知补救程序公平价值和感知补救互动公平价值。

6.3.4 感知再续关系利益的测量模型检验

1. 感知再续关系利益的探索性因子分析

探索性因子分析旨在确定感知再续关系利益量表的结构。在进行EFA分析之前，进行KMO和Bartlett球形检验，以确定是否适合做因子分析。检验结果显示，KMO值为0.871，Bartlett球形检验值为2 070.201，在概率0.001水平上达到显著，表明感知再续关系利益量表适合做因子分析（见表6-17）。

表 6-17 感知再续关系利益量表 KMO 和 Bartlett 球形检验（$N=428$）

取样足够度的 KMO 度量		0.871
Bartlett 球形检验	近似卡方	2 070.201
	df	105
	Sig.	0.000

EFA 分析结果显示，感知再续关系利益量表的 15 个题项共提取了 4 个因子。根据旋转成分矩阵，各题项因子载荷值均高于 0.5 的评估标准。因此，四因子具有很好的代表性，也与本书提出的感知再续关系利益 4 维度模型相吻合。其中因子 F1 解释了 C1.1~C1.4 四个题项，因子 F2 解释了 C2.1~C2.3 三个题项，因子 F3 解释了 C3.1~C3.4 四个题项，因子 F4 解释了 C4.1~C4.4 四个题项，四因子累计变异解释量为 73.122%。根据各因子的载荷量及其测量指标项的共同因素和相关性，为四个因子命名：F1 为感知再续经济利益，F2 为感知再续情感利益，F3 为感知再续信心利益，F4 为感知再续定制利益（见表 6-18）。

表 6-18 感知再续关系利益量表的因子载荷（$N=428$）

题项	内容	因子载荷值			
C1.1	在以后消费中可以得到多数顾客得不到的折扣	0.023	0.864	0.129	0.151
C1.2	在以后消费中可以得到多数顾客得不到的赠送	0.127	0.862	0.147	0.098
C1.3	在以后消费中花同样的钱可得到比别人多的服务	−0.019	0.765	0.346	0.193
C1.4	在以后的消费中可以节约成本	0.186	0.727	0.181	0.138
C2.1	回该餐厅就餐，可再次得到熟悉人员的服务	0.091	0.322	0.046	0.705
C2.2	回该餐厅就餐，可再次得到餐厅人员对我的尊重	0.156	0.078	0.308	0.778
C2.3	回该餐厅就餐，可与熟悉的餐厅人员再续友谊	0.335	0.147	0.164	0.710
C3.1	由于强化了管理，我认为该餐厅不会再发生我以前遇到的服务问题	0.785	0.060	0.118	0.263
C3.2	由于强化了管理，我认为该餐厅的服务是令人放心的	0.820	0.047	0.198	0.313
C3.3	由于强化了管理，我认为重回该餐厅消费是没有风险的	0.801	0.128	0.315	−0.061
C3.4	由于强化了管理，我认为该餐厅的服务质量是有保障的	0.763	0.110	0.331	0.165

续表

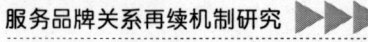

题项	内容	因子载荷值			
C4.1	以后消费中我能获得比其他顾客更快捷的服务	0.279	0.199	0.788	0.170
C4.2	以后消费中我能获得比其他顾客更好的服务	0.345	0.325	0.725	0.181
C4.3	以后消费中我能获得比其他顾客更加个性化的服务（如根据个人口味的菜品推荐）	0.173	0.147	0.810	0.138
C4.4	以后消费中，该餐厅会优先解决我遇到的问题	0.265	0.254	0.763	0.159
各因子变异解释量（%）		43.822	14.283	8.313	6.704
因子累计变异解释量（%）		43.822	58.105	66.418	73.122
未命名因子		F3	F1	F4	F2
命名因子		信心利益	经济利益	定制利益	情感利益

2. 感知再续关系利益的验证性因子分析

验证性因子分析显示，感知再续关系利益是一个一阶因子，包含 4 个维度，共 15 个题项（表 6-19，见图 6-3）。各题项标准化的因子载荷值均大于 0.50，且在 0.001 的水平上显著。同时，标准误差在 0.059 和 0.106 之间，标准误差较小，符合模型构建的基本标准。因此感知再续关系利益量表具有良好的建构效度。

表 6-19 感知再续关系利益四因子模型 CFA 分析结果（$N=428$）

因子结构	题项	非标准化估计	S.E.	C.R.	P	标准化估计
经济利益	C1.1	0.862	0.077	11.208	***	0.752
	C1.2	0.852	0.074	11.558	***	0.765
	C1.3	1.000	—			0.842
	C1.4	0.798	0.077	10.413	***	0.682
情感利益	C2.1	0.758	0.104	7.292	***	0.569
	C2.2	0.939	0.106	8.858	***	0.727
	C2.3	1.000	—			0.734
信心利益	C3.1	0.922	0.067	13.710	***	0.696
	C3.2	1.000				0.811
	C3.3	0.911	0.073	12.455	***	0.772
	C3.4	0.950	0.070	13.579	***	0.840

续表

因子结构	题项	非标准化估计	S.E.	C.R.	P	标准化估计
定制利益	C4.1	0.967	0.059	16.250	***	0.826
	C4.2	1.000	—	—	—	0.886
	C4.3	0.904	0.069	13.159	***	0.731
	C4.4	0.974	0.062	15.697	***	0.809

注：***代表0.001的显著性水平。

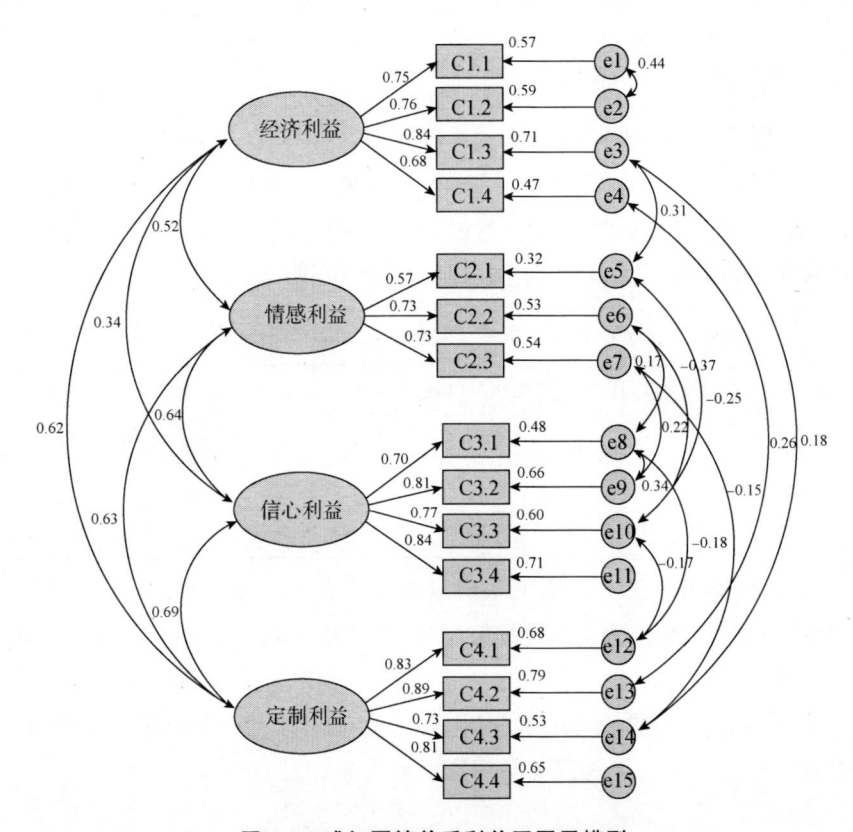

图 6-3　感知再续关系利益四因子模型

通过模型适配指标对感知再续关系利益量表的建构效度做进一步考评，确保量表具有很高的适配性。模型适配指标输出结果如表6-20所示。

表 6-20　感知再续关系利益四因子模型的整体适配度结果（$N=428$）

模型	χ^2/df	GFI	RMR	RMSEA	TLI	CFI
适配标准	<3	>0.9	<0.05	<0.08	>0.9	>0.9
四因子模型	1.591	0.944	0.033	0.050	0.969	0.979
模型适配度	是	是	是	是	是	是

由表 6-20 可知，模型的 χ^2/df 值为 1.591，符合小于 3 的适配标准。另外，GFI、TLI 和 CFI 均大于 0.9，RMR 为 0.033，RMSEA 为 0.050，这些指标都符合适配标准，这表明感知再续关系利益量表的验证性因子分析的模型整体适配度基本达到了标准要求。因此，感知再续关系利益由四因子构成，分别命名为感知再续经济利益、感知再续情感利益、感知再续信心利益和感知再续定制利益。

6.3.5 再续关系满意的测量模型检验

1. 再续关系满意的探索性因子分析

探索性因子分析旨在确定再续关系满意量表的结构。在进行 EFA 分析之前，进行 KMO 和 Bartlett 球形检验，以确定是否适合做因子分析。检验结果显示，KMO 值为 0.858，Bartlett 球形检验值为 486.581，在概率 0.001 水平上达到显著，再续关系满意量表适合做因子分析（见表 6-21）。

表 6-21　再续关系满意量表 KMO 和 Bartlett 球形检验（$N=428$）

取样足够度的 KMO 度量		0.858
Bartlett 球形检验	近似卡方	486.581
	df	10
	Sig.	0.000

EFA 分析结果显示，再续关系满意量表的 5 个题项共提取了 1 个因子。根据旋转成分矩阵，各题项因子载荷值均在 0.78 以上，高于 0.5 的评估标准。因此，单因子具有很好的代表性，也与本书提出的再续关系满意单维度模型相吻合，单因子 F1 可以解释 D1.1～D1.5 五个题项，单因子的变异解释量为 64.043%。单因子命名为再续关系满意（见表 6-22）。

表 6-22　再续关系满意量表的因子载荷（$N=428$）

题项	内容	因子载荷值
D1.1	我对该餐厅再续品牌关系的态度感到满意	0.780
D1.2	我对该餐厅再续品牌关系的方式感到满意	0.819
D1.3	该餐厅再续品牌关系的表现与我的期望是一致的	0.787
D1.4	我对该餐厅再续品牌关系的结果感到满意	0.808

续表

题项	内容	因子载荷值
D1.5	总的来说，该餐厅再续品牌关系的工作是令人满意的	0.806
	单因子变异解释量（%）	64.043
	未命名因子	F1
	命名因子	再续关系满意

2. 再续关系满意的验证性因子分析

验证性因子分析显示，再续关系满意是 1 个因子，共 5 个题项（见图 6-4、表 6-23）。各题项标准化因子载荷值均大于 0.50，且在 0.001 的水平上显著。同时，标准误差在 0.087 和 0.092 之间，标准误差较小，符合模型构建的基本标准。因此，再续关系满意量表具有良好的建构效度。

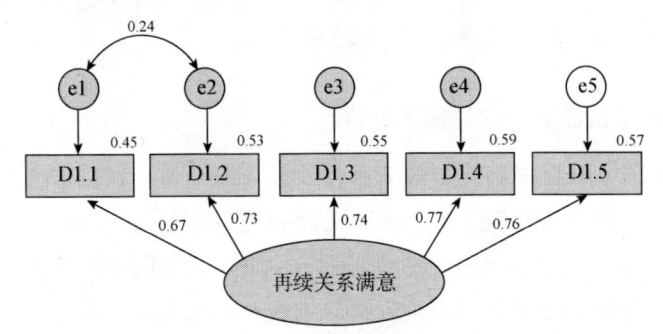

图 6-4 再续关系满意单因子模型

表 6-23 再续关系满意单因子模型 CFA 分析结果（$N=428$）

因子结构	题项	非标准化估计	S.E.	C.R.	P	标准化估计
再续关系满意	D1.1	0.873	0.092	9.438	***	0.671
	D1.2	0.913	0.087	10.452	***	0.731
	D1.3	0.988	0.090	10.940	***	0.742
	D1.4	1.000	—	—		0.770
	D1.5	0.957	0.088	10.833	***	0.756

注：***代表 0.001 的显著性水平。

通过模型适配指标对再续关系满意量表的建构效度做进一步考评，确保量表具有很高的适配性。模型适配指标输出结果如表 6-24 所示。

表 6-24 再续关系满意单因子模型的整体适配度结果（$N=428$）

模型	χ^2/df	GFI	RMR	RMSEA	TLI	CFI
适配标准	<3	>0.9	<0.05	<0.08	>0.9	>0.9
单因子模型	0.875	0.994	0.012	0.000	1.003	1.000
模型适配度	是	是	是	是	是	是

由表 6-24 可知，模型的 χ^2/df 值为 0.875，完全符合适配标准。另外，GFI、TLI 和 CFI 均大于 0.9，RMR 为 0.012，RMSEA 为 0.000，这些指标都符合适配标准。这表明再续关系满意量表的验证性因子分析的模型整体适配度达到了适配的标准要求。因此，再续关系满意由 1 个因子构成，命名为再续关系满意。

6.3.6 再续关系信任的测量模型检验

1. 再续关系信任的探索性因子分析

探索性因子分析旨在确定再续关系信任量表的结构。在进行 EFA 分析之前，进行 KMO 和 Bartlett 球形检验，以确定是否适合做因子分析。检验结果显示，KMO 值为 0.833，Bartlett 球形检验值为 520.915，在概率 0.001 水平上达到显著，再续关系信任量表适合做因子分析（见表 6-25）。

表 6-25 再续关系信任量表 KMO 和 Bartlett 球形检验（$N=428$）

取样足够度的 KMO 度量		0.833
Bartlett 球形检验	近似卡方	520.915
	df	10
	Sig.	0.000

EFA 分析结果显示，再续关系信任量表的 5 个题项共提取了 1 个因子。根据旋转成分矩阵，各题项因子载荷值均在 0.78 以上，高于 0.5 的评估标准。因此，单因子具有很好的代表性，也与本书提出的再续关系信任单维度模型相吻合，单因子 F1 可以解释 E1.1～E1.5 五个题项，单因子的变异解释量为 64.511%。单因子命名为再续关系信任（见表 6-26）。

表 6-26 再续关系信任量表的因子载荷（$N=428$）

题项	内容	因子载荷值
E1.1	我相信该餐厅有能力满足我以后的消费需要	0.784
E1.2	我相信该餐厅在出现服务问题时会维护消费者利益	0.780
E1.3	我相信该餐厅以后会让我感到消费很放心	0.847
E1.4	我相信该餐厅以后不会让我失望	0.805
E1.5	总体来说，我认为该餐厅是值得信赖的	0.798
单因子变异解释量（%）		64.511
未命名因子		F1
命名因子		再续关系信任

2. 再续关系信任的验证性因子分析

验证性因子分析显示，再续关系信任是 1 个因子，共 5 个题项（见图 6-5、表 6-27）。各题项标准化的因子载荷值均大于 0.78，且在 0.001 的水平上显著。同时，标准误差在 0.083 和 0.088 之间，标准误差较小，符合模型构建的基本标准。因此，再续关系信任量表具有良好的建构效度。

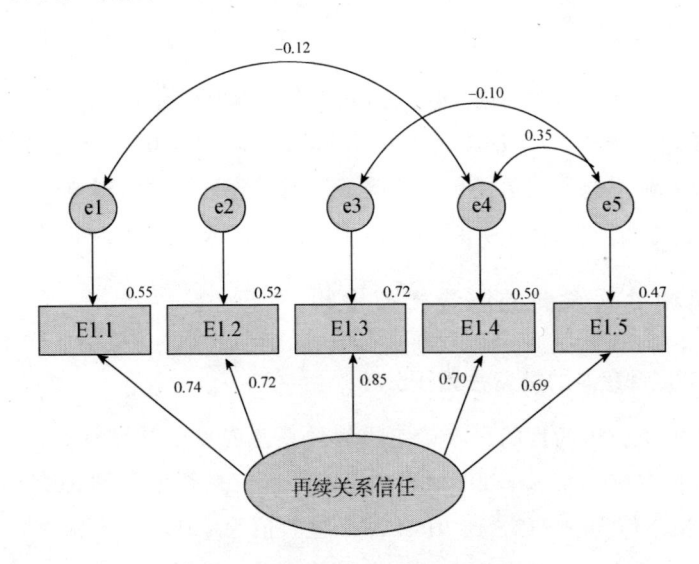

图 6-5 再续关系信任单因子模型

表 6-27 再续关系信任单因子模型 CFA 分析结果 ($N=428$)

因子结构	题项	非标准化估计	S.E.	C.R.	P	标准化估计
再续关系信任	E1.1	0.933	0.084	11.041	***	0.744
	E1.2	0.938	0.083	11.321	***	0.723
	E1.3	1.000	—	—	—	0.846
	E1.4	0.884	0.085	10.392	***	0.705
	E1.5	0.878	0.088	10.007	***	0.686

注：***代表 0.001 的显著性水平。

通过模型适配指标对再续关系信任量表的建构效度做进一步考评，确保量表具有很高的适配性。模型适配指标输出结果如表 6-28 所示：

表 6-28 再续关系信任单因子模型的整体适配度结果 ($N=428$)

模型	χ^2/df	GFI	RMR	RMSEA	TLI	CFI
适配标准	<3	>0.9	<0.05	<0.08	>0.9	>0.9
单因子模型	0.403	0.999	0.005	0.000	1.012	1.000
模型适配度	是	是	是	是	是	是

由表 6-28 可知，模型的 χ^2/df 值为 0.403，完全符合适配标准。另外，GFI、TLI 和 CFI 均大于 0.9，RMR 为 0.005，RMSEA 为 0.000，这些指标都符合适配标准。这表明再续关系信任量表的验证性因子分析的模型整体适配度达到了适配的标准要求。因此，再续关系信任由 1 个因子构成，命名为再续关系信任。

6.3.7 再续关系意向的测量模型检验

1. 再续关系意向的探索性因子分析

探索性因子分析的目的在于确定再续关系意向量表的结构。在进行 EFA 分析之前，进行 KMO 和 Bartlett 球形检验，以确定是否适合做因子分析。检验结果显示，KMO 值为 0.832，Bartlett 球形检验值为 501.757，在概率 0.001 水平上达到显著，再续关系意向量表适合做因子分析（见表 6-29）。

表 6-29 再续关系意向量表 KMO 和 Bartlett 球形检验（$N=428$）

取样足够度的 KMO 度量		0.832
Bartlett 球形检验	近似卡方	501.757
	df	10
	Sig.	0.000

EFA 分析结果显示，再续关系意向量表的 5 个题项共提取了 1 个因子。根据旋转成分矩阵，各题项因子载荷值均在 0.70 以上，高于 0.5 的评估标准。因此，单因子具有很好的代表性，也与本研究提出的再续关系意向单维度模型相吻合，单因子 F1 可以解释 F1.1～F1.5 五个题项，单因子的变异解释量为 62.993%。单因子命名为再续关系意向（见表 6-30）。

表 6-30 再续关系意向量表的因子载荷（$N=428$）

题项	内容	因子载荷值
F1.1	我愿意回到该餐厅继续消费	0.738
F1.2	我愿意为维护与该餐厅的关系而努力	0.833
F1.3	我今后会增加光顾该餐厅的次数	0.824
F1.4	我愿意向亲朋好友推荐该餐厅	0.860
F1.5	我会向他人讲述我在该餐厅的愉快经历	0.702
单因子变异解释量（%）		62.993
未命名因子		F1
命名因子		再续关系意向

2. 再续关系意向的验证性因子分析

验证性因子分析显示，再续关系意向是 1 个因子，共 5 个题项（见图 6-6、表 6-31）。各题项标准化的因子载荷值均大于 0.70，且在 0.001 的水平上显著。同时，标准误差在 0.073 和 0.081 之间，标准误差较小，符合模型构建的基本标准。因此，再续关系意向量表具有良好的建构效度。

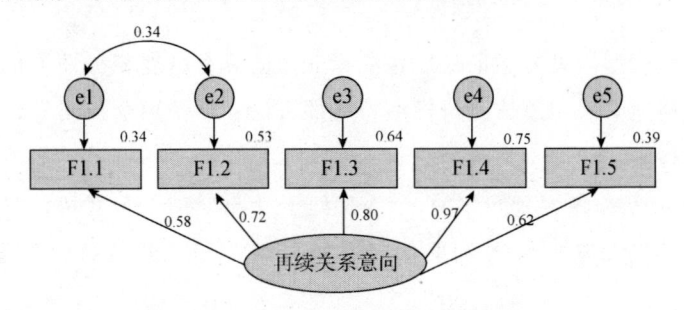

图 6-6 再续关系意向单因子模型

表 6-31　再续关系意向单因子模型 CFA 分析结果（$N=428$）

因子结构	题项	非标准化估计	S.E.	C.R.	P	标准化估计
再续关系意向	F1.1	0.654	0.073	8.924	***	0.583
	F1.2	0.887	0.077	11.545	***	0.725
	F1.3	0.963	0.074	13.072	***	0.799
	F1.4	1.000	—			0.868
	F1.5	0.806	0.081	9.925	***	0.621

注：***代表 0.001 的显著性水平。

通过模型适配指标对再续关系意向量表的建构效度做进一步考评，确保量表具有很高的适配性。模型适配指标输出结果如表 6-32 所示。

表 6-32　再续关系意向单因子模型的整体适配度结果（$N=428$）

模型	χ^2/df	GFI	RMR	RMSEA	TLI	CFI
适配标准	<3	>0.9	<0.05	<0.08	>0.9	>0.9
单因子模型	0.495	0.997	0.008	0.000	1.010	1.000
模型适配度	是	是	是	是	是	是

由表 6-32 可知，模型的 χ^2/df 值为 0.495，完全符合适配标准。另外，GFI、TLI 和 CFI 均大于 0.9，RMR 为 0.008，RMSEA 为 0.000，这些指标都符合适配标准。这表明再续关系意向量表的验证性因子分析的模型整体适配度达到了适配的标准要求。因此，再续关系意向由 1 因子构成，命名为再续关系意向。

6.3.8　总体测量模型检验

结构方程模型假设的验证是以各测量变量间具有高度相关性为前提的，而变量间的相关性通常采用总体测量模型检验的方法。即使用全部问卷数据对总体测量模型进行检验。

表 6-33 显示，各变量间相关，AVE 处于 0.50 与 0.67 之间，并大于相关系数的平方和（最大值为 0.69 的平方，约为 0.48），适合进行结构方程检验。

表 6-33　总体测量模型相关系数及 AVE

项目	A1	B1	B2	B3	C1	C2	C3	C4	D1	E1	F1
A1	1.00										
B1	0.43	1.00									
B2	0.60	0.50	1.00								
B3	0.45	0.48	0.45	1.00							
C1	0.50	0.50	0.58	0.67	1.00						
C2	0.42	0.40	0.69	0.58	0.50	1.00					
C3	0.47	0.49	0.56	0.47	0.48	0.59	1.00				
C4	0.61	0.40	0.49	0.68	0.59	0.40	0.69	1.00			
D1	0.58	0.54	0.44	0.54	0.47	0.70	0.48	0.42	1.00		
E1	0.61	0.48	0.53	0.40	0.61	0.68	0.58	0.64	0.62	1.00	
F1	0.68	0.49	0.68	0.42	0.40	0.58	0.61	0.46	0.48	0.57	1.00
AVE	0.51	0.54	0.53	0.57	0.63	0.50	0.64	0.67	0.50	0.50	0.50
组合信度	0.83	0.86	0.80	0.87	0.87	0.74	0.88	0.89	0.0.83	0.82	0.83

通过模型适配指标对总体模型的建构效度做进一步考评，确保量表具有很高的适配性。模型适配指标输出结果如表 6-34 所示。

表 6-34　总体测量模型适配结果（$N=856$）

模型	χ^2/df	GFI	RMR	RMSEA	TLI	CFI
适配标准	<3	>0.9	<0.05	<0.08	>0.9	>0.9
测量模型	2.668	0.906	0.045	0.066	0.949	0.970
模型适配度	是	是	是	是	是	是

由表 6-34 可知，模型的 χ^2/df 值为 2.668，符合适配标准。另外，GFI、TLI 和 CFI 均大于 0.9，RMR 为 0.045，RMSEA 为 0.066，这些指标都符合适配标准，这表明总体模型的验证性因子分析整体适配度达到了标准要求。

6.4　结构模型检验

以上通过验证性因子分析检验了各测量模型的合理建构后，需要进一步通过结构方程模型对各变量间的关系进行数据分析，以检验理论模型的科学性。使用 AMOS19.0 进行结构方程模型分析时，使用正式调查中所获得的所有样本数据

($N=856$) 进行分析。对模型基本拟合情况的检验同样遵循测量模型检验的标准：因子载荷值为 0.5~0.95；标准误差（S.E.）较小；临界比率（C.R.）绝对值大于 1.96。

与验证性因子分析相同，结构模型检验仍选取绝对适配度指数（GFI）、残差均方和平方根（RMR）、渐进残差均方和平方根（RMSEA）、非标准适配指数（TLI）、比较适配指数（CFI）、卡方自由度比（χ^2/df）等指标，进行模型整体适配情况的评估。考虑到本研究理论模型变量较多，变量间关系复杂，在结构模型检验中将卡方自由度比值放大至 5。

在运用 AMOS19.0 统计软件进行结构方程模型分析时遵循以下步骤：建立模型、修正模型和解释模型。

6.4.1 建立模型

前文已经对各变量量表的因子构成进行了探索性分析和验证性分析，与本书所提观点基本一致。结构方程全模型中包含 11 个潜在变量和 43 个观察变量，该模型很好地描述了各变量之间的关系。为方便阅读，将输出结果简化为图 6-7。

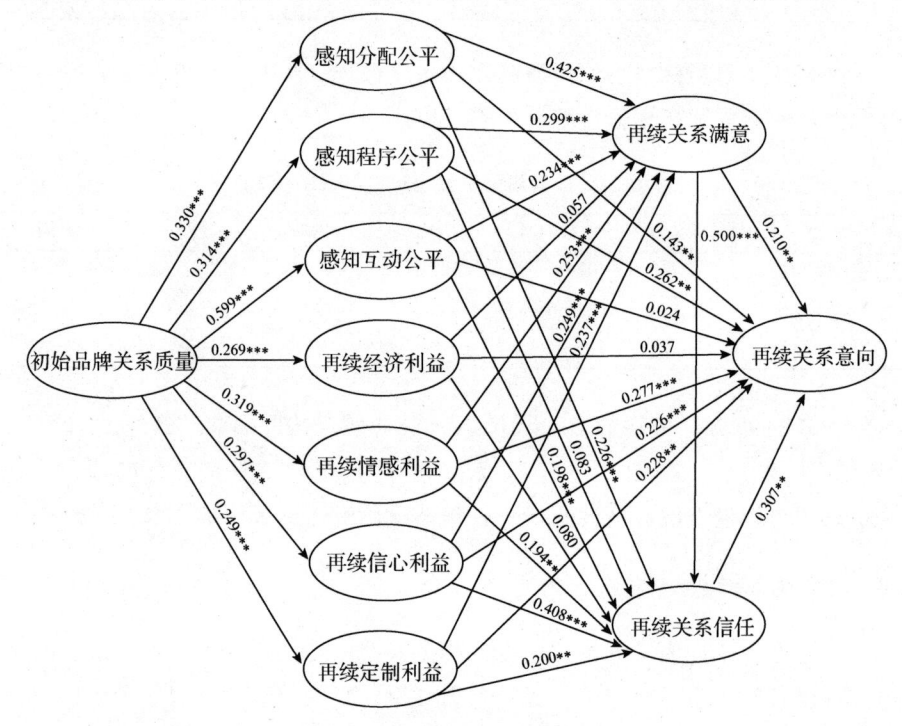

图 6-7 初始结构模型（标准化后）

由表 6-35 可知，初始模型 χ^2/df 值为 4.155，在放宽至 5 的标准下是成立的，GFI 值、TLI 值和 CFI 值也都符合大于 0.9 的评判标准，但 RMR 值和 RMSEA 值不符合适配标准，需要进一步修正。

表 6-35 初始结构模型适配度分析

模型	χ^2/df	GFI	RMR	RMSEA	TLI	CFI
适配标准	<5	>0.9	<0.05	<0.08	>0.9	>0.9
初始模型	4.155	0.909	0.056	0.090	0.915	0.935
模型适配度	是	是	否	否	是	是

表 6-36 初始模型路径系数检验结果

模型路径	非标准化估计	S.E.	C.R.	P	标准化估计
感知分配公平←初始品牌关系质量	0.339	0.064	5.274	***	0.330
感知程序公平←初始品牌关系质量	0.381	0.078	4.920	***	0.314
感知互动公平←初始品牌关系质量	0.574	0.060	9.504	***	0.599
再续经济利益←初始品牌关系质量	0.240	0.053	4.509	***	0.269
再续情感利益←初始品牌关系质量	0.254	0.057	4.458	***	0.319
再续信心利益←初始品牌关系质量	0.271	0.054	5.035	***	0.297
再续定制利益←初始品牌关系质量	0.273	0.064	4.248	***	0.249
再续关系满意←感知分配公平	0.336	0.052	6.448	***	0.425
再续关系满意←感知程序公平	0.200	0.044	4.560	***	0.299
再续关系满意←感知互动公平	0.198	0.051	3.919	***	0.234
再续关系满意←再续经济利益	−0.052	0.047	−1.104	0.270	−0.057
再续关系满意←再续情感利益	0.198	0.026	2.725	***	0.253
再续关系满意←再续信心利益	0.221	0.054	4.110	***	0.249
再续关系满意←再续定制利益	0.175	0.048	3.642	***	0.237
再续关系信任←感知分配公平	0.208	0.019	2.782	***	0.226
再续关系信任←感知程序公平	0.073	0.050	1.736	0.093	0.083
再续关系信任←感知互动公平	0.147	0.045	2.185	***	0.198
再续关系信任←再续经济利益	0.052	0.036	1.455	0.146	0.080
再续关系信任←再续情感利益	0.180	0.060	2.990	0.003	0.194
再续关系信任←再续信心利益	0.329	0.053	6.205	***	0.408
再续关系信任←再续定制利益	0.134	0.045	3.009	0.003	0.200

续表

模型路径	非标准化估计	S.E.	C.R.	P	标准化估计
再续关系信任←再续关系满意	0.453	0.084	5.413	***	0.500
再续关系意向←再续关系满意	0.189	0.103	2.789	0.008	0.210
再续关系意向←再续关系信任	0.305	0.112	2.716	0.007	0.307
再续关系意向←感知分配公平	0.102	0.052	1.952	0.006	0.143
再续关系意向←感知程序公平	0.158	0.050	3.130	0.002	0.262
再续关系意向←感知互动公平	0.023	0.062	0.363	0.717	0.024
再续关系意向←再续经济利益	−0.029	0.045	−0.641	0.522	−0.037
再续关系意向←再续情感利益	0.254	0.068	3.728	***	0.277
再续关系意向←再续信心利益	0.181	0.033	3.606	***	0.226
再续关系意向←再续定制利益	0.152	0.048	3.166	0.002	0.228

注：***代表0.001的显著水平，**代表0.01的显著水平，*代表0.05的显著水平。

由表6-36可以看出，"再续关系满意←再续经济利益"路径系数为−0.057，C.R.值为−1.104，P值0.270，未达到0.05以上的显著水平，该路径系数不显著。同理，"再续关系信任←感知程序公平"路径系数为0.083，C.R.值为1.736，P值0.093，未达到0.05以上的显著水平，该路径系数不显著；"再续关系信任←再续经济利益"路径系数为0.080，C.R.值为1.455，P值0.146，未达到0.05以上的显著水平，该路径系数不显著；"再续关系意向←感知互动公平"路径系数为0.024，C.R.值为0.363，P值0.717，未达到0.05以上的显著水平，该路径系数不显著；"再续关系意向←再续经济利益"路径系数为−0.037，C.R.值为−0.641，P值0.522，未达到0.05以上的显著水平，该路径系数不显著（见表6-37）。

表6-37 未获得数据支持研究假设汇总

假设内容	标准化路径系数	P	检验结果
再续经济利益对再续关系满意有正向影响	−0.057	0.270	不支持
感知程序公平对再续关系信任有正向影响	0.083	0.093	不支持
再续经济利益对再续关系信任有正向影响	0.080	0.146	不支持
感知互动公平对再续关系意向有正向影响	0.024	0.717	不支持
再续经济利益对再续关系意向有正向影响	−0.037	0.522	不支持

注：*代表0.05的显著水平，**代表0.01的显著水平，***代表0.001的显著水平。

6.4.2 修正模型

修正模型主要采取两种方式：一是根据模型中的 MI 值（Modification Indices，模型修正指标）进行修改；二是根据路径系数是否显著决定是否保留该路径。根据吴明隆（2012）AMOS 结构方程模型修改的原则进行 MI 值修改：MI 值大于 4；新增路径关系有参考依据或实际意义；新加的相关关系路径在同一层次变量间进行；新加的因果关系路径只能在邻近层次间进行修改；每次修改一个路径，逐次修改。路径系数的修改根据 C.R. 指标，C.R. 系数由参数估计值与其标准差之比得出。路径系数通过 C.R. 的统计检验相伴概率 P 是否显著来判断。

由于初始模型部分路径系数不显著或与研究假设不符，在接下来的修正模型中将这些路径予以删除。同时，按照吴明隆（2012）AMOS 结构方程模型修改的原则对删除路径系数后的模型进行 MI 值逐步修改，修正后的模型如图 6-8 所示。

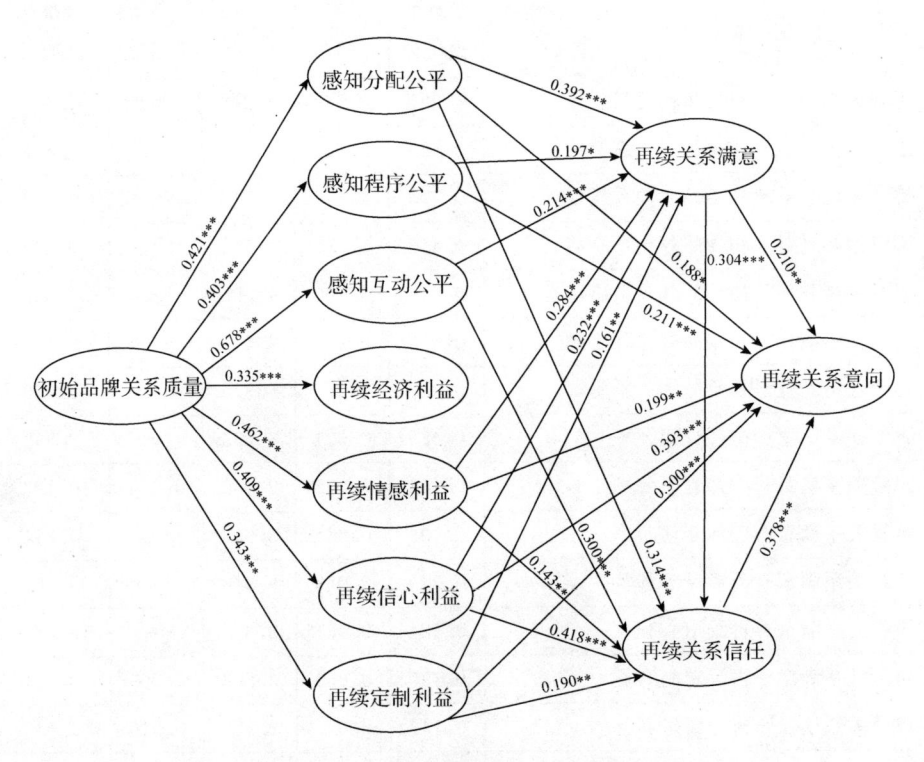

图 6-8 修正结构模型（标准化后）

修正模型的适配情况如表 6-38 所示。

表 6-38 修正结构模型适配度分析

模型	χ^2/df	GFI	RMR	RMSEA	TLI	CFI
适配标准	<5	>0.9	<0.05	<0.08	>0.9	>0.9
修正模型	3.599	0.914	0.032	0.072	0.965	0.982
模型适配度	是	是	是	是	是	是

由表 6-38 可以看出,修正模型的拟合优度指标有了很大程度的改善。χ^2/df 值为 3.599,GFI、TLI 和 CFI 均大于 0.9,与初始模型相比有不同程度提高,RMR 为 0.032,RMSEA 为 0.072,这些指标都符合适配标准。这表明修正模型整体适配度基本达到了标准要求。

表 6-39 修正模型路径系数检验结果

模型路径	非标准化估计	S.E.	C.R.	P	标准化估计
感知分配公平←初始品牌关系质量	0.375	0.089	4.212	***	0.421
感知程序公平←初始品牌关系质量	0.539	0.129	4.197	***	0.403
感知互动公平←初始品牌关系质量	0.709	0.099	7.148	***	0.678
再续信心利益←初始品牌关系质量	0.412	0.087	4.720	***	0.409
再续定制利益←初始品牌关系质量	0.414	0.102	4.066	***	0.343
再续情感利益←初始品牌关系质量	0.410	0.103	4.002	***	0.462
再续经济利益←初始品牌关系质量	0.312	0.071	4.375	***	0.335
再续关系满意←感知分配公平	0.428	0.091	4.693	***	0.392
再续关系满意←感知程序公平	0.143	0.058	2.462	0.014	0.197
再续关系满意←感知互动公平	0.199	0.050	3.938	***	0.214
再续关系满意←再续情感利益	0.249	0.063	3.944	***	0.284
再续关系满意←再续信心利益	0.224	0.061	3.684	***	0.232
再续关系满意←再续定制利益	0.130	0.050	2.598	0.009	0.161
再续关系信任←再续情感利益	0.147	0.057	2.580	0.010	0.143
再续关系信任←再续信心利益	0.378	0.059	6.385	***	0.418

续表

模型路径	非标准化估计	S.E.	C.R.	P	标准化估计
再续关系信任←再续定制利益	0.143	0.045	3.166	0.002	0.190
再续关系信任←感知分配公平	0.252	0.049	4.975	***	0.314
再续关系信任←感知互动公平	0.283	0.054	4.650	***	0.300
再续关系信任←再续关系满意	0.285	0.048	5.908	***	0.304
再续关系意向←再续关系满意	0.192	0.083	1.993	0.006	0.210
再续关系意向←再续关系信任	0.369	0.070	5.289	***	0.378
再续关系意向←感知分配公平	0.163	0.084	1.974	0.042	0.188
再续关系意向←感知程序公平	0.140	0.036	3.898	***	0.211
再续关系意向←再续情感利益	0.200	0.065	3.049	0.002	0.199
再续关系意向←再续信心利益	0.302	0.058	5.197	***	0.393
再续关系意向←再续定制利益	0.221	0.049	4.523	***	0.300

注：***代表0.001的显著水平。

由表6-39可以看出，修正模型中的所有路径系数都达到了0.05以上的显著水平。各潜在变量的衡量指标的因子载荷均位于0.50~0.95的标准状态，且均达到0.001的显著水平，修正模型总体上符合拟合标准。

综上，修正模型相对初始模型更有效，适配度更好。所以本书把修正模型作为最终模型。

6.4.3 解读模型

1. 研究假设检验

通过结构方程模型分析，来验证本研究提出的研究假设。由于本研究构建的最终模型适配度比较理想，因而研究假设可通过模型中的路径系数来检验。

从最终模型的路径检验结果来看，模型中的所有研究假设都得到了证实。其中，"再续关系满意←感知程序公平"和"再续关系意向←感知分配公平"的路径系数在0.05的水平上显著；"再续关系满意←再续定制利益""再续关系信任←再续情感利益""再续关系信任←再续定制利益""再续关系意向←再续关系满意"和"再续关系意向←再续情感利益"的路径系数在0.01的水平上显著。其他路径都在 0.001 的显著性水平下通过了检验。

结合前文的模型修正过程，所有研究假设检验结果如表 6-40 所示。

表 6-40 所有研究假设检验结果

假设内容	标准化路径系数	P	检验结果
H1a：初始品牌关系质量正向影响感知补救分配公平	0.421	***	支持
H1b：初始品牌关系质量正向影响感知补救程序公平	0.403	***	支持
H1c：初始品牌关系质量正向影响感知补救互动公平	0.678	***	支持
H2a：初始品牌关系质量正向影响感知再续经济利益	0.335	***	支持
H2b：初始品牌关系质量正向影响感知再续情感利益	0.462	***	支持
H2c：初始品牌关系质量正向影响感知再续信心利益	0.409	***	支持
H2d：初始品牌关系质量正向影响感知再续定制利益	0.343	***	支持
H3a：感知补救分配公平正向影响再续关系意向	0.188	*	支持
H3b：感知补救程序公平正向影响再续关系意向	0.211	***	支持
H3c：感知补救互动公平正向影响再续关系意向	0.024	0.717	不支持
H4a：感知再续经济利益正向影响再续关系意向	−0.037	0.522	不支持
H4b：感知再续情感利益正向影响再续关系意向	0.199	**	支持
H4c：感知再续信心利益正向影响再续关系意向	0.393	***	支持
H4d：感知再续定制利益正向影响再续关系意向	0.300	***	支持
H5a：感知补救分配公平正向影响再续关系满意	0.392	***	支持
H5b：感知补救程序公平正向影响再续关系满意	0.197	*	支持
H5c：感知补救互动公平正向影响再续关系满意	0.214	***	支持
H6a：感知补救分配公平正向影响再续关系信任	0.314	***	支持
H6b：感知补救程序公平正向影响再续关系信任	0.083	0.093	不支持
H6c：感知补救互动公平正向影响再续关系信任	0.300	***	支持
H7a：感知再续经济利益正向影响再续关系满意	0.002	0.270	不支持
H7b：感知再续情感利益正向影响再续关系满意	0.284	***	支持
H7c：感知再续信心利益正向影响再续关系满意	0.232	***	支持
H7d：感知再续定制利益正向影响再续关系满意	0.161	**	支持
H8a：感知再续经济利益正向影响再续关系信任	0.080	0.146	不支持

续表

假设内容	标准化路径系数	P	检验结果
H8b：感知再续情感利益正向影响再续关系信任	0.143	**	支持
H8c：感知再续信心利益正向影响再续关系信任	0.418	***	支持
H8d：感知再续定制利益正向影响再续关系信任	0.190	**	支持
H9：再续关系满意正向影响再续关系意向	0.210	**	支持
H10：再续关系满意正向影响再续关系信任	0.304	***	支持
H11：再续关系信任正向影响再续关系意向	0.378	***	支持

注：*代表0.05的显著水平，**代表0.01的显著水平，***代表0.001的显著水平。

2. 中介效应检验

本研究的重要使命是验证理论模型设计的感知再续关系价值通过再续关系情感对再续关系意向的间接影响，也就是检验再续关系满意和再续关系信任两个变量的中介效应。为此，本书通过对结构方程模型路径分析中各潜在变量之间的直接效果、间接效果和总效果的整理加以分析。直接效果反映了外源变量对内生变量的直接影响，间接效果描述了外源变量通过内生变量对另一内生变量的影响。一般以标准化的路径系数作为直接效果值，间接效果值等于直接效果的路径系数值相乘。总效果值为直接效果和间接效果值之和。通过直接效果、间接效果和总效果的分析，可以明确各外源变量对内生变量影响程度的差异以及是否存在中介效应（见表6-41）。

表6-41 外源变量对内生变量的影响效应

	效果值	分配	程序	互动	经济	情感	信心	定制
再续关系满意	总效果	0.392	0.197	0.214	不显著	0.284	0.232	0.161
再续关系信任	总效果	0.314	不显著	0.300	不显著	0.143	0.418	0.190
再续关系意向	直接	0.188	0.211	不显著	不显著	0.199	0.393	0.300
	间接	0.246	0.064	—	—	0.147	0.234	0.125
	总效果	0.434	0.275	—	—	0.346	0.627	0.425

注：表中部分变量简写，如感知分配公平简写为分配、再续经济利益简写为经济。

由于七个外源变量对再续关系满意和再续关系信任这两个内生变量只有直接效果，没有间接效果，直接效果就等于总效果，因此在表中只列出了总效果。

从外源变量对再续关系满意的总效果来看，从大到小依次为感知补救分配公平（0.392）、感知再续情感利益（0.284）、感知再续信心利益（0.232）、感知补救互动公平（0.214）、感知补救程序公平（0.197）、感知再续定制利益（0.161），感知再续经济利益由于路径系数不显著，无法比较。

从外源变量对再续关系信任的总效果来看，从大到小依次为感知再续信心利益（0.418）、感知补救分配公平（0.314）、感知补救互动公平（0.300）、感知再续定制利益（0.190）和感知再续情感利益（0.143）；感知补救程序公平和感知再续经济利益由于路径系数不显著，无法比较。

从外源变量对再续关系意向的直接效果来看，从大到小依次为感知再续信心利益（0.393）、感知再续定制利益（0.300）、感知补救程序公平（0.211）、感知再续情感利益（0.199）和感知补救分配公平（0.188）；感知补救互动公平和感知再续经济利益由于路径系数不显著，无法比较。

从外源变量对再续关系意向的间接效果来看，从大到小依次为感知补救分配公平（0.246）、感知再续信心利益（0.234）、感知再续情感利益（0.147）、感知再续定制利益（0.125）、感知补救程序公平（0.064）。

从外源变量对再续关系意向的总效果来看，从大到小依次为感知再续信心利益（0.627）、感知补救分配公平（0.434）、感知再续定制利益（0.425）、感知再续情感利益（0.346）、感知补救程序公平（0.275）。

(1) 感知补救公平价值对再续关系意向间接效果的路径轨迹：

感知补救分配公平→再续关系满意→再续关系意向＝0.082

感知补救分配公平→再续关系信任→再续关系意向＝0.119

感知补救分配公平→再续关系满意→再续关系信任→再续关系意向＝0.045

感知补救程序公平→再续关系满意→再续关系意向＝0.041

感知补救程序公平→再续关系满意→再续关系信任→再续关系意向＝0.023

因此，再续关系满意在感知补救分配公平、感知补救程序公平与再续关系意向间起中介作用、再续关系信任在感知补救分配公平价值与再续关系意向间起中介作用的假设得到支持。

(2) 感知再续关系利益对再续关系意向间接效果的路径轨迹：

感知再续情感利益→再续关系满意→再续关系意向＝0.060

感知再续情感利益→再续关系信任→再续关系意向＝0.054

感知再续情感利益→再续关系满意→再续关系信任→再续关系意向＝0.033

感知再续信心利益→再续关系满意→再续关系意向＝0.049

感知再续信心利益→再续关系信任→再续关系意向＝0.158

感知再续信心利益→再续关系满意→再续关系信任→再续关系意向＝0.027

感知再续定制利益→再续关系满意→再续关系意向＝0.034

感知再续定制利益→再续关系信任→再续关系意向＝0.072

感知再续定制利益→再续关系满意→再续关系信任→再续关系意向＝0.019

因此，再续关系满意在感知再续情感利益、感知再续信心利益、感知再续定制利益与再续关系意向间起中介作用的假设得到支持。再续关系信任在感知再续情感利益、感知再续信心利益、感知再续定制利益与再续关系意向间起中介作用的假设得到支持。另外，由以上的路径轨迹可以得出，再续关系信任在再续关系满意和再续关系意向间起中介作用，且中介效应为0.304×0.378＝0.115（见表6-42）。

表6-42 中介作用检验结果汇总

假设内容	检验结果
H12a：再续关系满意在补救分配公平与再续关系意向的关系间起中介作用	支持
H12b：再续关系满意在补救程序公平与再续关系意向的关系间起中介作用	支持
H12c：再续关系满意在补救互动公平与再续关系意向的关系间起中介作用	不支持
H13a：再续关系满意在再续关系经济利益与再续关系意向的关系间起中介作用	不支持
H13b：再续关系满意在再续关系情感利益与再续关系意向的关系间起中介作用	支持
H13c：再续关系满意在再续关系信心利益与再续关系意向的关系间起中介作用	支持
H13d：再续关系满意在再续关系定制利益与再续关系意向的关系间起中介作用	支持
H14a：再续关系信任在补救分配公平与再续关系意向的关系间起中介作用	支持
H14b：再续关系信任在补救程序公平与再续关系意向的关系间起中介作用	不支持
H14c：再续关系信任在补救互动公平与再续关系意向的关系间起中介作用	不支持
H15a：再续关系信任在再续关系经济利益与再续关系意向的关系间起中介作用	不支持
H15b：再续关系信任在再续关系情感利益与再续关系意向的关系间起中介作用	支持
H15c：再续关系信任在再续关系信心利益与再续关系意向的关系间起中介作用	支持
H15d：再续关系信任在再续关系定制利益与再续关系意向的关系间起中介作用	支持
H16：再续关系信任在再续关系满意与再续关系意向的关系间起中介作用	支持

6.5 实证结果讨论

在完成信度检验、测量模型检验、结构模型检验、中介效应检验等工作的基础上，现对实证研究结果予以讨论。

6.5.1 感知再续关系价值的结构

本书创新性地提出了感知再续关系价值的概念，将其作为驱动顾客再续品牌关系的力量。在通过质性研究方法得到的顾客感知再续关系价值维度的基础上，利用探索性因子分析和验证性因子分析进行实证检验，得到顾客感知再续关系价值由感知补救公平价值和感知再续关系利益构成。其中，感知补救公平价值由感知补救分配公平、感知补救程序公平、感知补救交互公平3个因子构成；感知再续关系利益由感知再续经济利益、感知再续情感利益、感知再续信心利益和感知再续定制利益4个因子构成。关系利益突破了Gwiner（1998）三维度构成，将特惠利益区分为经济利益与定制利益，能够较好地体现顾客再续断裂的品牌关系阶段的价值期望。

6.5.2 初始品牌关系质量对感知再续关系价值的影响

由于再续品牌关系的顾客是初始品牌关系中因关系断裂而流失的顾客，因而该类顾客与服务商在良性品牌关系存续期的关系质量对再续关系时顾客的价值期望与实际价值感知存在一定影响。实证研究证实了H1、H2的全部7个假设，初始品牌关系质量显著正向影响顾客感知再续关系价值的7个维度。其中，在顾客感知补救公平价值3个维度中，初始关系质量对感知补救互动公平的影响最显著，在0.001的显著性水平下，路径系数达到0.678，表明品牌关系断裂前关系质量越高，顾客对企业服务补救过程中的沟通越容易接受。在顾客感知再续关系利益的4个维度中，初始关系质量对感知再续情感利益影响最显著，其余依次为：感知再续信心利益、感知再续定制利益、感知再续经济利益。该结论与上述感知互动公平价值的结论是一致的，初始关系越密切，顾客越相信再续品牌关系能够带来情感价值。初始品牌关系质量对再续关系价值感知影响的结论从一个侧面证明了再续品牌关系阶段是品牌关系生命周期的有效构成，再续关系阶段的顾客心理与行为与关系维持阶段有密切关系。

6.5.3 感知再续关系价值对再续关系意向的影响

1. 感知补救公平价值对再续关系意向的影响

服务营销研究领域，服务商通过服务补救达到关系维持的成果很多，但在品牌关系断裂后，补救公平是否能够驱动顾客再续关系的成果十分缺乏。本书实证结果显示，感知补救公平 3 个维度对再续关系意向的影响是不同的。其中，感知补救程序公平在 0.001 显著性水平上对再续关系意向产生影响，路径系数为 0.211，H3b 得证；感知补救分配公平在 0.05 显著性水平上对再续关系意向产生影响，路径系数为 0.188，H3a 得证，而感知补救互动公平对再续关系意向的影响系数为 0.024，P 值为 0.717，没有通过显著性检验，H3c 与原假设不符。程序公平反映的是顾客从服务商在服务补救制度设计与实施过程中感知到的公平性，感知补救程序公平在三种公平感知中对顾客再续关系意向影响最大，表明顾客再续关系行为更多受到企业制度设计与实施的影响，这也是顾客消费理性水平提升的表现。与现有服务补救绩效的部分研究结论不同，感知补救互动公平对顾客再续关系意向的作用未得到证明，可能是本研究对象为因服务失败而导致的品牌关系断裂顾客，尽管并未设定失败具体原因，但导致关系断裂的服务失败在程度上一定是很高的，对顾客的负面影响也是严重的，服务商仅靠服务补救过程中的人员表现可能难以使顾客感受到其补救诚意。

2. 感知再续关系利益对再续关系意向的影响

现有文献对于良性品牌关系状态下关系利益对关系保留意向的研究成果较多，但尚未涉及断裂后的关系情景下关系利益对关系再续的影响。本书的实证研究显示，感知再续关系利益的维度中有 3 个维度正向影响再续关系意向，其中，感知再续信心利益、感知再续定制利益在 0.001 显著性水平上影响再续关系意向，路径系数分别为 0.393、0.300；感知再续情感利益在 0.01 显著性水平上影响再续关系意向，路径系数为 0.199，因此，假设 H4b、H4c、H4d 得到验证。这一研究结论表明，即使在品牌关系断裂的不利关系状态下，如果服务商能够基于以往关系质量和有效服务补救，让顾客意识到再续品牌关系可以使自己从关系保留中获得个性化服务、风险降低、良好人员互动等好处，将非常有利于顾客再续品牌关系意愿的形成。其中，提高顾客对未来消费的信心、降低感知风险和不确定性应该是关系再续阶段服务商的努力重点。

实证结果显示，感知再续经济利益对再续关系意向的影响系数为 −0.037，P 值为 0.522，不仅未通过显著性检验，从路径系数看两者呈负相关关系，该结论与原假设不符。原因可能在于再续关系利益是顾客再续与企业的品牌关系后能够从长期合作关系中获得的核心利益之外的其他利益，包括进一步减少消费风险、强化与服务人员的个人友情、获得个性化服务等，这些基于"关系"的利益是需要通过双方长期的关系互动来感知的，是以情感为基础和支撑的，仅仅依靠某个时点的经济上的实惠是难以打动顾客的,甚至可能产生适得其反的作用。

6.5.4 感知再续关系价值对再续关系情感的影响

1. 感知补救公平价值对再续关系满意的影响

关于服务补救的大量成果已经揭示,以补救公平衡量的服务补救能够实现二次满意,进而实现服务的整体满意。本次实证研究结果显示,感知补救公平价值的3个维度均对顾客再续关系满意有显著正向影响。其中,感知补救分配公平、感知补救互动公平在0.001显著性水平上对再续关系满意的路径系数分别为0.392、0.214,感知补救程序公平在0.05显著性水平上对再续关系满意的路径系数为0.197,假设H5a、H5b、H5c得证。该实证结果表明,即使在企业发生严重服务失败导致品牌关系断裂的前提下,如果企业能够实施有效的服务补救,使顾客确切地感知到补救公平,顾客就会对企业产生满意情感,这一结论与以往品牌关系维持阶段的研究结论是一致的,也提示服务商不要因为品牌关系断裂而放弃应尽的服务补救努力。

在感知补救公平价值三个维度中,分配公平对再续关系满意的影响最大,互动公平次之,程序公平的影响最小。这表明,顾客因遭遇企业服务失败而断裂关系,再续关系的前提是上一次的价值损失得以弥补,因此分配公平价值对满意情感的形成影响最大。该结论与感知补救公平价值对再续关系意向影响的结论在表面上看有某种不一致,因为在感知补救公平对再续关系意向的影响结论中,感知补救程序公平对再续意向的影响最大。事实上,再续关系满意是一种情感变量,是顾客对服务补救的情感回应,而再续关系意向是一种理性的行为倾向,更多考虑长期关系,因而顾客更倾向于考虑服务商的服务补救制度设计与实施这种能够反映出服务商管理水平的理性因素,只有服务补救完善的公司才值得再续关系。

2. 感知补救公平价值对再续关系信任的影响

相对于感知补救公平对顾客二次满意的影响,现有成果中关于补救公平对顾客信任的影响成果明显较少,而对品牌关系断裂后服务商服务补救能否实现顾客再信任还未发现相关成果。本书实证分析结果发现,感知补救公平价值的3个维度对再续关系信任的影响不尽相同。其中,感知补救分配公平、感知补救互动公平两个维度在0.001显著性水平上对再续关系信任产生影响,路径系数分别为:0.329、0.300,H6a、H6b得到证实。感知补救程序公平对再续关系信任的系数为0.083,P值为0.093,H6c未通过检验。再续关系信任是顾客基于以往品牌关系对再续关系后品牌履行其能力和善意承诺的正面预期和品牌认可意愿，补救程序公平反映着服务商在服务补救过程中的政策、响应性、灵活性等补救表现，该公平维度综合反映了服务商的能力承诺与善意承诺，应该对再续关系信任产生影响。实证结果虽然路径系数为正，但未通过显著性检验，可能的解释是该公平维度着眼于补救过程，对补救结果缺乏关注，在一般的服务失败情况下，服务商如能及时响应顾客要求，处理问题公正合理，是可以得到顾客理解和接受的。而本研究是以品牌关系断裂为前提，相对于一般服务失误，导致品牌关系断裂的服务失败对顾客造成的损失程度更大，顾客对补救的期望更高，既要求有满意的补救过程，更需要理想的补救结果，因而仅有程序公平可能难以满足其要求。

3. 感知再续关系利益对再续关系满意的影响

品牌关系再续阶段的感知再续关系利益是本书首创的概念。实证研究结果显示，感知再续关系利益不同维度对再续关系满意的影响不同。其中，感知再续情感利益、感知再续信心利益在0.001显著水平上对再续关系满意发挥作用，影响的路径系数分别为0.284、0.232，感知再续定制利益在0.01显著性水平上对再续关系满意产生影响，路径系数为0.161，而感知再续经济利益对再续关系满意的影响没有得到检验，H7b、H7c、H7d得到验证。这表明，即使在断裂品牌关系的背景下，如果服务商能够让顾客感知到再续关系带来的好处，包括与服务人员的互动、消费风险降低、得到个性化服务等，这些利益感知仍能促使顾客形成正面的满意情感。再续品牌关系的关系利益对再续关系满意的影响结果，与现有研究中关系利益对满意的影响结果基本一致，表明来自核心价值之外的因关系带来的利益对顾客长期关系情感具有正面影响，这一影响不仅表现于顾客与品牌良性关系的存续阶段，在关系断裂后这一价值仍然会对后续关系产生正面影响。也可以认为，只要服务商能够让顾客感知从双方关系互动中得到价值，就可以激发其正向情感反应。

实证研究中，感知再续经济利益对再续关系满意的影响系数为0.002，P值为0.270，虽为正向影响，但影响很弱，且未通过显著性检验，H7a没有得到验证。原因可能在于服务失败严重至顾客采取断裂关系的行为以维护自己的利益，为再续关系的顾客提供经济上的实惠是应尽之责，提供经济利益不一定带来满意感，但如果不提供则可能导致不满意。

4. 感知再续关系利益对再续关系信任的影响

研究结果显示，感知再续关系利益4个维度对再续关系信任的影响不完全相同。除感知再续经济利益对再续关系信任的影响未得到证实外，其余维度对再续关系信任均有正向影响。感知再续信心利益在 0.001 显著性水平上对再续关系信任产生显著影响，路径系数为 0.418；感知再续情感利益、感知再续定制利益在 0.01 显著性水平上对再续关系信任产生影响，路径系数分别为 0.143、0.190，H8b、H8c、H8d 得到验证，H8a 未得到验证。在得到验证的 3 个维度中，影响最为显著的是感知再续信心利益，这与以往对良性品牌关系背景下的研究结果相符合。因为信心利益是顾客对未来关系的焦虑感降低所带来的利益，顾客感知的信心利益越高，对再续关系越有信心，从而信任度越高。感知再续经济利益与信任的关系未得到检验，原因与前述感知再续经济利益与再续关系满意验证结果的分析相同。

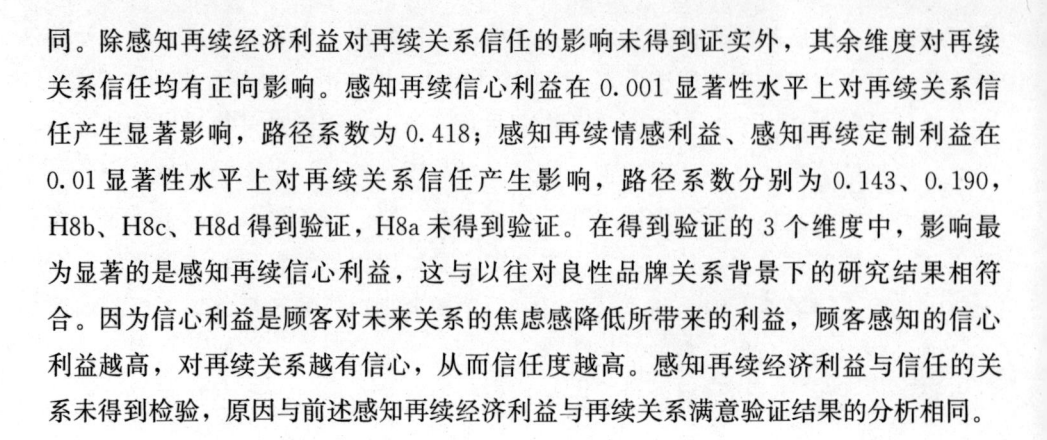

6.5.5 再续关系情感对再续关系意向的影响

1. 再续关系满意对再续关系意向的影响

实证结果再次显示，关系满意对以顾客重复购买和正向口碑衡量的再续关系意向有显著正向影响，假设 H9 得到证实。该结论与以往研究良性品牌关系状态下的研究结论是一致的，表明态度结构中的情感因素对行为意向的重要影响，也说明即使在品牌关系断裂后，企业通过实施服务补救、提供关系利益促使顾客对再续关系产生满意情感后，仍然能够驱动顾客进一步的关系再续行为意向。

2. 再续关系信任对再续关系意向的影响

实证数据显示，再续关系信任在 0.001 显著性水平上对再续关系意向产生显著正向影响，路径系数为 0.378，假设 H11 得证。该结论表明，顾客对再续品牌关系产生信任感后，这种情感将显著正向影响其再续关系的意向，进一步证明了关系信任对关系保留的积极作用。

再续关系满意、再续关系信任对再续关系意向的显著正向影响为本研究的核心假设——感知再续关系价值通过再续关系情感驱动顾客再续品牌关系的间接作用机制——的验证提供了必要的前提条件。

6.5.6 再续关系情感的中介效应

1. 再续关系满意的中介效应

结构模型检验中，通过变量间直接效应、间接效应与总效应的数据分析显示，再续关系满意变量在感知补救分配公平、感知补救程序公平、感知再续情感利益、感知再续信心利益、感知再续定制利益这 5 个感知再续关系价值维度与再续关系意向的关系之间起到中介作用。中介效应从大到小依次为：感知再续定制利益、感知补救分配公平、感知再续情感利益、感知补救程序公平、感知再续信心利益。再续关系满意中介效应的存在，增强了上述 5 变量对再续关系意向的驱动作用，验证了感知再续关系价值通过再续关系满意对再续关系意向发挥作用这一间接路径的存在。由于感知补救互动公平对再续关系意向的直接作用没有得到检验，感知再续经济利益对再续关系满意、再续关系意向的作用均未得到检验，再续关系满意在这两个变量与再续关系意向的关系中不具有中介效应。

2. 再续关系信任的中介效应

结构模型检验中，通过变量间直接效应、间接效应与总效应的数据分析显示，再续关系信任变量在感知补救分配公平、感知再续情感利益、感知再续信心利益、感知再续定制利益这 4 个感知再续关系价值维度与再续关系意向的关系之间起到中介作用。中介效应从大到小依次为：感知再续定制利益、感知补救分配公平、感知再续情感利益、感知再续信心利益。由于再续关系信任中介效应的存在，增强了上述 4 变量对再续关系意向的驱动作用，验证了感知再续关系价值通过再续关系信任对再续关系意向发挥作用这一间接路径的存在。由于感知补救程序公平对再续关系信任、感知补救互动公平对再续关系意向、感知再续经济利益对再续关系信任和再续关系意向的影响假设均未得到验证，再续关系信任在上述 3 个变量与再续关系意向的关系中不具有中介效应。此外，数据分析还发现，再续关系信任在再续关系满意与再续关系意向的关系间发挥中介效应，由于再续关系信任的加入，再续关系满意对再续关系意向的作用由 0.210 提至 0.315，进一步增强了再续关系满意对再续关系意向的驱动力。

6.6　本章小结

本章以 8 省市 856 名餐厅顾客的问卷调查数据为对象，综合应用 SPSS、AMOS 统计软件验证研究假设和理论模型。主要工作包括：一是对 856 份有效问卷进行样本特征的描述性统计分析，以及结构方程研究的数据准备；二是对问卷信度进行检验；三是各使用一半数据，分别通过探索性因子分析和验证性因子分析对测量模型进行检验；四是使用全样本数据对结构模型进行检验；五是对实证结果进行了分析讨论。实证结果显示，本研究共计 46 个研究假设中有 36 个假设得到验证，初步验证了理论模型的合理性。

第 7 章 结论与展望

7.1 研究结论

本研究以社会心理学的态度理论和社会交换理论为依据构造研究的理论框架，以服务营销学的服务补救理论与品牌关系理论为基础构建变量关系、进行假设推演，以来自餐厅服务业的 856 份有效问卷数据为对象进行实证检验，具体回答了绪论中提出的两个研究问题，即：哪些因素驱动顾客再续断裂的品牌关系？这些因素的作用机制如何？研究得到以下主要结论：

1. 感知再续关系价值是顾客再续品牌关系的根本驱动因素

感知再续关系价值是顾客从再续品牌关系的交换活动中感知到的利益与付出的成本权衡后对再续关系的总体评价。质性研究结果表明，感知再续关系价值由感知补救公平价值和感知再续关系利益构成。其中，感知补救公平价值反映了再续品牌关系能够给顾客带来的现实价值，包括感知补救分配公平、感知补救程序公平、感知补救互动公平；感知再续关系利益则反映再续品牌关系给顾客带来的核心服务价值之外的由"关系"本身带来的潜在价值，包括感知再续经济利益、感知再续情感利益、感知再续信心利益和感知再续定制利益。

2. 感知再续关系价值通过直接和间接双重路径作用于顾客的品牌关系再续意向

研究证实，"再续关系价值认知—再续关系情感—再续关系行为意向"的理论逻辑准确地刻画了基于顾客价值视角的品牌关系再续机制，服务品牌关系再续行为本质上是顾客感知到再续关系能够给自己带来的现实或潜在利益而做出的行为反应，该反应通过两条路径实现。从直接作用看，感知再续关系价值 5 个变量对再续关系意向有显著正向影响，作用从大到小依次为：感知再续信心利益、感知再续定制利益、感知补救程序公平、感知再续情感利益、感知补救分配公平。从间接作用看，感知再续关系价值 5 个变量通过再续关系满意和再续关系信任对再续关系意向产生显著正向影响，作用从大到小依次为：感知补救分配公平、感知再续信心利益、感知再续情感利益、感知再续定制利益、感知补救程序公平。

从感知再续关系价值对再续关系满意的总效应看,作用从大到小依次为:感知再续信心利益、感知补救分配公平、感知再续定制利益、感知再续情感利益、感知补救程序公平。可以看到,感知再续关系价值5变量既直接作用于顾客再续关系意向,也通过再续关系满意和再续关系信任间接作用于再续关系意向,实证研究结论证明了本书理论模型的合理性。与此同时,无论是感知再续关系价值对再续关系意向影响的直接效应、间接效应还是总效应,感知再续信心利益、感知补救分配公平都是对再续关系意向影响最显著的两个价值变量。

3. 感知再续关系价值各维度对顾客再续关系情感与再续关系意向具有差异化效应

感知再续关系价值对再续关系满意的实证研究结果表明,感知补救公平价值的3个维度对再续关系满意均有显著正向影响,其中,感知补救分配公平的作用最为显著。感知再续关系利益4个维度中,感知再续信心利益、感知再续定制利益、感知再续情感利益对再续关系满意有显著影响,其中,感知再续情感利益效应最大,但感知经济利益的作用不显著。感知再续关系价值对再续关系信任的实证研究结果表明,感知补救公平价值的感知补救分配公平和感知补救互动公平显著影响再续关系信任,感知补救程序公平对信任的作用不显著。感知再续关系利益的感知再续信心利益、感知再续情感利益与感知再续定制利益对再续关系信任有显著影响,其中,感知再续信心利益效应最大,感知再续经济利益作用不显著。感知补救公平价值三维度中,感知补救程序公平对再续关系意向的直接效应最大,其次是感知补救分配公平,而感知补救互动公平对再续意向的作用不显著。感知再续关系利益四维度中感知再续信心利益、感知再续定制利益、感知再续情感利益直接作用于再续关系意向,其中,感知再续信心利益直接效应最大,感知再续经济利益对再续意向的作用不显著。

4. 再续关系满意和再续关系信任在感知再续关系价值与再续关系意向间发挥重要的中介作用

研究显示,再续关系满意在感知再续关系价值5个维度与再续关系意向的关系间起中介作用,再续关系信任在感知再续关系价值4个维度与再续关系意向的关系间起中介作用。由于存在两条中介路径,大大提高了感知再续关系价值对再续关系意向的驱动作用,也进一步证明了本研究理论框架的合理性。

7.2 管理启示

1. 服务商应树立品牌关系全生命周期管理理念

企业品牌关系管理的重点一直是针对新顾客的关系建立与针对老顾客的关系维持,对因关系断裂流失的顾客的重视非常不够。在当前顾客资源日益紧缺的竞争形势下,将品牌关系断裂后的再续关系纳入整个品牌关系生命周期,强化对流失顾客的管理,这不仅是竞争所必需的,也是本书经过研究证明可以实现的管理目标。研究表明,在企业与顾客维持良好的品牌关系质量的前提下,一旦服务失败导致品牌关系断裂,如果企业能够实施有效的服务补救,使顾客感知到遭遇的各种损失得到公平补偿,并基于以往双方的关系质量对重建与品牌的关系产生期望后,就可以直接促使顾客产生再续关系意向,或通过促使顾客产生积极关系情绪间接促动顾客产生再续关系意向。也就是说,品牌关系再续的效果是能够得到系统的理论解释与实证检验的,这与 Homburg 等(2010)的研究结论是一致的,顾客能否再续断裂的品牌关系并非靠运气,而是取决于企业是否重视以及如何对再续活动进行有效管理。从理想的再续关系绩效要求出发,服务商应树立品牌关系全生命周期管理理念,将再续关系管理纳入品牌关系管理工作中,构造管理系统,出台管理制度,将品牌关系质量作为日常品牌关系管理的重要指标,监控品牌关系变化趋势,为主动实施有效的再续关系策略打下基础。

2. 服务商应将为顾客创造满意的再续关系价值作为品牌关系再续管理的核心

按照社会交换理论,从顾客的角度出发,他是否愿意保留在一段关系中,取决于关系保留的行为选择能否为他带来期望的利益和价值。研究显示,品牌关系断裂的顾客再续关系的前提仍是再续关系带来的价值能满足顾客的价值期望。本研究证明,顾客感知再续关系价值由感知补救公平价值和感知再续关系利益构成,前者反映了顾客对因服务失败造成损失的公平补偿诉求,后者反映了顾客对未来关系的价值预期。要促动顾客产生再续关系的意愿,服务商必须在把握顾客再续关系价值诉求的基础上,积极创造并传递令其满意的再续关系价值。具体涉及两个方面,一是针对导致顾客关系断裂的服务失败开展有效服务补救工作,使顾客感知到因这次服务失败造成的各种损失能够得到公平的弥补,这是建立后续关系意向的基础;二是基于未来关系视角,让顾客感知到持续关系能够带来的来自关系维持本身的利益,使其对未来的再续关系产生信心,并努力让顾客感知到多种关系利益。

3. 服务商应做好精细化的服务补救管理工作

服务补救虽然是服务企业经常性的管理工作，但在管理实践中，服务补救多是在服务失败发生导致顾客不满或抱怨的情况下进行的，对因严重服务失败造成顾客采取断裂关系后的流失顾客的服务补救工作十分薄弱。本次研究再次明确，顾客再续品牌关系意向产生的首要前提是自己在企业服务失败中遭遇的损失能得到公平补偿，这是企业将顾客从消极情绪状态中解放出来的必要工作。本书的探索性因子分析显示，补救公平三维度共解释了感知补救公平价值65.273%的变异量，其中，补救互动公平一个维度就贡献了42.463%的变异解释量。这表明，再续关系顾客并非对补救公平三维度有相同要求，更不是像许多企业所理解的那样顾客只关注经济补偿。感知补救互动公平反映的是顾客对服务商在服务补救过程中对待顾客的方式、态度等因素的公平性感知，具体表现为服务人员对顾客的尊重、礼貌、诚实、关心以及补救的主动性等人际互动。本书的结构模型验证中，感知补救程序公平对顾客再续关系意向的影响在三维度中最高，感知补救程序公平是顾客对服务商在补救过程中的补救政策、工作程序、补救效率等的公平程度感知，具体表现为服务补救政策、响应性、灵活性等方面。上述结论要求服务商切实了解断裂关系的顾客对服务补救的期望，并有针对性地开展精细化的服务补救工作。

4. 服务商应做好差异化的关系利益管理工作

本研究显示，再续关系利益是驱动顾客再续关系意向的另一价值源头。服务商公平的服务补救是将顾客从消极的心理和情绪状态中拉回品牌关系断裂的节点状态，而要做出再次回到与品牌的关系中的决定，顾客必须对未来的双方关系产生足够信心，明确自己可以从未来关系中得到期待的价值。这种信心既来自顾客对以往关系存续期内关系质量的认识，也来自服务商实施的服务补救表现。关系利益体现在经济、情感、信心与定制化4个方面，再续关系顾客对这4个维度的期望不同。本研究实证结果显示，4因子共解释再续关系利益73.122%的变异量，其中，信心利益一个因子就解释了43.822%的变异量。同时，信心利益对再续关系满意、再续关系信任、再续关系意向均有显著正向影响。可以看出，顾客是否做出再续关系的决定，很大程度上取决于他对未来关系是否有信心。信心利益是顾客因再续断裂的品牌关系而对服务商的信心增强进而焦虑和风险感降低所带来的价值，服务商应该把关系利益管理的重点放在提高顾客信心利益上，具体是通过服务产品品质提高、品牌形象塑造、顾客口碑、售后保障来降低顾客对未来关系的风险感知,增强顾客的信心。

5. 服务商应将提高再续关系正向情感作为再续关系管理的重点

情感是个体态度中成分强度最大的组成部分,以满意、信任等情感指标衡量的品牌关系质量一向是顾客关系维持的重要判定指标。本书再次证明该判定指标同样适用于品牌关系断裂后的顾客再续关系的情感变化过程。分析表明,不仅初始品牌关系质量对再续关系价值感知有显著正向影响,而且顾客再续关系价值感知需要通过满意和信任作用于再续关系意向,再续关系满意和信任这一顾客态度形成的情感阶段成为顾客再续关系行为意向的决定性前置因素。研究证实,感知补救公平中的分配公平、互动公平维度,再续关系利益中的信心利益、定制利益维度都对再续关系满意和信任有显著影响。服务商可针对这些影响再续关系情感的因素开展工作,通过激发顾客对再续关系产生满意和信任的正向情感驱动其产生再续关系意向。

7.3 研究不足

本研究基本实现了预期的研究目标,取得了一些有价值的研究结论,但仍存在一些研究不足,需要在以后的研究中继续深化。

1. 关于研究前提

本研究旨在探索顾客遭遇服务失败而断裂品牌关系后到底是什么因素使其再续关系以及再续关系的心理过程。在时间节点上是考虑关系断裂之后的心理机制,加之本研究变量关系的复杂性,因而未对引发关系断裂的具体原因加以考虑。而在管理实践中,引发品牌关系断裂的原因对顾客情绪及后续行为的影响是复杂的,也有研究成果涉及(张圣亮,2011,2012),但仍需深入探讨。

2. 关于数据获取方法

一方面,本书的研究对象是因企业服务失败导致品牌关系断裂的顾客,研究此类顾客面对企业的服务补救如何再续关系。但在实际调研中发现,目前在国内的服务企业中,因服务失败导致顾客不满意后,服务商当即实施服务补救的现象较多,而等到品牌关系断裂后再主动再续关系的企业就非常少见了,只有一些发生品牌危机事件后特别是被媒体曝光的企业才被迫采取面向群体顾客而非特定对象的挽救措施。由于大样本实验研究的条件局限,本研究只能采用问卷调研方法获取数据。而考虑到上述现实问题,无法使用回忆法的问卷调查,只能采用情景模拟法。虽然设计的品牌关系断裂与再续关系的情景充分考虑了可能的问题,但毕竟不是被访者亲历的过程,其心理感知仍会与亲身感受有所差别,从而影响到对相关问题的客观判断。同时,为了营造关系断裂的条件,情景设置中将餐厅常见的严重的服务失败叠加,可能加重了被试的负面情绪感知,因而对补救公平感知和再续关系利益期望更高,从而影响到某些关系的判断。

另一方面,本研究采用横截面数据收集方法获取一手研究数据,该方法对于比较不同被试间统计差异是有效的,这也是目前管理学同类研究中普遍使用的研究方法。然而,本研究要探索的是顾客品牌关系再续的心理机制,是对顾客品牌关系断裂到再续关系心理过程的深入探究,只有在建构了纵贯研究的基础上,获取特定被访者的动态信息,才能做出更为严谨的因果关系判断。

3. 关于样本的行业代表性

为控制不同服务业技术经济特性差异给研究带来的影响,本书选择餐厅服务业作为研究的样本行业。该做法虽然净化了行业样本间的差异,但研究结论的普适性可能会受到一定影响。

7.4 研究展望

本研究基于对品牌关系管理实践的观察,选择品牌关系生命周期中被忽略的关系再续问题作为研究对象,但当研究深入进行后才逐步发现,该问题未被研究者有效关注可能不无原因。因为不仅现有研究的理论基础十分薄弱,在品牌关系管理实践中,由于再续关系的实践难度以及对再续关系绩效普遍心存疑虑,导致绝大多数服务商没有将品牌关系断裂的顾客作为其关系管理的现实对象来对待。本研究虽然做了一些初步探索,但由于该领域的相对空白性,未来仍有许多课题值得探讨。

1. 关注关系再续前置因素对再续关系的影响

再续关系是在关系断裂基础上的进一步关系发展过程,从关系接续逻辑思考,前置过程的关系特性、断裂原因与断裂特性对再续关系一定会有影响。本书只关注了初始关系质量这一个变量,后续研究可进一步对上述问题进行思考,如关系断裂的顾客归因对再续关系的影响,具体思考发生源(什么原因导致关系断裂)、稳定性(导致关系断裂的原因是否会再现)、可控性(这些原因能否被控制)等因素对再续关系的影响。

2. 深化再续关系情感过程的研究

针对品牌关系再续现有研究中理论基础不足与整体架构缺乏的问题，本书的重点在于搭建再续关系研究的认知—情感—意向框架，以情感这一最重要的态度维度连接再续价值认知与再续关系意向，只使用了满意和信任这样的一级指标，这对刻画顾客再续关系的心路历程还不够细致，未来可以运用更为具体的情感指标揭示引致顾客行为反应的心理变化。

3. 加强对再续关系行为的研究

自态度理论问世以来，尽管学术界存有争议，但市场营销学对顾客行为研究的主流做法是以行为意向预测行为。在当前顾客资源竞争日趋激烈的背景下，顾客转换成本越来越低，因企业服务失败而断裂的品牌关系再续的难度很大，脆弱的再续意向往往无法有效导向再续行为。管理理论最终要服务于管理实践，从研究的社会责任思考，应将品牌关系再续研究延伸至再续行为，探讨再续意向导向再续行为的过程与影响因素，以便为管理实践提供更有价值的理论指导。

4. 关注情景因素对再续关系意向的影响

断裂关系的再续是一个复杂的购买决策过程，除了再续价值的根本驱动外，特定情景变量的作用不可忽视，如服务失败类型与程度、失败归因、行业特性、竞争品牌策略、顾客年龄、顾客机会主义特性、跨文化背景等，也可以考虑调节因素的交互影响。

此外，进行多行业样本研究以获取普适性的研究结论，以纵贯研究的方法获取一手数据都是未来研究可以探索的空间。

附录1 总体测量模型检验输出结果

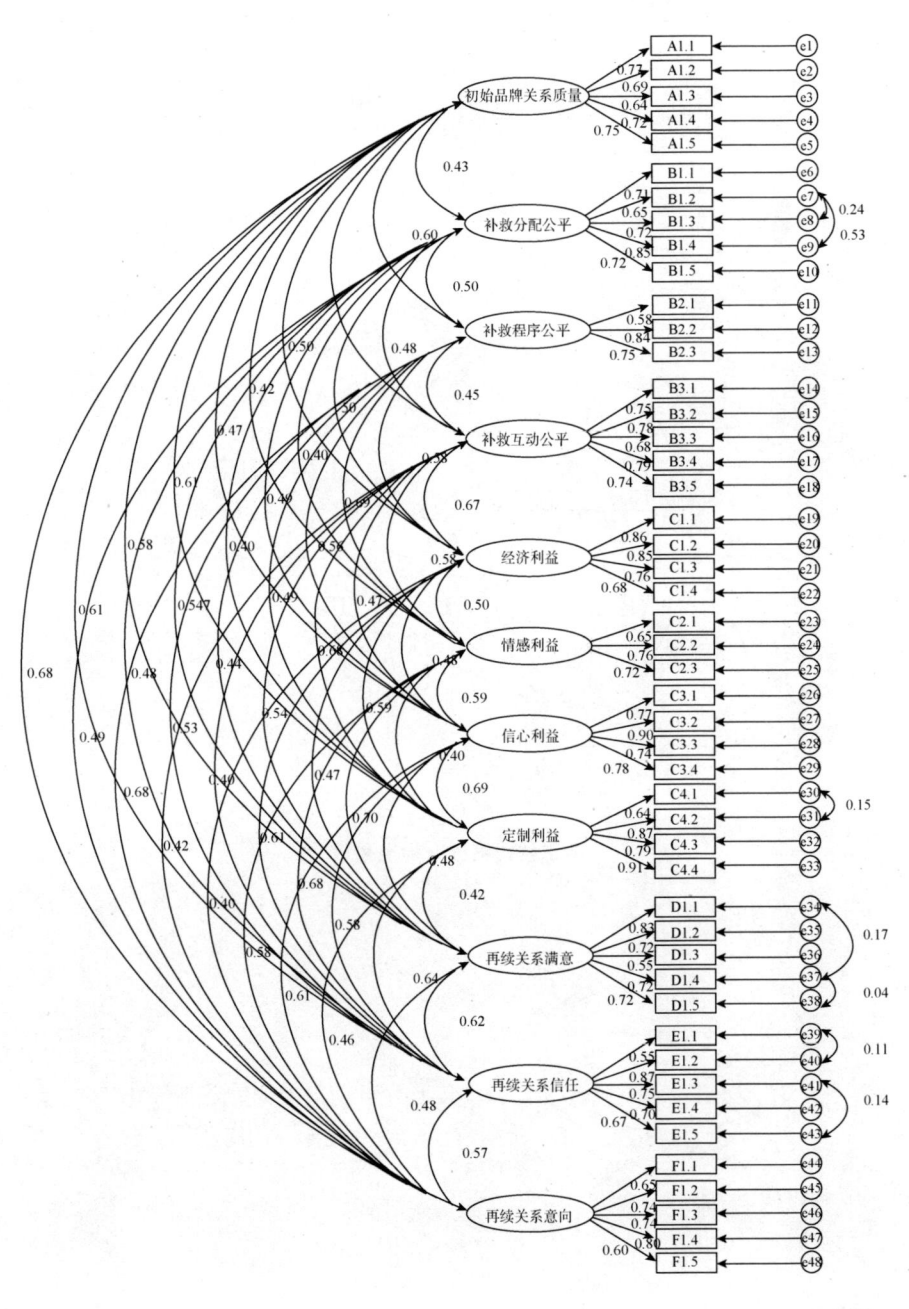

附录2　结构模型检验输出结果

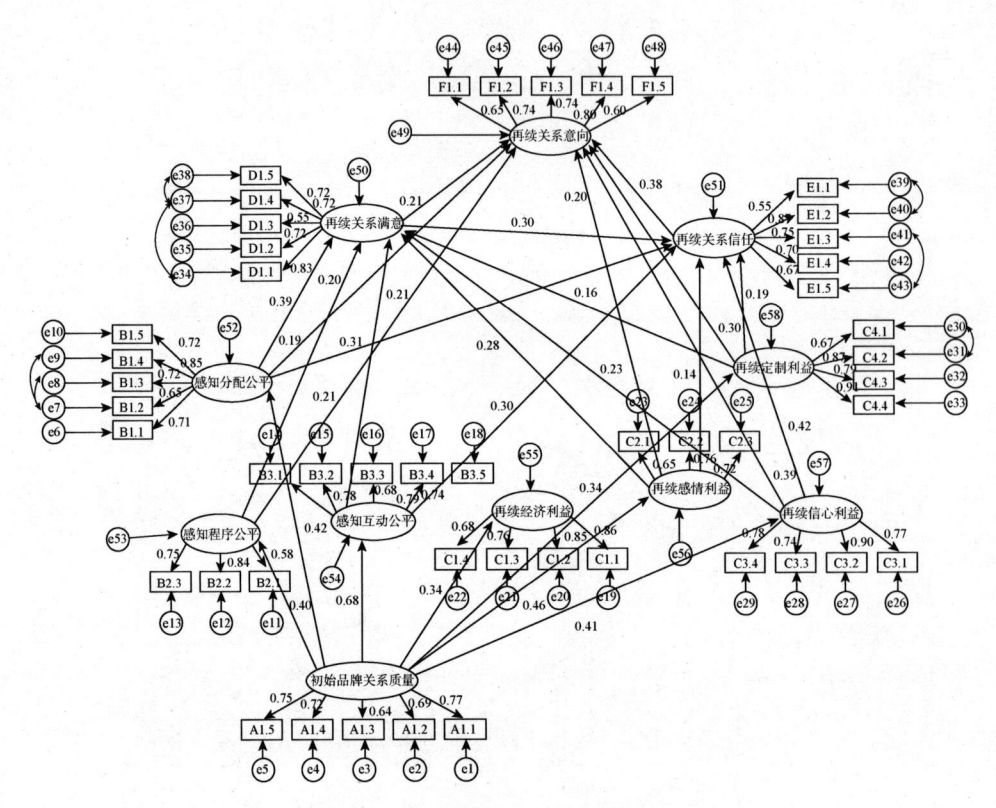

修正结构模型（标准化后）

附录3　服务失败与补救期望调查问卷

尊敬的女士/先生：

　　我们正在开展一项有关服务失败与补救期望的调查活动，需要就一些问题请教您的看法。问卷为匿名形式，答案没有对错之分。此次调查仅供研究之用，您无须有任何顾虑。因为您的意见对我们的研究有重要作用，请一定按自己的真实感受填写。

　　衷心感谢您的支持！

第一部分　调查内容

　　请在您的服务消费中找出一次不愉快的消费经历，在该次消费中由于服务企业的服务失败导致您非常不满意，进而决定不再到该店消费。根据您对此次事件具体情形的回忆，请回答以下问题。

　　1. 这是什么服务？（请选择一个具体行业）

　　具体的服务业_____

　　2. 请描述此次服务失败事件的具体情形（时间、人物、情景、您的情绪反应与心理感受等）

_____
_____
_____
_____

　　3. 您认为企业的服务失败让您损失（或失去）了什么？

_____

　　4. 因为企业的服务失败，您决定（或已经）与该企业断绝关系后企业是否采取服务补救措施对您加以挽回？

　　是（　）　　否（　）

如"是",请写出具体补救措施:

_____

_____

5. 采取了补救措施后您是否恢复了与该企业的关系?

是(　)　　否(　)

6. 如果您已经离开该企业并转向其他企业,请考虑一下,原来的那家企业需要怎样做才可以将您挽回?

_____

_____

第二部分　被调查者信息

1. 您的性别:

(1) 男　(2) 女

2. 您的年龄:

(1) 25 岁以下　(2) 25～35 岁　(3) 36～45 岁　(4) 46～55 岁

(5) 56 岁以上

3. 您的受教育程度:

(1) 高中/中专及以下　(2) 大专　(3) 本科　(4) 研究生

4. 您的职业:

(1) 学生　(2) 教师　(3) 公务员　(4) 事业单位员工

(5) 企业管理者　(6) 企业员工　(7) 医生　(8) 个体经营者

(9) 自由职业者　(10) 其他____

5. 您的年收入:

(1) 5 万元以下　(2) 5 万～10 万元　(3) 10 万～20 万元　(4) 20 万元以上

附录4　服务失败与补救期望焦点访谈提纲

各位好！感谢您在百忙中接受我们的访谈！

我们正在进行一项有关服务消费失败问题的研究，想就相关问题与各位进行讨论，热切希望听到您的意见。

请回忆在过去一年中您是否经历过严重的服务失败？因为此次服务失败您决定与商家断绝消费关系？

1. 如果有此经历，请问这是一项什么服务？
2. 请回忆这次服务失败的具体情节，包括事件发生的时间、地点、人物与具体情节。
3. 请描述您当时的情绪状态与心理反应。
4. 您觉得在此次事件中您的损失是什么？
5. 事件发生后您希望商家做出怎样的补偿？
6. 商家是否做出了相应的补偿？
7. 如果商家做出了相应补偿，您是否继续在该商家处消费？
8. 如果您已离开该商家，请思考它需要如何做才可以将您挽回？

附录5　正式调查问卷

尊敬的女士/先生：

您好！我们正在进行一项有关"服务品牌关系再续意愿"的学术研究，需要就一些问题请教您的看法。问卷为匿名形式，答案没有对错之分。此次调查仅供研究之用，您无须有任何顾虑。因为您的意见对我们的研究有重要作用，请一定按自己的真实感受填写。

衷心感谢您的支持与合作！

以下是一段关于餐厅消费经历的描述，请认真阅读，并试想您自己就是这次消费经历中的主人公。请在认真阅读下面这段文字后，根据自己的感受对后面的问题发表看法。

> 某个周末，为接待一位重要客人，你向几位朋友建议到一个你经常消费的餐厅吃饭。这是一家区域性连锁餐厅，在你所在的城市有较高的知名度，你是该餐厅的金卡会员，以往消费中你对其菜品、环境、服务总体上是满意的，尤其是两款特色菜你评价很高。
>
> 为确保顺利，你下午三点就电话预订了餐厅的雅间。晚上，当你们抵达餐厅时，餐厅人满为患，你庆幸早些预订了餐位。然而，接下来的情况出乎预料：
>
> 1. 先是点菜时你被告知有两款菜今天没有食材。
>
> 2. 之后是上菜速度很慢，在先上了两个凉菜后，几乎每一次都须催促才能上一个，这让你们无法尽兴消费，你十分焦急。
>
> 3. 你盼望那两款特色菜上来后能够缓和气氛，却不知何故今天的菜品口味与平时相差很大，失去应有水准，你们喊来服务生了解情况，原来是特色菜厨师临时调班，导致菜品质量大打折扣，这让你感到很没面子。
>
> 4. 你们要求对这两个菜免单，但服务生表示他没有这样的权限。
>
> 5. 服务生找来餐厅经理，你告知经理你是本店的金卡会员。可经理态度生硬，明确表示金卡会员最多只能打七折，免单不可能。

> 虽然你的客人宽容地表示无所谓，但这次让你很失面子的消费经历令你气愤不已，你当即决定再也不到这家餐厅消费了。
>
> 此后很长时间，你没有再去那家餐厅消费。而是又找到了两家餐厅，它们在菜品、服务、环境等方面也能满足你的要求。
>
> 突然有一天你接到一个陌生的电话，说他是原来那家餐厅新来的王经理。他从会员卡消费记录中发现你已有很长时间没有去消费了，这与你以前的消费频率不同，是不是餐厅的服务出现了问题？如有问题恳请提出以便改正。
>
> 于是你把那次不愉快的经历做了简要叙述，王经理听后立即表示这是餐厅服务的失误，对由此失误给你和你的朋友造成的不快深表歉意，恳请你的谅解，并承诺他们会尽快退还那两道菜的费用。同时，经理还向你介绍，餐厅近期又引进了两位名厨，开发的系列特色菜品陆续面市。此外，为应对竞争，餐厅推出了一些新的优惠服务措施，也在努力开展服务质量提升活动。最后，王经理诚恳地邀请你再次光临餐厅，对他们的服务进行监督和指导。

假如您就是上述服务消费情境中的那位主人公（以下问题中的"我"），请根据以上情景中餐厅所做的服务补救工作，结合您的感受和反应回答以下问题。数字1～5代表着您对该问题认同的程度。针对每一个问题，请在您认同的数字上画"√"。
（1＝完全不同意，2＝不同意，3＝不确定，4＝同意，5＝完全同意）

一、根据上述情景描述，请判断在您遭遇服务失败而与该餐厅断裂关系之前，您与这家餐厅之间的关系状态

题 项	完全不同意← →完全同意 (1分) ← → (5分)				
	1分	2分	3分	4分	5分
A1.1 关系断裂前我对该餐厅提供的服务很满意	1	2	3	4	5
A1.2 关系断裂前该餐厅的实际表现与我的期望一致	1	2	3	4	5
A1.3 关系断裂前该餐厅与我的饮食生活紧密相连	1	2	3	4	5
A1.4 关系断裂前我与该餐厅保持了长时间的关系	1	2	3	4	5
A1.5 关系断裂前我对该餐厅一直很信赖	1	2	3	4	5

二、请针对餐厅王经理所做的服务补救工作，在您认同的分数上画"√"

题 项	完全不同意← →完全同意				
	(1分)← →(5分)				
	1分	2分	3分	4分	5分
B1.1 我得到了应该得到的经济补偿	1	2	3	4	5
B1.2 我得到的补偿结果是公平的	1	2	3	4	5
B1.3 与所受损失比，我认为餐厅提供的补偿是合理的	1	2	3	4	5
B1.4 与其他类似情况比，我认为得到的补偿是合理的	1	2	3	4	5
B1.5 该餐厅满足了我对其服务失败的补偿要求	1	2	3	4	5
B2.1 该餐厅对我遭遇的问题的处理是及时的	1	2	3	4	5
B2.2 该餐厅对我的问题处理的办法是恰当的	1	2	3	4	5
B2.3 该餐厅在处理问题时表现出应有的灵活性	1	2	3	4	5
B3.1 餐厅经理向我表达了歉意	1	2	3	4	5
B3.2 餐厅经理与我进行了良好的沟通	1	2	3	4	5
B3.3 餐厅经理能站在我的角度考虑问题	1	2	3	4	5
B3.4 餐厅经理处理问题的态度是诚恳的	1	2	3	4	5
B3.5 餐厅经理对我表现出应有的尊重	1	2	3	4	5

三、根据餐厅王经理所做的服务补救工作以及您以前在该餐厅的消费体验，您认为自己

题 项	完全不同意← →完全同意				
	(1分)← →(5分)				
	1分	2分	3分	4分	5分
C1.1 在以后消费中可以得到多数顾客得不到的折扣	1	2	3	4	5
C1.2 在以后消费中可以得到多数顾客得不到的赠送	1	2	3	4	5
C1.3 在以后消费中花同样钱可以得到比别人多的服务	1	2	3	4	5
C1.4 在以后的消费中可以节约成本	1	2	3	4	5
C2.1 回到该餐厅就餐，可以再次得到熟悉的餐厅服务人员的服务	1	2	3	4	5

续表

题　项	完全不同意←　　→完全同意 (1分)←　　→(5分)				
	1分	2分	3分	4分	5分
C2.2　回到该餐厅就餐，可以再次得到餐厅服务人员对我的尊重	1	2	3	4	5
C2.3　回到该餐厅就餐，可以与熟悉的餐厅服务人员再续友谊	1	2	3	4	5
C3.1　由于强化了管理，我认为该餐厅不会再发生我以前遇到的服务问题	1	2	3	4	5
C3.2　由于强化了管理，我认为该餐厅的服务是令人放心的	1	2	3	4	5
C3.3　由于强化了管理，我认为重回该餐厅消费是没有风险的	1	2	3	4	5
C3.4　由于强化了管理，我认为该餐厅的服务质量是有保障的	1	2	3	4	5
C4.1　在以后的消费中我能获得比其他顾客更快捷的服务	1	2	3	4	5
C4.2　在以后的消费中我能获得比其他顾客更好的服务	1	2	3	4	5
C4.3　在以后的消费中我能获得比其他顾客更加个性化的服务（如根据个人口味的菜品推荐）	1	2	3	4	5
C4.4　在以后的消费中，该餐厅会优先解决我遇到的问题	1	2	3	4	5

四、由于餐厅的服务补救给您带来的利益，请在最能体现您想法的数字上打"√"

题　项	完全不同意←　　→完全同意 (1分)←　　→(5分)				
	1分	2分	3分	4分	5分
D1.1　我对该餐厅再续品牌关系的态度感到满意	1	2	3	4	5
D1.2　我对该餐厅再续品牌关系的方式感到满意	1	2	3	4	5

续表

题 项	完全不同意← →完全同意 (1分)← →(5分)					
	1分	2分	3分	4分	5分
D1.3 该餐厅再续品牌关系的表现与我的期望是一致的	1	2	3	4	5
D1.4 我对该餐厅再续品牌关系的结果感到满意	1	2	3	4	5
D1.5 总的来说,该餐厅再续品牌关系的工作令人满意	1	2	3	4	5
E1.1 我相信该餐厅有能力满足我以后的消费需要	1	2	3	4	5
E1.2 我相信该餐厅以后在出现服务问题时会维护消费者的利益	1	2	3	4	5
E1.3 我相信该餐厅以后会让我感到消费很放心	1	2	3	4	5
E1.4 我相信该餐厅以后不会让我失望	1	2	3	4	5
E1.5 总体来说,我认为该餐厅是值得信赖的	1	2	3	4	5

五、由于餐厅针对服务失误所做的补救工作及其效果,您决定

题 项	完全不同意← →完全同意 (1分)← →(5分)					
	1分	2分	3分	4分	5分
F1.1 我愿意回到该餐厅继续消费	1	2	3	4	5
F1.2 我愿意为维护与该餐厅的关系而努力	1	2	3	4	5
F1.3 我今后会增加光顾该餐厅的次数	1	2	3	4	5
F1.4 我愿意向亲朋好友推荐该餐厅	1	2	3	4	5
F1.5 我会向他人讲述我在该餐厅的愉快经历	1	2	3	4	5

您的个人信息

B1. 您的性别：1. 男　　2. 女

B2. 您所在的城市_____

B3. 您的年龄：

1. 25 岁以下　　2. 25～35 岁　　3. 36～45 岁　　4. 46～55 岁　　5. 56 岁以上

B4. 您的受教育程度：

1. 高中/中专及以下   2. 大专   3. 本科   4. 研究生

B5. 您的职业：

1. 学生   2. 教师   3. 公务员   4. 事业单位员工   5. 企业管理者

6. 企业员工   7. 医生   8. 个体经营者   9. 自由职业者   10. 其他_____

B6. 您的年收入：

1. 5万元以下   2. 5万~10万元   3. 10万~20万元   4. 20万元以上

占用了您的宝贵时间，再次深表谢意！

参考文献

[1] AAKER, J., FOURNIER, S., BRASEL, S.. Charting the development of consumer brand relationships [R]. Research Paper Series, Graduate School of Business Stanford University, 2001 (11).

[2] AAKER, J., FOURNIER, S., BRASEL, S A.. When good brands do bad [J]. Journal of Consumer Research, 2004, 31 (1): 1-16.

[3] ADAMS, J. S. Inequity in social exchange [M]. Lenard Berkowitz (ed.) - Advances in Experimental Social Psychology. New York, NY: Academic Press, 1965: 267-289.

[4] AGGARWAL, P.. The effects of brand relationship norms on consumer attitudes and behavior [J]. Journal of Consumer Research, 2004, 31 (1): 87-101.

[5] AGNEW C. R., RUSBULT C. E., VAN LANGE P. A. M., LANGSTON C. A. Cognitive interdependence: commitment and the mental representation of close relationships [J]. Journal of Personality & Social Psychology, 1998, 74 (4): 939-954.

[6] AJZEN I., FISHBEIN M. Understanding attitudes and predicting social behavior [M]. Engwood Cliffs, NJ: Prentice Hall, 1980.

[7] ALGESHEIMER R., DHOLAKIA U. M., Herrmann A. The social influence of brand community: evidence from european car clubs [J]. Journal of Marketing, 2005, 69 (3): 19-34.

[8] ANDERSON E. CHU W., WEITZ B. Industrial purchasing: an empirical exploration of the buyclass framework [J]. Journal of Marketing, 1987, 51 (3): 71-86.

[9] ANDERSON J. C., JAIN D. C., CHINTAGUNTA P. K. Customer value assessment in business markets: a state-of-practice study [J]. Journal of Business-to-Business Marketing, 1993, 1 (1): 3-29.

[10] ANDERSON E. W., SULLIVAN M. W. The antecedents and consequences of customer satisfaction for firms [J]. Marketing Science, 1993, 12 (2): 125-143.

[11] ANDREASSEN T. W. Antecedents to satisfaction with service recovery [J]. European Journal of Marketing, 2000, 34 (1/2): 156-175.

[12] ANDREASSEN T. W. From disgust to delight: do customershold a grudge [J]. Journal of Service Research, 2001, 4 (1): 39-49.

[13] ANN HOCUTT., CHAKRABORTY G., MOWEN J. C. The impact of perceived jus-

tice on customer satisfaction and intention to complain in a service recovery [J]. Advances in Consumer Research, 1997, 24 (1): 457-463.

[14] BANSAL H. S., IRVING P. G., TAYLOR S. F. A three-component model of customer commitment to service providers [J]. Journal of the Academy of Marketing Science, 2004, 32 (3): 234-250.

[15] BEATTY S. E., LEE J. Customer-sales associate retail relationships [J]. Journal of Retailing, 1996, 72 (3): 223-247.

[16] BELL C. R., ZEMKE R. Service breakedown the road to recovery [J]. Management Review, 1987, 76 (10): 32-35.

[17] BELL C. R., ZEMKE R. The performing art of service management [J]. Management Review, 1990, 79 (7): 42-45

[18] BENGTSSON A. Towards a critique of brand relationships [J]. Advances in Consumer Research, 2003, 30 (1): 154 - 158.

[19] BENNETT P. D., HAR RELL G. D. The role of confidence in understanding and predicting buyers attitudes and purchase intentions [J]. Journal of Consumer Research, 1975, 2 (12): 110- 117

[20] BERRY L. L. Relationship marketing of services -growing interest, emerging perspectives [J]. Journal of the Academy of Marketing Science, 1995, 23 (4): 236 - 245.

[21] BHATTAEHARYA R., DEVITMEYT. M., PILLUTLA M. M.. A formal model of trust based on outcomes [J]. The Academy of Management Review, 1998, 23 (3): 459-472.

[22] BIES R. J., MOAG J. F. International justice: communication criteria of fairness. [M] // Research on negotiation in organization. Greenwich, CT: JAI Press, 1986, 1: 43-55.

[23] BIES R. J., TRIP T. M. A passion for justice: The relationality and morality of revenge [M] //Justice in the workplace: from theory to practice. Mahwah, NJ: Erlbaum, 2001, 2: 197-208.

[24] BITNER M. J., BOOMS B. H., TETREAULT M. S.. The service encounter: diagnosing favorable and unfavorable incidents [J]. Journal of Marketing, 1990, 54 (2): 71-84.

[25] BITNER M. J. Building service relationships: It's all about promises [J]. Journal of the Academy of Marketing Science, 1995, 23 (4): 246-251.

[26] BITNER M. Jo., FARANDA W. T., HUBBERT A. R. ZEITHAML V. A. Customer contributions and roles in service delivery [J]. International Journal of Service Industry Management, 1997, 8 (3): 193-205.

[27] BLACKSTON M.. Observations: Building equity by managing the brand's relationships [J]. Journal of Advertising Research, 1992, 32 (3): 79-83.

[28] BLAU P. M. Exchange and power in social life [M]. New York: John Wiley and Sons, 1964, 1 (1).

[29] BLODGETT J. G., GRANBOIS D. H., WALTERS R. G. The effects of perceived justice on complainants' negative word-of-mouth behavior and repatronage intentions [J]. Journal of Retailing, 1993, 69 (4): 399-428.

[30] BIODGETT J. G., WAKEFIELD K. L., BARNES J. H. The effects of customer service on consumer complaining behavior [J]. Journal of Services Marketing, 1995, 9 (4): 31-43.

[31] BLODGETT J. G., J. HILL D. The effects of distributive, procedural, and interactional justice on post complaint behavior [J]. Journal of Retailing, 1997, 73 (2): 185-210.

[32] BOLTON R. N., DREW J. H. Mitigating the effect of service encounters [J]. Marketing Letters, 1992, 3 (1): 57-70.

[33] BOSHOFF C. An experimental study of service recovery options [J]. International Journal of Service Industry Management, 1997, 8 (2):

[34] BOSHOFF C., ALLEN J. The influence of selected antecedents on frontline staff's perceptions of service recovery performance [J]. International Journal of Service Industry Management, 2000, 11 (1) : 63- 90.

[35] BOVE L. L., JOHNSON L. W. Does "true" personal or service loyalty last? A longitudinal study [J]. Journal of Services Marketing, 2009, 23 (3): 187-194.

[36] BOWEN G. A., BURKE D. D., LITTLE B. L., JACQUES P. H. A comparision of service-learning and empioyee volunteering programs [J]. Academy of Educational Leadership Journal, 2009, 13 (3): 1-16.

[37] BRADY M. K., CRONIN Jr. J. J. Customer orientation: Effects on customer service perceptions and outcome behaviors [J]. Journal of Service Research, 2001, 3 (3): 241-251.

[38] BROWN S. W., COWLES D. L., TUTEN T. L.. Service recovery: Its value and limitations as a retail strategy [J]. International Journal of Service Industry Management, 1996, 7 (5): 32-46.

[39] BRUHN M., GRUND M. Theory, development and implementation of national customer satisfaction indices: The Swiss Index of Customer Satisfaction (SWICS) [J]. Total Quality Management, 2000, 11 (7): 1017-1028.

[40] CHANG, P. L., CHIENG, M. H.. Building consumer brand relationship: Across cultural experiential view [J]. Psychology&Marketing, 2006, 23 (11): 927-959.

[41] CHAUDHURI A., HOLBROOK M. B. The chain of effects from brand trust and brand

affect to brand performance: The role of brand loyalty [J]. Journal of Marketing, 2001, 65 (2): 81-93.

[42] CHAUDHURI A., HOLBROOK M. B. Product-class effects on brand commitment and brand outcomes: The role of brand trust and brand affect [J]. Journal of Brand Management, 2002, 10 (1): 33-58.

[43] CHEBAT J., DAVIDOW M., CODJOVI I. Silent voices: Why some dissatisfied consumers fail to complain [J]. Journal of Service Research, 2005, 7 (4): 328-342.

[44] CHEN PO-T., HU HSIN-H. The effect of relational benefits on perceived value in relation to customer loyalty: An empirical study in the Australian coffee outlets industry [J]. International Journal of Hospitality Management, 2010 (29): 405-412.

[45] CHIHYUNG Ok., BACK KI., SHANKLIN C. Dimensional roles of justice on post-recovery overall satisfaction and behavioral intentions: Tests of casual dining experiences [J]. Journal of Foodservice Business Research, 2005, 8 (3): 3-22.

[46] CLEMMER ELIZABETH C. The role of fairness in customor satisfaction with service [D]. University of Maryland, 1988.

[47] COLLIER J. E., BIENSTOCK C. C. Measuring service quality in e-retailing [J]. Journal of Service Research, 2006, 8 (3): 260-275.

[48] COLGATE M, OLIVE M B, ELMSLY R. Relationship benefits in an internet environment [J]. Managing Service Quality, 2005, 15 (5): 426-436.

[49] COLQUITT J. A., WESSON M. J., PORTER, CHRISTOPHER O. L. H., Conlon D. E. Justice at the Millennium: A meta-analytic review of 25 years of organizational justice research [J]. Journal of Applied Psychology, 2001, 86 (3): 425-445.

[50] CRONIN Jr. J. J., TAYLOR SA. Measuring service quality: A reexamination and extension [J]. Journal of Marketing, 1993, 56 (3): 55-68.

[51] CRONIN Jr. J. J., BRADY M. K., HULT G. T. M. Assessing the effects of quality, value, and customer satisfaction on consumer behavioral intentions in service environment [J]. Journal of Retailing, 2000, 76 (2): 193-218.

[52] CROPANZANO R., PREHAR C. A., CHEN P. Y. Using social exchange theory to distinguish procedural from interactional justice [J]. Group & Organization Management, 2002, 27 (3): 324-351.

[53] CROSBY L. A., EVANS K. A., COWLES D. Relationship quality in services selling: An interpersonal influence perspective [J]. Journal of Marketing, 1990, 54 (3): 68-81.

[54] DAGGER T. S., DAVID M. E., SANDY NG. Do relationship benefits and maintenance drive commitment and loyalty? [J]. Journal of Services Marketing, 2011, 25 (4): 273-281.

[55] DAVIS F. D. Perceived usefulness, perceived ease of use, and user acceptance of information technology [J]. MIS Quarterly, 1989, 13 (3): 319-342.

[56] DAVIS F., BAGOZZI R., WARSHAW P. User acceptance of computer technology: A comparison of two theoretical models [J]. Management Science, 1989, 35 (8): 982-1004.

[57] DEBONO K. G., OMOTO A. M. Individual differences in predicting behavioral intentions from attitude and subjective norm [J]. Journal of Social Psychology, 1993, 133 (6): 825-831.

[58] DELGADO-BALLESTER E., MUNUERA-ALEMÁN J. L., YAGÜE-GUILLÉN M. J. Development and validation of a brand trust scale [J]. International Journal of Market Research, 2003, 45 (1):35-53.

[59] DEMATOS C. A., FERNANDES D. V., LEIS R. P., TREZ G. A cross-cultural investigation of customer reactions to service failure and recovery [J]. Journal of International Consumer Marketing, 2011, 23: 211-228.

[60] DE RUYTER K., WETZELS M., LEMMINK J., MATTSSON J. The dynamics of the service delivery process: A value-based approach [J]. International Journal of Research in Marketing, 1997, 14 (3): 231-243.

[61] DEUTSCH M.. Equity, equality, and need: What determines which value will be used as the basis of distributive justice? [J]. Journal of Social Issues, 1975, 31 (3): 137-149.

[62] DIMITRIADIS S. Testing perceived relational benefits as satisfaction and behavioral outcomes drivers [J]. International Journal of Bank Marketing, 2010, 28 (4): 297-313.

[63] ESCALAS J. E., BETTMAN J. R. You are what they eat: The influence of reference groups on consumers' connections to brands [J]. Journal of Consumer Psychology (Lawrence Erlbaum Associates), 2003, 13 (3): 339-348.

[64] ETZEL M. J., SILVERMAN B. I.. A managerial perspective on directions for retail customer dissatisfaction research [J]. Journal of Retailing, 1981, 57 (3): 124-137.

[65] FABRIGAR L. R., SMITH S. M., PETTY R. E., CRITES Jr. S. L. Understanding knowledge effects on attitude-behavior consistency: The role of relevance, complexity, and amount of knowledge [J]. Journal of Personality & Social Psychology, 2006, 90 (4): 556-577.

[66] FERRIN, D. L., KIM, P. H., COOPER, C. D. & DIRKS, K. T. Silence speaks volumes: The effectiveness of reticence in comparison to apology and denial for repairing integrity- and competence-based trust violations [J]. Journal of Applied Psychology, 2007, 92 (4): 893-908.

[67] FISHBEIN M. Readings in attitude theory and measurement [M]. New York: John Wiley and Sons, Inc, 1967.

[68] FLANAGAN J C. The critical incident technique [J]. Psychological Bulletin, 1954, 51 (4): 327-358.
[69] FOA U. G., FOA E. B. Societal structures of the mind [M]. University of Texas Press, 1974.
[70] FOURNIER S.. A consumer brand relationship framework for strategic brand management [D]. Unpublished Doctoral Dissertation, University of Florida, 1994: 12-22.
[71] FOURNIER S.. Toward the development of relationship theory at the level of the product and brand [J]. Advances in Consumer Research, 1995, 22 (1): 661-662.
[72] FOURNIER S.. Consumers and their brands: Developing relationship theory in consumer research [J]. Journal of Consumer Research, 1998, 24 (3): 342-373.
[73] FOURNIER S., SENSIPER S., MCALEXANDER J., SCHOUTEN J. Building brand community on the harley-davidson posse ride (multimedia case) [J]. Harvard Business School Cases, 2000, 8: 1-37.
[74] FULLERTON G. The impact of brand commitment on loyalty to retail service brands [J]. Canadian Journal of Administrative Sciences, 2005, 22 (2): 97-110.
[75] GABY ODEKERKEN-SCHRODER., HENNING-THURAU T., ANNE BERIT KNAEVELSRUD. Exploring the post-termination stage of consumer-brand relationships: An empirical investigation of the premium car marke [J]. Journal of Retailing, 2010, 86 (4): 372-385.
[76] GALE B. T. Customer value analysis sheds light on consumers' needs [J]. Corporate University Review, 2000, 8 (3): 9-10.
[77] GARBARINO E., JOHNSON M. S. The different roles of satisfaction, trust, and commitment in customer relationships [J]. Journal of Marketing, 1999, 63 (2): 70-87.
[78] GARDIAL S. F., CLEMONS D. S., WOODRUFF R. B., SCHUMANN D. W., BURNS M. J. Comparing consumers' recall of prepurchase and postpurchase product evaluation experiences [J]. Journal of Consumer Research, 1994, 20 (4): 548-560.
[79] GIL-SAURA I., RUIZ-MOLINA M. E. Retail customer segmentation based on relational benefits [J]. Journal of Relationship Marketing, 2009, 8 (3): 253-266.
[80] Goodwin C., Ross I. Consumer responses to service failures: Influence of procedural and interactional fairness perceptions [J]. Journal of Business Research, 1992, 25 (2): 149-163.
[81] GREENBERG J. Organnizational justice: Yesterday, today and tomorrow [J]. Joural of Management, 1990, 16: 399-432.
[82] GRIFFIN J., LOWENSTEIN M.. Customer winback: how to recapture lost custmer and keep them loyal [M]. Sanfrancisco Jossey Bass, 2001.

[83] GRÖNROOS C.. Marketing: A market-oriented approach [J]. European Journal of Marketing,1989,23 (1) : 52-60

[84] GRÖNROOS C.. New competition in the service economy: The five rules of service [J]. International Journal of Operations & Production Management,1988,8 (3): 9-19

[85] GRÖNROOS C.. Relationship approach to marketing in service contexts: The marketing and organizational behavior interface [J]. Journal of Business Research,1990,20 (1): 3-11.

[86] GRÖNROOS G. Value-driven relational marketing from products to resources and competences [J]. Journal of Marketing Management,1997,13: 407 -419.

[87] GRÖNROOS C. Marketing classic [J]. Marketing Review,2002,3 (2): 129-146

[88] GWINNER K. P., GREMLER D. D., BITNER, M. J. Relational benefits in services industries: The customer's perspective [J]. Journal of the Academy of Marketing Science, 1998,26 (2): 101-114.

[89] GYLLING C., LINDBERG-REPO K. Investigating the links between a corporate brand and a customer brand [J]. Journal of Brand Management,2006,13 (4/5): 257-267

[90] HARRIS K. E., GREWAL D., MOHR L. A., BERNHARDT K. L. Consumer responses to service recovery strategies: The moderating role of online versus offline environment [J]. Journal of Business Research,2006,59 (4): 425-431.

[91] HARRIS K. L., THOMAS L., WILLIAMS J. A. Justice for consumer complaining online or offline: Exploring procedural, distributive, and interactional justice, and the issue of anonymity [J]. Journal of Consumer Satisfaction, Dissatisfaction & Complaining Behavior,2013,26: 19-39.

[92] HART C. W. L., HESKETT J. L., SASSER J.. The profitable art of service recovery [J]. Harvard Business Review,1990,68 (4): 148-156.

[93] HENNIG-THURAU T., KLEE A. The impaet of customer satisfaetion and relationship quality on customer retention: Acritical reassessment and model development [J]. Psyehology & Marketing,1997,14 (8): 737-765.

[94] HENNIG-THURAU T. Relationship quality and customer retention through strategic communication of customer skills [J]. Journal of Marketing Management,2000,16 (1-3): 55-79.

[95] HENNIG-THURAU T., GWINNER K. P., GREMLER D. D. Relationship marketing: Gaining competitive advantage through customer satisfaction and customer retention [M]. Berlin : Springer ,2002: 146 - 167.

[96] HESS R. L. JR., GANESAN S., KLEIN N. M. Service failure and recovery: The impact of relationship factors on customer satisfaction [J]. Academy of Marketing

Science, 2003, 31 (2): 127-145.

[97] HESS J., STORY J. Trust-based commitment: Multidimensional consumer-brand relationships [J]. Journal of ConsumerMarketing, 2005, 22 (6): 313-322.

[98] HOLBROOK M. B., ELIZABETH C. H. The nature of customer value: An axiology of service in the consumption experience [M] // RUST R. T., OLIVER R. L. (eds.) Service quality: New direction in theory and practice. Thousand Oaks, CA: Sage Publications, 1994: 21-71.

[99] HOMBURG C., HOYER W. D., STOCK R. M. How to get lost customers back? A study of antecedents of relationship revival [J]. Journal of Acadamy Marketing Science, 2007, 35: 461-474.

[100] HOLLOWAY B. B., WANG S., PARISH J. T. The role of cumulative online purchasing experience in service recovery management [J]. Journal of Interactive Marketing, 2005, 19 (3): 54-66.

[101] HOWARD, J. A., SHETH, J. N. The theory of buyer behavior [M]. Wiley, New York, 1969.

[102] HUNT S. D., LAMBE C. J., WITTMANN C. M.. A theory and model of business alliance success [J]. Journal of Relationship Marketing, 2002, 1 (1): 17-36.

[103] ILAVILA V., WILKINSON I. F. The principle of the conservation of business relationship energy: Or many kinds of new beginnings [J]. Industrial Marketing Management, 2002, 31 (3): 191-203.

[104] JACSON B. B. Winning and keeping industrial customer: The dynamics of customer relationships [M]. New York: the free press, 1985.

[105] JAP S. D., GANESAN S. Control mechanisms and the relationship lifecycle: Implications for safeguarding specific investment and developing commitment [J]. Journal of Marketing Research, 2002, 37 (2): 227-289.

[106] JONES T. O., SASSER Jr. W. E. Why satisfied customers defect [J]. Harvard Business Review, 1995, 73 (6): 88-101.

[107] JOHNSTON T. C., HEWA M. A. Fixing service failures [J]. Industrial Marketing Management, 1997, 26 (5): 467-473.

[108] JØSANG A., ISMAIL R., BOYD C. A survey of trust and reputation systems for online service provision [J]. Decision Support Systems, 2007, 43 (2): 618-644.

[109] KAGAN J., HENKER B. A. Development psychology [J]. Annual Review of Psychology, 1966, 17 (1): 1-50.

[110] KELLEY S. W. Discretion and the service employee [J]. Journal of Retailing, 1993, 69 (1): 104-126.

[111] KIM W., OK C., CANTER D. D. Moderating role of a priori customer-firm relationship in service recovery situations [J]. The Service Industries Journal, 2012, (1): 59-82.

[112] KIM P. H., FERRIN D. L., COOPERC. D., DIRKS K. T. Removing the shadow of suspicion: The effects of apology versus denial for repairing competence-versus integrity-based trust violations [J]. Journal of Applied Psychology, 2004, 89 (1): 104-118.

[113] KIM P. H., DIRKS K. T., COOPER C. D., FERRIN D. L. When more blame is better than less: The implications of internalvs external attributions for the repair of trust after a competence- vs integrity-based violation [J]. Organizational Behavior and Human Decision Processes, Journal of Applied Psychology, 2007, 92 (4): 893-908.

[114] KIM P. H., DIRKS K. T., COOPER C. D. The repair of trust: A dynamic bilateral perspective and multi-level conceptualization [J]. Academy of Management, 2009, 34 (3):401-422.

[115] KIM T., YOO J. J., LEE G. Post-recovery customer relationships and customer partnerships in a restaurant setting [J]. International Journal of Contemporary Hospitality Management, 2012, 24 (3): 381-401.

[116] KOTLER P. The major tasks of marketing management [J]. Marketing Management, 1993, 2 (3): 52-56.

[117] KROSNICK J. A., BERENT M. K., BONINGER D. S., YAO C. CH., CARNOT C., G. Attitude strength: One construct or many related constructs? [J]. Journal of Personality & Social Psychology, 1993, 65 (6): 1132-1151.

[118] KUMAR A., GRISAFFE D. B. Effects of extrinsic attributes on perceived quality, customer value, and behavioral intentions in B2B settings: A comparison across goods and service industries [J]. Journal of Business-to-Business Marketing, 2004, 11 (4): 43-70.

[119] LAGACE R. R. An exploratory study of reciprocal trust between sales managers and salespersons [J]. Journal of Personal Selling & Sales Management, 1991, 11 (2): 49-59.

[120] LAWLER E. J. An affect theory of social exchange [J]. American Journal of Sociology, 2001, 107 (2): 321-352.

[121] LAU G T., HANLEE S. Consumers? Trust in a brand and the link to brand loyalty [J]. Journal of Market Focused Management, 1999, 4: 344.

[122] LAU G T., CHIN H. W. Trust worthiness of salespeople in the business-to-business market: The five C's [J]. Journal of Business-to-Business Marketing, 2003, 10 (3): 1-31.

[123] LEE Y., CHOI B., KIM D. J., HYUN S. S.. Relational benefits, their conse-

quences, and customer membership types [J]. Service Industries Journal, 2014, 34 (3):230-250.

[124] LI F., ZHOU N., KASHYAP R., YANG ZH. Brand trust as a second-order factor [J]. International Journal of Market Research, 2008, 50 (6): 817-839.

[125] LILJANDER V., ROOS I. Customer-relationship levels from spurious to true relationships [J]. Journal of Services Marketing, 2002, 16 (7): 593-615.

[126] LIN H. -H., WANG, Y. -S., CHANG L-K.. Consumer responses to online retailer's service recovery after a service failure a perspective of justice theory [J]. Managing Service Quality, 2011, 21 (5): 511-534.

[127] MAGNINI V. P., FORD J. B., MARKOWSKI E. P., HONEYCUTT E. D. The service recovery paradox: Justifiable theory or smoldering myth? [J]. Journal of Services Marketing, 2007, 21 (3): 213-224.

[128] MAGNUS S. Customer satisfaction and its consequences on customer behaviour revisited [J]. International Journal of Service Industry Management, 1998, 9 (2):

[129] MARTINEZ-TUR V., PEIR J. M., RAMOS J., MOLINER C. Justice perceptions as predictors of customer satisfaction: The impact of distributive, procedural, and interactional justice [J]. Journal of Applied Social Psychology, 2006, 36 (1): 100 -119.

[130] MARZO-NAVARRO M., PEDRAJA-IGLESIAS M., RIVERA-TORRES M. P. The benefits of relationship marketing for the consumer and for the fashion retailers [J]. Journal of Fashion Marketing & Management, 2004, 8 (4): 425-436.

[131] MATTILA A. S., MOUNT D. J. The role of call centers in mollifying disgruntled guests [J]. Cornell Hotel & Restaurant Administration Quarterly, 2003, 44 (4): 75-80.

[132] MATTILA, A. S., CRANAGE, D. The impact of choice on fairness in the context of service recovery [J]. Journal of Services Marketing, 2005, 19 (5): 271-279.

[133] MAXHAM J. G., NETEMEYER R. G. A longitudinal study of complaining customers' evaluations of multiple service failures and recovery efforts [J]. Journal of Marketing, 2002, 66 (4): 57-71.

[134] MAXHAM III J. G., NETEMEYER R. G. Modeling customer perceptions of complaint handling over time: The effects of perceived justice on satisfaction and intent [J]. Journal of Marketing, 2002, 78 (4): 239-253.

[135] MCALEXANDE J. H., SCHOUTEN J. W., KOENING H. F. Building brand community [J]. Journal of Marketing, 2002 (1): 38-55.

[136] MCCOLLOUGH M. A., Berry L. L., YADAV M. S. An empirical investigation of customer satisfaction after Service failure and recovery [J]. Journal of Service Research,

2000, 3 (2): 121-137.

[137] MCCOLLOUGH M. A., BHARADWAJ S. G. The recovery paradox: An examination of consumer satisfaction in relation to disconfirmation,... [J]. AMA Winter Educators' Conference Proceedings, 1992, 3: 119.

[138] MEYER J. P., ALLEN N. J. A three-component conceptualization of organizational commitment [J]. Human Resource Management Review, 1991, 1 (1): 61-89.

[139] MICHALSKI S. Types of customer relationship ending processes [J]. Journal of Marketing Management, 2004, 20 (9/10): 977-999.

[140] MICHEL S., MEUTER M. L. The service recovery paradox: True but overrated [J]. International Journal of ServiceIndustry Management, 2008, 19 (4): 441-457.

[141] MOLINA A., MARTIN-CONSUEGRA D., ESTEBAN Á. Relational benefits and customer satisfaction in retail banking [J]. International Journal of Bank Marketing, 2007, 25 (4): 253-271.

[142] MORGANR. M., HUNT S. D.. The commitment trust theory of relationship marketing [J]. Journal of Marketing, 1994, 58 (3): 20-38.

[143] MUNIZ Jr. A. M., O'GUINN T. C. Brand community [J]. Journal of Consumer Research, 2001, 27 (4): 412-432.

[144] MURGULETS L., EKLÖF J., DUKEOV I., SELIVANOVA I. Customer satisfaction and retention in transition economies [J]. Total Quality Management, 2001, 12 (7): 1037-1046.

[145] NAMKUNG Y., JANG S. C.. Effects of perceived service fairness on emotions, and behavioral intentions in restaurants [J]. European Journal of Marketing, 2010, 44 (9/10): 1233-1259.

[146] NIKBIN D., ISMAIL I., MARIMUTHU M., SALARZEHI H. The relationship of service failure attributions, service recovery justice and recovery satisfaction in the context of airlines [J]. Scandinavian Journal of Hospitality & Tourism, 2012, 12 (3): 232-254.

[147] ODEKERKEN-SCHRÖDER G. HENNIG-THURAU T., KNAEVELSRUD A. B. Exploring the posttermination stage of consumer-brand relationships: An empirical investigation of the premium car market [J]. Journal of Retailing, 2010, 86 (4): 372-385.

[148] OLIVER R. L. A cognitive model of the antecedents and consequences of satisfaction decisions [J]. Journal of Marketing Research, 1980, 17 (4): 460-469.

[149] OLSEN L. L., JOHNSON M. D. Service equity, satisfaction, and loyalty: From transaction-specific to cumulative evaluations [J]. Journal of Service Research, 2003, 5 (3):184-196.

[150] PALMATIER R. W. , DANT R. P. , GREWAL D. , EVANS K. R. Factors influencing the effectiveness of relationship marketing: A meta-analysis [J]. Journal of Marketing, 2006, 70 (4): 136-153.

[151] PARASURAMAN A. , BERRY L. L. , ZEITHAML V. A. Understanding customer expectations of service [J]. Sloan Management Review, 1991, 32 (3): 39-48.

[152] PARASURAMAN A. , ZEITHAML V. A. , BERRY L. L. Alternative seales for measuring service quality: A comparative assessment based on psyehometric and diagnostic criteria [J]. Journal of Retailing, 1994, 70 (3): 130-201.

[153] PATTERSON P. G. , SMITH T. Relationship benefits in service industries: A replication in a southeast asian context [J]. Journal of Services Marketing, 2001, 15 (6/7): 425-444.

[154] REICHHELD F. F. Learning from customer defections [J]. Harvard Business Review, 1996, 74 (2): 56-69.

[155] REYNOLDS K. E. , BEATTY S. E. Customer benefits and company consequences of customer-salesperson relationships in retailing [J]. Journal of Retailing, 1999, 75 (1): 11-32.

[156] RUIZ-MOLINA MARIA-E. , GIL-SAURA I. , BERENGUER-CONTRÍ G. Relational benefits and loyalty in retailing: An intersector comparison [J]. International Journal of Retail & Distribution Management, 2009, 37 (6): 493-509.

[157] SCHOEFER K. , ENNEW C. The impact of perceived justice on consumers' emotional responses to service complaint experiences [J]. Journal of Services Marketing, 2005, 19 (5):261-270.

[158] SCHWEIKHART SB. , STRASSER S. , KENNEDY M. R. Service recovery in health service organizations [J]. Hospital and Health Services Administration, 1993, 38 (1): 3- 21.

[159] SCHWEITZER, M. E. , HERSHEY, J. C. & BRADLOW, E. T. Promises and lies: Restoring violated trust [J]. Organizational Behavior and Human Decision Processes, 2006, 101: 1-19.

[160] SEIDEERS K. , BERRY L. L. Service fairness: What it is and why it matters [J]. Academy of Management Executive, 1998, 12 (2): 8-20.

[161] SERGIOS D. Testing perceived relational benefits as satisfaction and behavioral outcomes drivers [J]. International Journal of Bank Marketing, 2010, 28 (4): 297-313.

[162] SHETH J. N. , NEWMAN B. I. , GROSS B. L. . Why we buy what we buy: A theory of consumption values [J]. Journal of Business Research, 1991, 22 (2): 159-170.

[163] SHETH J. N. , PARVATIYAR A. Relationship marketing in consumer markets: An-

tecedents and consequences [J]. Journal of the Academy of Marketing Science, 1995, 23 (4): 255-271.

[164] SIN LEO Y. M., TSE ALAN C. B., YAU OLIVER H. M., CHOW RAYMOND P. M., LEE JENNY S. Y. Market orientation, relationship marketing orientation, and business performance: The moderating effects of economic ideology and industry type [J]. Journal of International Marketing, 2005, 13 (1): 36-57.

[165] SINHA I., DESARBO W. S. An integrated approach toward the spatial modeling of perceived customer value [J]. Journal of Marketing Research, 1998, 35 (2): 236-249.

[166] SINGH J., SIRDESHMUKH D. Agency and trust mechanisms in consumer satisfaction and loyalty judgments [J]. Journal of the Academy of Marketing Science, 2000, 28 (1): 150-157.

[167] SIRDESHMUKH D., Singh J., Sabol B. Consumer trust, value, and loyalty in relational exchanges [J]. Journal of Marketing, 2002, 66 (1): 15-37.

[168] Siu N. Y. -M., ZHANG T. J. -F., YAU C. -Y., J. The roles of justice and customer satisfaction in customer retention: A lesson from service recovery [J]. Journal of Business Ethics, 2013, 114: 675-686.

[169] SMITH A. K., BOLTON R. N.. An experimental investigation of customer reactions to service failure and recovery encounter: Paradox or peril [J]. Journal of Service Research, 1998, 1: 5-17.

[170] SMITH A. K., BOLTON R. N., WAGNER, J.. A model of customer satisfaction with service encounters involving failure and recovery [J]. Journal of Marketing Research, 1999, 36 (3): 356-372.

[171] SPRENG R. A., MACKOY R. D. An empirical examination of a model of perceived service quality and satisfaction [J]. Journal of Retailing, 1996, 72 (2): 201-214.

[172] STRANDVIK T., HOLMLUND M. How to diagnose business-to-business relationships by mapping negative incidents [J]. Journal of Marketing Management, 2008, 24 (3/4): 361-381.

[173] SULTAN F. Consumer response to the Internet: An exploratory tracking study of on line home users [J]. Journal of Business Research, 2002, 55 (8): 655-663.

[174] SWANSON S. R. KELLEY S. W. Attributions and outcomes of the service recovery process [J]. Journal of Marketing Theory & Practice, 2001, 9 (4): 50-65.

[175] TAX S. S., BROWN S. W., CHANDRASHEKARAN M. Customer evaluations of service complaint experiences: Implications for relationship marketing [J]. Journal of Marketing, 1998, 62 (2): 60-76.

[176] TESSER A., MOORE J. Independent threats and self-evaluation maintenance processes

[J]. Journal of Social Psychology, 1990, 130 (5): 677-689.

[177] THIBAUT J. W., KELLEY H. The social psychology of groups [M]. New York: John Wiley&Sons, 1959.

[178] THIBAUT J., WALKER L. Procedural justice: A psychological analysis [M]. Hillsdale, NJ: Erlbaum, 1975.

[179] THOMAS J. S., ROBERT C. B., EDWARD, J. F.. Recapturing lost customers [J]. Journal of Marketing Research, 2004, 41 (1): 31-45.

[180] THORBJORNSEN H., BREIVIK E., SUPPHELLEN M.. Consumer brand relationships: A test of alternative models [Z]. Conference Proceedings of American Marketing Association, 2002, 13: 283-285.

[181] TOKMAN M., LENITA M. D., KATHERINE N. L.. The WOW factor: Creating value through winback offers to reacquire lost customers [J]. Journal of Retailing, 2007, 83 (1): 47-64.

[182] TOMLINSON E. C., DINEEN B. R., LEWICKI R. J. The road to reconciliation: Antecedents of victim willingness to reconcile following a broken promise [J]. Journal of Management, 2004, 30 (2): 165-187.

[183] TOMLINSON E. C., MAYER R. C. The role of causal attribution dimensions trust repair [J]. Academy of Management., 2009, 34 (1): 85-104.

[184] TSAI SH. Utility, cultural symbolism and emotion: A comprehensive model of brand purchase value [J]. International Journal of Research in Marketing, 2005, 22 (3): 277-291.

[185] ULAGA W., EGGERT A. Exploring the key dimensions of relationship value and thier impact on buyer-supplier relationships [C]. AMA Winter Educators' Conference Proceedings, 2002, 13: 411-412.

[186] VAN DEN BOS K., VERMUNT, RIËL., WILKE, HENK A. M. Procedural and distributive justice: What is fair depends more on what comes first than on what comes next [J]. Journal of Personality & Social Psychology, 1997, 72 (1): 95-104.

[187] VÁZQUEZ-CARRASCO R., FOXALL G. R. Influence of personality traits on satisfaction, perception of relational benefits, and loyalty in a personal service context [J]. Journal of retailing & Consumer Services, 2006, 13 (3): 205-219.

[188] VÁZQUEZ-CASIELLES R., SUÁREZ ÁLVAREZ L., DÍAZ MARTÍN A. M. Perceived justice of service recovery strategies: Impact on customer satisfaction and quality relationship [J]. Psychology & Marketing, 2010, 27 (5): 485-509.

[189] VENKATESH V., DAVIS F. D.. A theoretical extension of the technology acceptance model: Four longitudinal field studies [J]. Management Science 2000, 46 (2):

186 -204.

[190] VENKATESH V., MORRIS M. G., DAVIS G. B., DAVI F. D. User acceptance of information technology: Toward a unified view [J]. MIS Quarterly, 2003, 27 (3): 425-478.

[191] WEN B., CHI C. G. Examine the cognitive and affective antecedents to service recovery satisfaction: A field study of delayed airlines passengers [J]. International Journal of Contemporary Hospitality Management, 2013, 25 (3): 306-327.

[192] WENG RHAY-H., HUANG J. -A., HUANG Ch. -Y., HUANG S. -Ch. Exploring the impact of customer relational benefit on relationship commitment in health service sectors [J]. Health Care Management Review, 2010, 35 (4): 312-323.

[193] WILSON D. T., JANTRANIA S. Understanding the value of a relationship [J]. Asia-Australia Marketing Journal, 1995, 2 (1): 55 -66.

[194] WOO KA., ENNEW C. F. Business-to-business relationship quality [J]. European Journal of Marketing, 2004, 38 (9/10): 1252-1271.

[195] WOODRUFF, R. B. Customer Value: The next source for competitive advantage [J]. Journal of the Academy of Marketing Science, 1997, 25 (2): 139-153.

[196] WOODSIDE A. G., FREY, L. L., DALY R. T. Linking service quality, customer satisfaction, and behavioral intention [J]. Journal of Health Care Marketing, 1989, 9 (4): 5-17.

[197] YAU OLIVER H. M., MCRETRIDGE P. R., RAYMOND P. M., CHOW. Is relationship marketing for everyone? [J]. European Journal of Marketing, 2000, 34 (9/10): 1111 -1127.

[198] YEN H. R., GWINNER K. P. Internet retail customer loyalty: The mediating role of relational benefits [J]. International Journalof Service Industry Management, 2003, 14 (5) : 483-500.

[199] YONG-KI LEE, BYUNG-HO CHOI, DONG JIN KIM & SUNGHYUP SEAN HYUN. Relational benefits, their consequences, and customer membership types [J]. The Service Industries Journal , 2014, 34 (3): 230-250.

[200] ZEITHAML V. A. Consumer perceptions of price, quality and value: A means-end model and synthesis of evidence [J]. Journal of Marketing, 1988, 52 (3): 2-22.

[201] ZEITHAML V. A., BERRY L. L., PARASURAMAN A. The behavioral consequences of service quality [J]. Journal of Marketing, 1996 (60): 31-46.

[202] 白长虹, 范秀成, 甘源. 基于顾客感知价值的服务企业品牌管理 [J]. 外国经济与管理, 2002, 24 (2): 7-13.

[203] 白长虹, 廖伟. 基于顾客感知价值的顾客满意研究 [J]. 南开大学学报, 2001 (6):

14-20.

[204] 白琳. 西方顾客感知价值探测方法评介 [J]. 外国经济与管理, 2007, 29 (2): 24-30.

[205] 白琳. 顾客感知价值、顾客满意和行为倾向的关系研究综述 [J]. 管理评论, 2009, 21 (1): 87-93.

[206] 曹忠鹏, 马钦海, 赵晓煜. 服务补救悖论的研究综述及管理启示 [J]. 预测, 2012, 31 (5): 74-80.

[207] 柴俊武. 品牌信任对品牌态度、契合感知与延伸评价关系的影响 [J]. 管理学报, 2007, 4 (4): 425-430.

[208] 常亚萍. 服务补救悖论形成机理研究 [J]. 管理评论, 2012, 24 (3): 100-107.

[209] 陈可, 涂荣庭. 基于顾客自我导向的差异化服务补救策略研究 [J]. 南开管理评论, 2008, 11 (4): 49-56.

[210] 陈漫, 张新国. 网络环境下关系利益对顾客满意的影响研究 [J]. 中南财经政法大学研究生学报, 2012 (5): 48-55.

[211] 陈向明. 质的研究方法与社会科学研究 [M]. 北京: 教育科学出版社, 2001.

[212] 陈雪阳, 刘建新. 国外服务补救研究及其启示 [J]. 商业研究, 2008 (8): 37-43.

[213] 陈阅, 时勘, 罗东霞. 组织内信任的维持与修复 [J]. 心理科学进展, 2010, 18 (4): 664-670.

[214] 丛庆, 阎洪, 王玉梅. 服务补救后满意对顾客形成关系持续意愿的影响研究. 管理科学, 2007, 20 (6): 54-63.

[215] 崔艳武, 苏秦, 李钊. 电子商务环境下顾客关系利益实证研究 [J]. 南开管理评论, 2006, 9 (4): 96-103.

[216] 董大海, 杨毅, 强勇. 顾客购买行为的测量及其管理意涵 [J]. 预测, 2005, 24 (3): 19-24.

[217] 杜建刚, 范秀成. 服务失败情况下顾客损失、情绪对补救期望和顾客抱怨倾向的影响 [J]. 南开管理评论, 2007, 10 (6): 4-10.

[218] 杜建刚, 范秀成. 服务补救中情绪对补救后顾客满意和行为的影响 [J]. 管理世界, 2007 (8): 85-95.

[219] 范秀成, 刘建华. 顾客关系、信任与顾客对失败的反应 [J]. 南开管理评论, 2004, 7 (6): 9-14.

[220] 范秀成, 杜建刚. 以公平性为源头的服务忠诚度及其驱动因素剖析 [J]. 商业经济与管理, 2008, 195 (1): 45-51.

[221] 傅小婧, 骆守俭. 关系利益对关系质量的影响——基于顾客视角的实证研究 [J]. 经济论坛, 2009 (2): 118-122.

[222] 郭贤达, 陈荣, 谢毅. 如何在服务失败后仍然得到顾客的拥护?——感知公平、顾客满意、顾客承诺对行为意向的影响 [C]. 中国市场学会 2006 年年会暨第四次全国会员

代表大会论文集，137-141.

[223] 韩平，宁吉. 基于两种信任违背类型的信任修复策略研究 [J]. 管理学报，2013，10（3）：390-396.

[224] 何佳讯. 品牌关系本土化模型的建立与验证 [J]. 华东师范大学学报（哲学社会科学版），2006，38（3）：100-106.

[225] 何佳讯，胡颖琳. 何谓经典？品牌科学研究的核心领域与知识结构——基于 SCI 数据库 [J]. 营销科学学报，2010，6（2）：111-136.

[226] 侯丽敏，黄珣，朱百军. 关键事件技术及其应用 [J]. 华东理工大学学报（社会科学版），2007（2）：58-62.

[227] 侯立松. 品牌关系理论发展的学科基础与融合 [J]. 重庆文理学院学报（社会科学版），2010，29（5）：34-40.

[228] 黄静，熊巍. 消费者——品牌关系的断裂与再续：理论回顾与展望 [J]. 外国经济与管理，2007，29（7）：50-55.

[229] 黄静. 品牌管理 [M]. 北京：北京大学出版社，2008.

[230] 黄静，熊巍. 犯错品牌的投入对消费者再续品牌关系意愿的影响 [J]. 中国软科学，2009（6）：119-128.

[231] 黄静，姚琦，周南. 品牌关系准则对再续品牌关系意愿的影响 [J]. 经济管理，2010，32（3）：79-84.

[232] 黄静，曾帆. 基于能力和诚信断裂的品牌关系再续沟通策略 [J]. 科学决策，2011（5）：60-70.

[233] 霍映宝，韩之俊. 一个品牌信任模型的开发与验证 [J]. 经济管理，2004，9（18）：21-27.

[234] 金盛华. 社会心理学 [M]. 北京：高等教育出版社，2011.

[235] 金玉芳，董大海等. 消费者品牌信任机制建立及影响因素的实证研究 [J]. 南开管理评论，2006，9（5）：28-35.

[236] 金玉芳，董大海. 中国消费者品牌信任内涵及其量表开发研究 [J]. 预测，2010，29（5）：9-15.

[237] 李莉，杨曦. 品牌关系及其驱动因素剖析 [J]. 价值工程，2008（6）：128-129.

[238] 李四化. 服务补救与顾客后续行为意向关系研究 [D]. 辽宁大学，2009.

[239] 林雅军. 休眠品牌的品牌关系再续意愿的影响因素分析 [J]. 统计与决策，2011（11）：102-104.

[240] 刘敬严. 顾客感知价值决定要因与关系质量的影响研究 [J]. 软科学，2008，22（5）：18-22.

[241] 刘人怀，姚作为. 关系质量研究述评 [J]. 外国经济与管理，2005，27（1）：28-34.

[242] 卢长宝，石占伟. 消费特权影响品牌关系的情感机制 [J]. 福州大学学报（哲学社会科

学版），2011（5）：18-26.

[243] 卢泰宏，周志民. 基于品牌关系的品牌理论：研究模型及展望［J］. 商业经济与管理，2003，136（2）：4-9.

[244] 陆卫明，李红. 人际关系心理学［M］. 西安：西安交通大学出版社，2010.

[245] 马华维，姚琦. 组织内信任研究的核心问题及其发展趋势［J］. 心理科学，2011，34（3）：696-702.

[246] 马庆国. 管理科学研究方法与研究生学位论文的评判参考标准［J］. 管理世界，2004，12：99-110.

[247] 马双，王永贵、张璟. 服务补救后顾客满意驱动机制的实证研究［J］. 山西财经大学学报，2011，33（4）：82-92.

[248] 彭军锋. 关系品质对服务补救效果的调节作用［J］. 南开管理评论，2006，9（4）：8-15.

[249] 秦进，陈琦. 网络零售服务补救情形下的顾客忠诚——基于感知公平与感知转移成本视角的研究［J］. 经济管理，2012，34（3）：95-102.

[250] 邱浩正，林碧芳. 结构方程模型的原理与应用［M］. 北京：中国轻工业出版社，2012.

[251] 史有春，刘春林. 顾客重复购买行为的实证研究［J］. 南开管理评论，2005，8（1）：35-41.

[252] 宋晓兵，董大海. 互联网环境下关系价值对顾客忠诚的影响研究［J］. 管理学报，2009，6（7）：944-951.

[253] 宋亦平，王晓艳. 服务失误归因对服务补救效果的影响［J］. 南开管理评论，2005，8（4）：12-17.

[254] 宋宗军. 服务补救的顾客满意形成机制研究［D］. 浙江大学，2010.

[255] 唐小飞，周廷锐等. 赢回策略对消费者购买行为影响的内在机理剖析［J］. 预测，2007，26（2）：14-20.

[256] 王毅，景奉杰. 基于感知价值的服务失误补救后顾客满意的实证研究［J］. 经济管理·新管理，2005（24）：47-52.

[257] 韦福祥. 对服务补救若干问题的探讨［J］. 天津商学院学报，2002，22（1）：24-26.

[258] 温碧燕，岑成德. 服务补救公平性对顾客与企业关系的影响［J］. 中山大学学报（社会科学版），2004，44（2）：24-31.

[259] 吴明隆. 结构方程模型——AMOS 的操作与应用［M］. 重庆：重庆大学出版社，2012.

[260] 吴佩勋，叶荣廷. 连锁便利商店加盟关系中止倾向之研究［J］. 管理科学学报，2008，11（2）：111-119.

[261] 谢毅，彭泗清. 消费者—品牌关系的影响因素：一项探索性研究［J］. 商业研究，2008（1）：1-7

[262] 徐伟青. 基于感知转回价值的流失顾客赢回机制研究 [D]. 浙江大学，2008.

[263] 徐小龙，苏勇. 产品伤害危机下消费者—品牌关系断裂研究 [J]. 中南财经政法大学学报，2012，2：43-49.

[264] 徐小龙. 产品伤害危机下消费者—品牌关系断裂影响因素及作用机制 [J]. 经济问题探索，2013，5：152-156.

[265] 许正良，古安伟，马欣欣. 基于消费者价值的品牌关系形成机理 [J]. 吉林大学社会科学学报，2012，52（2）：130-137.

[266] 徐小龙，苏勇. 消费者—品牌关系断裂研究述评 [J]. 现代管理科学，2011（8）：11-13.

[267] 杨丽华，廖进中，时格格. 服务补救情境下银行业的顾客满意度实证研究 [J]. 软科学，2010，24（7）：133-137.

[268] 杨志勇，王永贵. 关系利益对顾客长期关系导向影响的实证研究 [J]. 管理学报，2013，10（3）：413-420.

[269] 伊亚敏. 服务消费中顾客公平感知公平性统计分析 [J]. 天津财经大学学报，2009，29（7）：56-62.

[270] 易牧农，楚天舒，乔时，等. 基于事先信任和后续信任的顾客忠诚形成机理研究 [J]. 管理评论，2011，23（12）：92-99.

[271] 余可发. 品牌关系研究理论述评：视角、主题和核心观点 [J]. 广西经济干部管理学院学报，2009，21（2）：54-59.

[272] 于坤章，罗静. 基于公平和期望不一致理论的服务补救实证研究 [J]. 统计与决策，2009（15）：71-72.

[273] 袁登华. 品牌信任研究脉络与展望 [J]. 心理科学，2007，30（2）：434-437.

[274] 袁登华，罗嗣明，李游. 品牌信任结构及其测量研究 [J]. 心理学探新，2007，27（3）：81-86.

[275] 袁登华，罗嗣明，唐春燕，等. 品牌信任的前因后果驱动机制研究 [J]. 心理科学，2008，31（6）：1334-1338.

[276] 张广玲，武华丽. 关系价值、关系质量与顾客保留的关系研究 [J]. 武汉理工大学学报（社会科学版），2007，20（6）：796-800.

[277] 张圣亮，张文光. 服务补救程度对消费者情绪和行为意向的影响 [J]. 北京理工大学学报（社会科学版），2009，11（6）：82-89.

[278] 张圣亮，周海滨. 服务补救悖论及其应用价值探讨 [J]. 中国石油大学学报（社会科学版），2009，25（1）：25-28.

[279] 张圣亮，赵芳芳. 顾客关系对感知损失、情绪和补救期望的影响 [J]. 北京理工大学学报（社会科学版），2010，12（3）：54-60.

[280] 张圣亮，高欣. 服务补救方式对消费者情绪和行为意向的影响 [J]. 南开管理评论，

2011，14（2）：37-43.

[281] 张圣亮，张小冰. 服务补救内容和顾客关系对消费者情绪和行为意向的影响［J］. 天津大学学报（社会科学版），2013，15（3）：219-223.

[282] 张圣亮，刘刚. 补救公平性对消费者情绪和行为意向的影响［J］. 北京航空航天大学学报（社会科学版），2013，26（2）：69-76.

[283] 赵卫宏. 网络零售中的顾客价值及其对店铺忠诚的影响［J］. 经济管理，2010，32（5）：74-87.

[284] 赵延昇，徐韬. 关系收益对顾客保持的影响研究［J］. 大连理工大学学报（社会科学版），2009，30（4）：5-10.

[285] 赵延昇，王仕海. 网购中服务失误对关系质量及顾客重购意愿的影响［J］. 中南大学学报（社会科学版），2012，18（3）：123-130.

[286] 赵占波，张钧安，徐惠群. 基于公平理论探讨服务补救质量影响的实证研究［J］. 南开管理评论，2009，12（3）：27-35.

[287] 郑全全，俞国良. 人际关系心理学［M］. 北京：人民教育出版社，2011.

[288] 郑秋莹，范秀成. 网上零售业服务补救策略研究——基于公平理论和期望理论的探讨［J］. 管理评论，2007，19（10）：17-24.

[289] 钟天丽，胡培，孙靖. 基于外部比较下的服务补救后顾客行为意向的探讨［J］. 管理评论，2011，23（1）：59-67.

[290] 周志民. 品牌关系评估研究：BRI模型及其应用［M］. 北京：中国文联出版社，2005.

[291] 周志民. 品牌关系研究述评［J］. 外国经济与管理，2007，29（4）：46-54.

[292] 周志民. 品牌关系驱动因素研究——以年轻人为样本［J］. 管理学报，2009，6（10）：1383-1391.

后 记

本书是在我的博士论文的基础上修订而成的。在整理、审校该文的过程中，重温在职学习与论文写作的四年时光，心底那个温暖空间中的人与事依旧历历在目，感恩之情也浓烈如初。故将论文致谢摘录至此，是为后记。

衷心感谢导师杨蕙馨教授！这份谢意有太多的内涵：感谢老师给予我的专业影响，老师深厚的经济学素养、严谨的治学态度让我受教良多；感谢老师在我论文选题上的宽容，使我能够在自己熟悉的领域深入探索；感谢老师对我繁忙教学工作的体谅，让我在论文进度上减轻了压力；感谢老师对我论文的悉心指导，宏观的方向引领与具体的字斟句酌，使论文得以不断完善……而我最想表达的谢意还不止这些，而是老师在我个人发展上的关心与引领。我至今仍清晰地记得：四年前，彼时的自己已经走过了大半的不惑岁月，对于读书深造既无足够动力，更存畏难心理。在获悉学校提供的在职学习机会后，老师第一时间告知我报名。由于当时正处于女儿高考前夕，我未能及时考虑。数月后老师在百忙中再次来电敦促我申报，这份无私的关怀让我羞愧且感动，我知道唯有行动才是最好的报答。可以说，没有老师的支持就没有我的博士学习经历。四年的学习，学业上的收获主要体现于两点，一是将自己的研究兴趣进一步聚焦于服务营销中的商业关系问题，这一方向现已成为所在学院的重点学科方向；二是基于研究需要较为系统地学习和实践了必要的质性和定量研究方法，可服务于以后的研究工作。但我深知，没有杨老师就难有这些收获，老师的恩情我将永远感念。

感谢徐向艺教授、陈志军教授、王永贵教授、张体勤教授、王兴元教授、王益民教授、胡正明教授、刘冰教授，感谢诸位老师在课程教学、专题研讨、论文开题、预答辩以及答辩环节给予我的指导和帮助，老师们的睿智博学让我所获甚多，也将受益长远。

感谢我所在的山东大学（威海）商学院市场营销系的各位同仁，我职业生涯的大部分时间与他们一起度过，这个团结和谐的集体给了我良好的组织归属感，也助力我高质量地履行了自己的职业使命。感谢我的同事谷祖莎、孔海燕、于培丽，感谢好友车春玲，她们的坚韧和进取为我树立了现实的榜样，他们一直的鼓励和帮助也让我携着温馨的友情完成学习任务。

后　记

　　感谢威海维特佳特种材料涂层有限公司宫旭、威海豪顿华工程有限公司李欲晓，两位外资企业管理层的朋友在问卷调查环节给予了热情帮助，他们的支持丰富了本研究调研样本的职业结构。

　　感谢我众多亲爱的研究生，他们是田兆健、孙洪霞、纪峰、陈昕、李鹏、仝瞳、刘燕、张正超、寇美玲、陈红、屠长栋、徐媛媛、沈鹤、管庆鹏、王明月、张艳、张新艳、吕志浩、林丹、姜丽丽、董园园、杨文举……恕我不能一一列出。正是有了他们在问卷调查、数据分析环节的大力支持，我才能顺利完成研究任务。我珍惜与每一位学生的学习缘分，也享受教学互动带给我的体验与感受。始终有这样一群朝气蓬勃的年轻人相伴，我的心理年龄可以滞后于生理年龄的增长，是这些可爱的姑娘小伙让我更加坚定自己教书育人的职业选择。此刻，我想将他们赠予我的话回赠给他们：不是在我最好的时光里遇到你们，而是遇到你们我才有了自己最好的时光！

　　感谢过去四年间给予我机会提供服务的公司对我和我的团队的信任，我的专业是应用性很强的营销专业，学以致用是我一贯的专业理念。是这些社会机构为我们提供了服务实践的机会，使我们所掌握的理论得以应用，让我们从实践中学习提高，同时为我的学生提供了良好的实践认知平台，提高了他们的择业竞争力。

　　感谢论文写作过程中使用的所有参考文献的作者，如果没有这些前辈和同行的思想引领和观点启迪，这份研究任务的完成是不可想象的，在此，谨向他们表示崇高的敬意和诚挚的谢意！

　　感谢我的亲人们！

　　感谢我的双亲！尽管命运坎坷，但他们始终选择与坚强和豁达为伴。过往的二十余年，他们任劳任怨地为孩子的成长、为我们的事业毫无保留地付出，赤诚之心，苍天可鉴！八十岁高龄的父亲在承受大手术后的身心之苦时，还对陪床的我抱歉耽误了我的工作，让我惭愧又心疼。我想告诉我的双亲：尽管我现在是您们唯一的孩子，但请不要觉得您们的暮年给我添了负担，要说感谢的应该是我，是您们给予我生命，培养我成才，让您们老有所依、安享晚年不仅是我的责任，也是我的幸福，因为有您们在，我不管多大都还是有家的孩子！

　　感谢我的女儿！她是我人过中年仍然向前的精神支撑。四年前我与她同时开始了各自新的学习生涯，四年来，她努力完成了两个本科学位的学业并顺利获得深造机会。由于就读心理学专业，她给了我这个营销学教师诸多启示和帮助，我的研究任务能够完成，女儿功不可没。我想告诉我的宝贝：你是妈妈永远的前行动力，你的幸福快乐是妈妈永远的幸福源泉！

感谢我的先生！职业跨界的他不一定能理解我的读书选择，但行动上的默默支持给我的是不可替代的力量。我想对他说：曾经的韶华，献与事业和家庭；共同的经营，留下相融的人生。岁月催人，时光过半。牵手只为携手，前路不易，到了更加需要相携的日子了，祈愿温暖的亲情支撑我们的后半行程。

最后，还要郑重地感谢生活，也感谢自己。生命是偶然的，生活是必然的。生活的天空下，风和日丽是享受，风雨交加是考验，景致虽相异，本质却大同。已到知天命之年的自己，在外为人师、为人友、为人部属，在家为人女、为人妻、为人母，每一种角色都意味着责任和担当。尽管多重角色的职责让自己经常面对诸多压力与挑战，但仍虔诚地感谢生活的馈赠，感谢自己的坚忍与坚守，感谢自己即使面对极端挑战也努力在角色重叠或转换中履行着应尽的责任。付出让自己收获了亲情、友情、师生情，得到了历练、磨砺与成长，更在时光推移中渐晰了生命的本意，让自己在生命的旅程中留下可以搜寻的印记。

在本书付梓出版之际，特别感谢知识产权出版社编辑李瑾女士，她知性亲和的个人特质、严谨高效的专业水准保障了本书的出版质量与效率！

感谢山东大学（威海）商学院重点学科基金对本书的出版资助，愿服务经济与管理学科建设目标早日达成！

梁文玲

2015 年初秋于威海